문길모의 회계 강좌

문길모의 회계 강좌

초판 1쇄 인쇄일 _ 2009년 7월 27일
초판 1쇄 발행일 _ 2009년 8월 3일

지은이 _ 문길모
펴낸이 _ 최길주

펴낸곳 _ 도서출판 BG북갤러리
등록일자 _ 2003년 11월 5일(제318-2003-00130호)
주소 _ 서울시 영등포구 여의도동 14-5 아크로폴리스 406호
전화 _ 02)761-7005(代) ㅣ 팩스 _ 02)761-7995
홈페이지 _ http://www.bookgallery.co.kr
E-mail _ cgjpower@yahoo.co.kr

ⓒ 문길모, 2009

값 13,000원

ISBN 978-89-91177-86-4 03320

문길모의 회계 강좌

회계를 무시하면 기업은 망한다

공인회계사 **문길모** 저
www.onecpa.net
회계법인 원 대표이사

BIG 북갤러리

회계는 '기업 언어'다

흔히 회계를 '기업 언어(business language)'라고 한다.

기업에 대하여 이해하고 또 어떤 의사결정을 하려면 기업에 대한 내용을 파악할 필요가 있는데, 이때 '회계'는 기업의 내용을 설명하고 전달해 주는 일종의 언어로서의 역할을 하고 있다는 의미라고 말할 수 있다.

우리는 지금 이 순간에도 기업과 직·간접으로 관련을 맺으며 살고 있다. 기업이 만든 상품을 소비하고, 기업에서 급여를 받으며 기업에 물건을 팔고 또한 사고 있다. 즉, 잠시라도 기업을 떠난 생활을 하기란 거의 불가능하다고 볼 수 있다. 이런 의미에서 볼 때 '기업'은 오늘날 자본주의 사회에서는 국가, 가계와 더불어 3대 경제 주체로서 그야말로 필수 불가결한 존재라고 말할 수 있겠다.

그러면 기업은 과연 무엇일까?

이 의문은 필자가 회계사 생활을 시작하면서 줄곧 품어온 의문이다. 왜냐하면 회계사로서 일생을 보내려면 가장 중요한 고객인 기업에 대해 올바로 이해하는 것이 무엇보다도 필요하기 때문이다.

기업이 무엇인가에 대하여는 보는 입장에 따라 여러 가지로 정의할 수 있겠지만 필자의 경우에는 기업을 '하나의 소중한 생명체'로 보고 있다. 따라서 이러한 생명체가 잘 살아가고 성장하도록 지원하는 전문가로서의 회계사 직무를 깊이 인식하고, 이를 정성을 다해 수행하고자 노력하고 있다.

기업이 왜 소중한 생명체인가는 앞으로 본서에서 자세히 설명이 될 것이다.

그러면 소중한 생명체로서의 기업이 어떻게 해야 잘 성장하고 또한 우량한 기업이 될 수 있을까?

기업을 만드는 사람은 한 알의 씨앗을 심는 농부의 마음처럼 정성을 다해 기업을 만들고, 기업 안에서 일하는 종업원은 물론 기업 밖에서 기업과 관련을 맺고 살아가는 거래처, 은행, 정부 당국 등 이해관계자 집단들 모두 기업을 소중한 존재로 받아들이도록 노력하여야 할 것이다.

이러한 의미에서 기업이 살아가는 모습을 숫자로 추적하여 기록하고 이를 기업에 관심을 가지고 있는 수많은 사람과 단체들에게 기업의 실상을 제때에 제대로 알려 이들로 하여금 기업에 대해 올바로 이해할 수 있도록 하는 것이 무엇보다도 중요하다고 본다.

이러한 중요한 역할을 하는 것이 바로 '회계'이다.

그러면 '회계'를 어떻게 하면 손쉽게 이해할 수 있을까?

오늘날 기업을 경영하는 사람이나 기업에 몸담고 있는 근로자 또는 기업관련 제반 사업을 하는 사람들은 '회계'를 반드시 알고 싶어 한다. 그러나 한편으로는 '회계'를 접근하기 어려운 골치 아픈 상대라고 생각하며,

아예 처음부터 회계에 대한 배움을 미루거나 기피하곤 한다.

그러나 '회계'는 단순히 기피하거나 배움을 미루고 잊을 수 있는 가벼운 대상이 아니다.

왜냐하면 회계는 우리가 한시도 떠날 수 없는 '기업'이라는 경제 주체를 올바로 이해할 수 있도록 해주며, 또한 이들 기업과 관련된 제반 의사결정을 합리적으로 할 수 있도록 해주는 중요한 역할을 하고 있기 때문이다.

따라서 우리는 좋던 싫던 '회계'를 올바로 알아야만 한다.

이러한 필요성과 아울러 문제점을 깊이 인식하고 새로운 접근 방법으로 '회계'를 설명하고 기업을 하는 경영자나 초보 실무자들 또는 기업에 관심을 가지고 있는 투자자들로 하여금 '회계'라는 골치 아픈 존재를 손쉽게 접근하고 이해시킬 수 있도록 하고자 본서를 집필하게 되었다.

본서는 필자가 2003년에 발간(발행처 : 삼일인포마인)한 바 있는 《기업을 잘 알기 위한 경리메모》와 《초보자를 위한 기초경리》의 내용을 기초로 하되, 그동안 바뀐 회계와 세무사항을 보완하고 일부 내용을 신규로 집필하여 새롭게 발간하게 된 것이다.

제1부는 기업을 창업하기 전에 회계를 왜 알아야만 하는지, 기업이 왜 소중한 존재이며 이를 올바로 이해하여야만 하는지 그리고 '회계'에 대한 기초 개념에 대해 설명하고 있다.

제2부는 명예퇴직을 하고 새로운 사업을 창업하여 사업을 전개해가는

과정에서 김철수 사장이 현장에서 겪는 경영 관리 부문별 사례를 중심으로 '회계'를 설명하고 있다. 아울러 '회계'뿐만 아니라 필자가 30여 년간 회계감사, 경영진단 및 세무컨설팅 등 회계사 임무를 수행하면서 체험한 경영관련 에피소드를 통하여 기업 경영과 회계의 중요성에 대해 알기 쉽게 소개하고자 노력하였다.

제3부는 기업경영을 하면서 자칫 간과하기 쉬운, 그러나 경영자로서 꼭 알아야만 하는 세무 관리에 관한 기초사항을 소개하고 있다.

이러한 필자의 꿈과 노력에도 불구하고 아직 여러 가지 면에서 부족하거나 잘못된 부분이 발견되리라 예상된다. 앞으로 부족하거나 잘못된 부분에 대하여는 계속 보완하여 본서가 독자들에게 사랑받는 귀한 친구가 될 수 있도록 최선의 노력을 다할 것을 약속드린다.

앞으로도 독자여러분의 애정 어린 관심과 지도를 부탁드린다.

끝으로 본서가 여러분에게 전달되기까지 편집과 출판에 애써주신 〈북갤러리〉의 최길주 사장님과 임직원 여러분, 그리고 자료 정리와 교정에 도움을 주신 '회계법인 원'의 이창익 회계사님께 깊이 감사드린다.

2009년 6월 1일
문길모 씀

CONTENTS 차례

책머리에 - 4

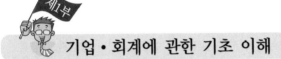

기업·회계에 관한 기초 이해

1 창업 전에 먼저 회계를 알아야 한다 - 19

어느 사장의 때늦은 회계 공부 - 19

회계는 경영자에게 나침반과 같다 - 20

사장이 회계를 무시하면 기업은 망한다 - 23

'이익=현금'으로 착각한 사장님 - 25

경영자가 회계를 알아야 하는 이유 - 26

경영자의 3대 자격요건 - 28

2 기업은 소중한 생명체이다 - 31

회사를 병들게 한 노동조합 - 31

기업의 지원세력과 파괴세력 - 33

이해관계자 집단 - 36

기업은 소중한 생명체이다 - 38

기업을 살상하는 죄(?) - 40

3 **기업의 본질을 이해하자 – 43**

기업의 세 가지 기본 요소 – 43

기업 활동은 기본요소의 흐름이다 – 45

기업의 질병 – 48

기업은 사회의 중요한 자산이다 – 49

어떤 기업이 성장하고 어떤 기업이 망하는가? – 51

4 **회계는 기업활동을 숫자로 추적한다 – 53**

지금 이 순간에도 우리 회사의 재무제표를 누군가 보고 있다 – 53

계속기업 – 56

기업활동과 회계의 흐름을 살펴보자 – 58

기업활동을 추적하는 회계 시스템 – 60

누가, 왜 회계정보에 관심을 가지는가? – 62

회계정보는 100% 사실일까? – 65

5 **회계정보는 재무제표로 요약·표시된다 – 68**

기업활동의 '과정'과 '결과'를 나타내는 재무제표 – 68

우리나라 재무제표의 종류 – 70

재무상태표는 일정시점의 재무상태를 나타낸다 – 71

손익계산서는 일정기간 동안의 경영성과를 보여준다 – 73

이익(결손)의 처분 내용을 표시하는 이익잉여금처분계산서(결손금처리계산서) – 75

현금흐름표는 기업의 현금 흐름 상황을 보여준다 – 77

자본변동표는 자본의 변동 내용을 표시한다 – 78

6 회계의 기초 – 80

경영과 회계는 동전의 앞과 뒤 – 80

회계의 흐름과 순환과정을 이해하자 – 81

거래는 회계의 출발점 – 83

회계상의 거래를 구분하자 – 84

첫 번째 갈림길, '차변'과 '대변' – 86

거래의 이중성과 대차평균의 원리 – 88

거래의 8요소와 거래의 분류 – 90

7 계정과 계정과목에 대한 이해 – 92

회계의 첫 단추인 '계정' – 92

계정과목이란 무엇인가? – 94

계정과목의 분류 – 96

'자산'은 무엇이며 그 구성내용은? – 98

'부채'는 무엇이며 그 구성내용은? – 104

'자본'은 무엇이며 그 구성내용은? – 107

'수익'은 무엇이며 그 구성내용은? – 112

'비용'은 무엇이며 그 구성내용은? – 115

8 회계처리에 대한 이해 – 분개와 전표작성 – 121

'분개'란? – 121

분개장·전표와 장부 기입의 흐름 – 123

전표의 종류 – 125

전표의 작성과 이해 – 127

전표결재시 검토요령과 유의할 사항 – 142

전표양식의 개선-원인행위와 전표의 결합 – 145

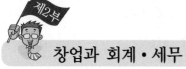

창업과 회계 · 세무
– 김철수 사장의 창업 사례 중심

1 창업 준비와 창업시 유의할 사항 – 151

기업의 창업과 기업활동의 흐름 – 151

창업시 고려할 사항은? – 153

신규사업 관련 검토하여야 할 세무상 유의할 점 – 154

기업 형태의 결정-개인 · 법인 – 158

설립시기와 회계연도의 결정 – 162

설립자본금의 규모, 자본금 조달 방안 검토 – 164

동업 여부 및 지분구조 검토 – 165

사업장 위치 선정과 임차 또는 취득 – 167

사업자 등록 – 168

2 자금조달과 운용관리 – 173

믿는 도끼에 발등 찍힌다 – 173

현금·예금 관리 요령 - 174

일일자금계획표와 현금실사표 - 177

자금운용과 재테크 - 181

3 영업활동과 회계·세무 - 184

상품수불관리를 잘못하여 회사를 망하게 한 사례 - 184

매입원가를 정확하게 관리하자 - 186

상품수불관리는 세무관리의 기초다 - 190

매출을 누락하는 경우 받게 되는 세무상 불이익 - 191

세금계산서 교부요령 - 192

신상품 개발과 개발비 처리 - 196

4 비용지출관리와 회계·세무 - 201

증빙은 곧 세금이다 - 201

접대비 지출시 유의사항 및 증빙관리 요령 - 202

세법상 인정되지 않는 비용 지출에 유의하라 - 205

여비교통비가 손금으로 용인되기 위한 요건은? - 208

해외여비 지급시 유의해야 할 점 - 209

광고선전비의 손금 인정 요건은? - 212

기부금 지출 - 213

5 직원관리와 회계·세무 - 216

기업이 사람을 고르지 않고, 사람이 기업을 고른다 - 216

종업원의 채용과 급여지급관리 – 218

원천징수란 무엇이며 그 요령은? – 222

교육 및 복리후생제도 도입 – 225

종업원 퇴사와 퇴직금 지급처리 – 227

6 채권 및 자산관리와 회계・세무 – 233

선생님도 하나 가져가시죠! – 233

부실채권으로 곤욕 치른 B회사 – 236

수금관리와 채권관리 요령 – 237

받을 수 없는 채권은 적시에 대손처리하자 – 242

공장건축과 자금조달 관리 – 245

자산관리와 처분 – 248

어음・수표 관리요령 – 251

7 개인기업의 법인전환 – 255

법인전환은 언제 하여야 할까? – 255

법인전환 절차와 일정 – 256

법인전환 방법 – 258

법인전환시 유의사항 – 258

법인 설립시 주주 구성 문제 – 262

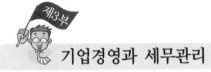

기업경영과 세무관리

1 세금에 대한 이해 – 271

어설픈 세금상식에 큰 코 다친다 – 271

우리나라의 세금 종류는? – 273

사업자가 부담하는 세금은? – 276

2 기업경영과 세무관리 – 279

어느 호텔 경리부장의 과오 – 279

세무관리란? – 281

세무관리의 구체적 절차 – 282

세무관리는 왜 중요한가? – 287

이익관리와 세무관리 – 289

3 주식관리와 세무관리 – 293

주식관리를 잘못하여 낭패당한 사례 – 293

주식관리와 세무 – 297

과점주주의 제2차 납세의무와 명의신탁 – 300

4 거래처 관리와 세무관리 – 303

거래처 관리와 무자료 거래 – 303

무자료 거래는 어떤 경우에 발생하는가? - 304
무자료 거래시 처리방안 사례 - 307
무자료 거래시 문제점 - 309

5 절세와 절세 포인트 - 314
절세와 탈세 - 314
탈세를 하면 어떤 처벌을 받는가? - 318
기업경영과 절세 포인트 - 319

6 기타 세무관리상 유의사항 - 333
궁금한 세금, 어디에 물어봐야 하나? - 333
억울한 세금의 구제 방안은? - 335
세금을 제때 못 내면 어떤 처벌이 있나? - 339
제척기간이 지나면 세금부과 못한다 - 340
소멸시효가 완성되면 세금을 징수하지 못한다 - 342
수정신고와 경정청구 - 344
세금 납부를 연기할 수 있는 경우 - 346

제1부

기업·회계에
관한 기초 이해

창업 전에 먼저 회계를 알아야 한다

 어느 사장의 때늦은 회계 공부

 memo

몇 년 전 경영자들을 상대로 회계 세미나를 개최한 때의 이야기다.

3일간 경영자들이 알아야 할 회계와 세무문제를 중심으로 세미나를 진행하고 마지막 인사를 마치고 강당을 나오던 필자에게 어느 머리가 하얀 노 사장이 다가와 인사를 했다. 그 사장은 필자에게 머리 숙여 감사하다는 인사를 하며 그동안 겪었던 고충을 털어 놓았다.

그 사장은 대학교때 공학을 전공하고 엔지니어로 직장생활을 하다가 50대에 들어서서 전공을 살려 자기 사업을 시작했다. 늦게 시작한 사업이니만큼 정열을 다해 사업을 성장시키는 데 최선을 다했고, 그 바람에 매출도 늘고 종업원 수도 늘며 회사는 날로 커 갔다. 그러나 마음속에 마치 음식을 먹고 소화가 되지 않아 얹힌 것처럼 꺼림직한 것이 뇌리에 항상 남아 있었는데 필자가 이 문제를 해결해 주어 감사하다는 것이다.

그 사장은 경리과장이 결재를 하기 위해 가져오는 회계관련 서류를 검토하고자 했으나 서류상 이해할 수 없는 어려운 회계용어가 가득해 결재할 때마다 심리적으로 심한 갈등을 겪곤 했다는 것이었다. 그래서 하루는 망설이다 경리과장에게 서류상에 기록된 회계용어(예 계정과목 등)에 대하여 설명을 해 줄 것을 요청했더니, 그 경리과장은 더 어려운 회계용어를 써 가며 설명하는 바람에 그 사장은 혹을 떼려다 혹을 붙이는 것처럼 더욱 난처해진 경험을 했던 것이다. 그래서 회계학원에라도 다니며 회계를 배우고자 하였으나 어린 사람들과 공부하기가 창피한 생각이 들어 지금까지 미루어 왔는데, 마침 필자가 개최한 세미나에 참석하여 오래된 자기의 숙원을 해결하게 되었다고 좋아하는 것이었다.

이러한 처지에 처한 경영자가 있다면 그 사장은 그야말로 주먹구구식 경영을 하고 있다고 해도 과언이 아닐 것이다. 회계는 기업 언어다. 회계에 대한 철저한 이해 없이 합리적인 경영을 이루어낸다는 것은 지난한 과제가 아닐 수 없다.

이상의 사례에서 보듯이 유능한 경영자가 되기 위해서는 영업이나 생산같은 경영활동도 잘 하여야겠지만 이러한 경영활동을 기록·요약 분석해가는 과정인 회계 또한 잘 이해하여야 함을 알 수 있다.

회계는 경영자에게 나침반과 같다

우리가 지금 광활한 사막이나 바다 한 가운데 있다고 가정하자.

만약 나침반이나 지도가 없다면 현재 우리의 위치는 어느 곳이며, 어느 방향으로 얼마나 가야 우리의 목적지에 도달할 수 있는지 알 수가 없다.

기업을 창업하는 사람의 입장은 어떨까?

기업을 창업하여 성공하는 사업가가 되기까지에는 수많은 의사결정을 하여야 한다. 예를 들어 어떤 아이템을 택할 것인가? 사업장 위치는? 시작할 때 필요한 사업자금 규모는? 등등 이러한 수많은 의사결정을 함에 있어 반드시 필요한 지식 중 하나가 바로 '회계' 이다.

회계는 사업을 창업할 때부터 시작해서 사업을 마칠 때까지 잠시라도 경영자로부터 벗어나지 않는다.

앞으로 구체적인 설명이 있겠지만 숫자로 표현될 수 있는 수많은 경영 의사결정이 합리적이기 위해서는 반드시 회계를 이해하여야 한다.

예를 들어 어떤 A라는 상품을 사서 팔았다고 가정하자.

이 경우 A상품을 판매한 결과 이익이 났는지 아니면 손해가 났는지를 알아야 A상품을 계속 사서 팔 지 여부를 결정할 수 있을 것이다. 이를 가능하게 하려면 A상품의 구입 원가와 이를 사서 팔기까지 각종 비용이 얼마인지 알아야 이익 여부를 알 수 있을 것이다. 이와 같은 원가와 비용 또는 이익을 계산하는 절차와 방법이 바로 '회계' 이기 때문에 창업을 하고자 하는 사람은 성급하게 창업부터 하려고 하지 말고 전쟁터에 병사가 총을 반드시 가지고 가야 하듯이 회계에 대한 지식을 무장하고 창업을 하여야 안전하다.

우리는 아무 사전 지식도 없이 하는 의사 결정을 '맹목적인 결정' 이라고 하며, 이러한 사람을 두고 '대책 없는 사람' 이라고 비하하는 말을 한다. 기업을 창업하고 경영하는 경영자가 만약 맹목적으로 의사결정을 한다면 그 기업의 결말은 어떨까?

전술한 바와 같이 경영자가 기업을 잘 경영하려면 기업경영에 관한 여러 가지 경우의 의사결정의 순간에 임하여 올바른 결단을 내리는 것이 무엇보다도 중요하다고 말할 수 있다.

이 경우 올바른 결단이 가능하게 하기 위해서는 기업에 관한 올바른 정보가 경영자에게 전달되어야 하며, 바로 이런 점에서 회계의 역할이 중요하다고 인식되는 것이다. 즉, 회계는 경영자로 하여금 '모든 정보를 알고 있는 상태에서의 판단과 결정(informed judgements and decisions)', 즉 합리적 의사결정을 가능하게 하는 바, 이는 마치 윤활유가 잘 칠해진 기계가 부드럽게 작동되는 것처럼 기업활동이 원활이 이루어지게 하는 기능을 수행하고 있다.

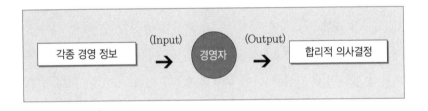

또한 경영자도 평소 전표결재시 전표가 정확히 작성되었는지 검토할 수 있음은 물론 회계 시스템에서 산출되는 제반 기업정보를 읽을 수 있어야 하며, 이를 이해한 후 기업경영에 활용할 필요가 있다. 이러한 점에서 회계는 회계실무자만의 전유물이 아니라 경영자·관리자들에게도 반드시 꼭 숙지하여야 할 사항이라고 말할 수 있겠다.

사장이 회계를 무시하면 기업은 망한다

memo

필자가 평소 알고 지내는 A기업의 김사장이 있었다. 그는 고위 공무원을 역임한 사람으로서 기술사 자격을 가지고 있었는데 자신에 대한 자부심이 대단하여 다른 사람들을 경시하는 습관이 있었다.

그 회사를 방문했을 때 이야기다. 사장과 이야기를 나누고 있는데 회계부장이 업무보고차 사장실에 들어왔다. 사장은 회계부장과 이야기를 하던 중 화를 버럭내며 "야, 회계부서가 하는 일이 뭐가 있어? 배추장수 덧셈 뺄셈밖에 더 되냐?"라고 말하는 것이었다. 나는 순간 마치 내가 그 말을 들은 것처럼 당혹감과 낭패감이 교차하는 것을 느끼고 회계부장을 보니 그 역시 얼굴빛이 달라지고 있었다.

나는 김사장의 회계에 대한 인식이 심각하게 잘못된 것을 느끼고 그 이후로 방문할 때마다 이를 바로 잡아주고자 노력하였으나 크게 개선되지 않아 염려가 되었다. 왜냐하면 회계나 관리 업무는 일을 하려고 생각하면 얼마든지 할 일이 있지만 안 하려고 마음 먹으면 할 일이 없을 수도 있는 창의적인 부분이 많은 업무이기 때문에 사장이 회계업무를 전혀 이해하지 못하고 그 직책을 수행하는 회계부장을 무시한다면 물어보나마나 그 회사의 회계업무의 질과 양은 크게 저하되어 있을 것이기 때문이다.

결국 그 회계부장은 사장의 질타와 무시를 견디지 못하고 그 회사를 그만두었는데, 김사장은 만류는커녕 회계부장에 대한 퇴직금 지급조차 차일피일 미루고 있었다. 이러한 김사장의 처사에 격분한 회계부장은 그 회사가 저지른 탈세정보를 가지고 사장을 협박하여 그 사장이 곤란한 지경에 처하게 되었다. 이러한 사실을 뒤늦게 알게 된 필자는 김사장을 설득하여 퇴직금 이외에 위로금을 추가로 지급하게 하고 회계부장을 위로함으로써 문제는 일단락되었다.

그러나 그 사건 이후로도 김사장의 회계업무에 대한 기본인식은 크게 달라진 게 없었고, 이러한 김사장의 관리개념에 대한 인식 부재는 회사의 관리부실을 누적시켜 부도가 발생, 그 회사는 결국 문을 닫는 비극적 결말을 맞이했다.

회계부서는 회사 사장으로 하여금 합리적인 의사결정을 하도록 하는 각종 경영지표를 만들고 분석할 뿐만 아니라, 회사의 경영이 잘못되지 않도록 사전에 예방하거나 문제가 발생할 경우 최소의 비용으로 이를 해결해 나가는 역할을 수행하는 중추 부서다. 이러한 점을 만약 김사장이 진작 알고 회계부서를 존중하고 이를 잘 활용했더라면 부도를 맞는 비극은 발생하지 않았을 것이다.

영업부서는 밖에서 힘차게 활동하고 그 결과는 사장을 비롯한 회사전 직원의 관심 대상이 되며, 성과에 대한 보답도 확실한 반면 회계부서는 그 업무가 회사 내부에서 조용히 이루어지며, 그 결과에 대해 사장을 비롯한 임직원들의 이해와 관심도도 낮은 것이 일반적이다.

따라서 회사를 경영하는 사장은 이 점을 고려하여 회계의 중요성을 깊이 인식하고 회계를 다루는 부서와 직원들의 보이지 않는 노력을 관심을 가지고 지켜보며, 그 성과를 인정하도록 노력하여야 할 것이다.

'이익＝현금'으로 착각한 사장님

memo

오래 전 어느 국영 기업체에서 발생한 일이다.

회계를 책임지고 있는 박철수 상무는 그해 결산 결과를 사장에게 자랑스럽게 보고하였다.

"사장님, 금년에 우리 공사는 영업 성적이 작년보다 크게 신장되었습니다. 작년에는 당기 순이익이 35억이었습니다만, 올해는 두 배가 넘는 82억이 발생하였습니다."

이 보고를 들은 사장은 기분이 좋아, "수고 많았어요. 어려운 가운데서도 직원 모두 열심히 노력해준 덕분이지…. 이렇게 좋은 성과를 올렸으니 연말 상여금이라도 두둑이 줄 수 있는 방법을 강구해 보도록 합시다"라고 말하였다. 그러나 박상무는 "사장님, 재무상태표에 보시는 바와 같이 저희 공사 자금 여유가 10억밖에 없어 많은 상여금을 지급하기는 어려울 듯합니다"라고 난색을 표명하였다. 이 말을 들은 사장은 무안한 나머지 "이익이 82억이나 발생했다면서 왜 10억밖에 자금이 없다는 이야기입니까?"라고 상무에게 역정을 내면서 마치 누가 자금을 유용한 것 아닌가 하는 의심을 나타내는 것이었다. 사장은 군 장성 출신으로 회계에 관한 기본 지식이 없는 상태에서 사장으로 취임한 지 얼마 되지 않아 박상무가 보고하는 결산 내용을 이해할 수 없었던 것이다.

이와 같은 상황 하에서 박상무는 어떻게 하여야 할까?

'이익은 곧 현금이다'라는 생각을 가지고 있는 사장에게 "이익은 현금일 수도 있지만 그렇지 않을 수도 있다"라는 이야기를 하고 사장을 이해시키려면 '회계'가 무엇인지를 먼저 이해시켜야 할 텐데 참으로 어려운 일이 아닐 수 없다.

경영자가 회계를 알아야 하는 이유

기업을 책임지고 있는 사람은 지위 고하를 막론하고 '회계'라는 개념과 기초 내용 정도는 반드시 이해하고 있어야 한다. 왜냐하면 회계는 기업 언어(business language)이기 때문이다.

기업을 경영하는 사람이 만약 회계를 이해하지 못하면 당해 기업이 무슨 일을 하고 있으며, 그 일의 성과는 어떠하고, 이를 경영자 입장에서 매일 내려야만 하는 의사결정에 어떻게 반영할 것인가를 알 수 없기 때문이다.

회계를 모르고 하는 경영 의사결정은 결코 합리적인 판단과 의사결정(informed judgement and decision)이 될 수 없어 눈 가리고 하는 맹목적인 의사결정을 가져올 수밖에 없다.

선장이 배의 운항과 관련된 제반 데이터를 이해하지 못하고 배를 운항한다면 그 배는 어떻게 될까? 생각만 해도 끔찍한 일이 아닌가?

그러나 현실은 의외로 회계를 모르거나 무시하는 경영자들이 많다는 것이 문제이다.

필자가 대학교 최고 경영자과정에서 강의하는 중에 경영자들에게 이런 질문을 해보곤 한다.

"여기 계신 경영자분들 중에 자기가 경영하는 회사의 최근 연도 재무제표를 검토해보거나 내용이 어떤지 알고 계신 분은 한번 손들어보세요." 그러나 손을 드는 비율은 50%도, 아니 30%도 되지 않는다.

왜 이런 결과가 나오는 것일까?

우리나라는 전통적으로 따지고 계산을 하는 일은 소위 윗사람이 할 일이 아니고 회계부서의 아래 직원들이 할 일이라고 생각해오고 있는 것 같다. 그러다 보니 경영자로서 직원이 작성해온 재무제표나 결산서는 내용도 복잡할 뿐만 아니라 잘 이해도 되지 않기 때문에 그냥 넘기고 있는 경우가 허다한 것이다. 참으로 놀랍고 한심한 일이 아닐 수 없다. 처녀 총각도 맞선을 볼 때는 최소한 얼굴 단장을 하고 상대방을 만나러 가는데 하물며 많은 직원과 거래처, 주주 등 이해관계자가 많은 기업을 경영하면서 자기가 경영하는 기업의 얼굴과 골격 또는 건강 상태를 나타내는 재무제표를 모르거나 무관심한 것은 경영자로서 기본 자질을 갖추고 있다고 볼 수 없는 것이다.

예를 들어 보자.

은행 대출을 받으러 가면서 자기 회사의 재무제표가 은행에서 반길 만한 상태인지 검토하지 않고 은행을 간다면 목표하는 대출을 받을 수 있을까?

정부 공사를 수주하고자 하는 건설회사가 좋지 않은 재무구조를 개선하지 않은 채 과연 공사를 수주할 수 있을까?

우수한 직원을 채용하고자 하는 기업이 나쁜 재무제표를 방치한 상태로 과연 바라는 직원을 채용할 수 있을까?

거래처와 거래를 하면서 불량한 재무구조를 가진 채 외상으로 물건을 구입할 수 있으며, 설혹 구입한다고 하더라도 외상기간(credit term)이나 금액(credit limit)을 만족하게 협상할 수 있을까?

결론은 "아니다"로 나오게 된다.

경영자의 3대 자격요건

어느 기업이 우량한 기업으로 성장 · 발전하기까지는 여러 가지의 요인이 있지만, 그 중 대표적인 것 중의 하나가 유능한 경영자가 있었다는 것이다. 특히 중소기업일수록 유능한 경영자가 기업의 존속 · 발전에 미치는 영향은 결정적이라고 말할 수 있다.

그러면 어떠한 경영자가 유능한 경영자로 인정될 수 있을까?

무릇 창업을 하여 경영자가 되고자 하는 사람은 기업경영을 시작하기 전에 '나는 과연 경영자로서 자격이 갖추어진 것일까?'라는 의문을 한번쯤 가져볼 만하다.

필자는 지금까지 약 30여 년에 걸친 공인회계사 · 경영지도사 생활을 통하여 수많은 기업의 회계감사와 경영 진단 · 지도를 해오고 있는데, 이러한 경험을 통해 느끼고 판단한 유능한 경영자의 자격요건을 세 가지만 들면 다음과 같다.

첫째, 경영자는 우선 미래를 내다보는 통찰력을 갖추도록 노력해야 한다. 경영자는 마치 바다에서 배를 운항하는 선장과 같아서 배가 안전하게 운항하도록 배의 항로를 멀리 내다볼 줄 알아야 하기 때문이다.

둘째, 경영자는 결단력이 있어야 한다. 모든 기업경영은 크든 작든 위험을 안고 있으므로 위험을 극복하고 뛰어넘을 배짱과 결단이 없으면 기업은 정체되거나 도태되기 때문이다.

셋째, 경영자는 리더십을 갖추어야 한다. 기업의 경영은 자기 혼자서 하는 것이 아니고 남을 통하여 기업의 목표를 달성하는 것으로서 내가 아닌 남의 존재를 인식하지 못하면, 그 기업은 쓰러지게 되기 때문이다. 따라서 기업은 시스템이며 시스템을 이끌 수 있는 리더십이 필요한 것이다.

그러나 우리나라 기업 창업주의 경우 많은 사람들이 '내가 아니면 안 된다'는 자기과신에 빠져, 시스템으로서 기업을 운영하는 대신 독

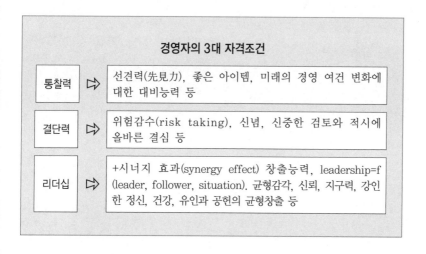

경영자의 3대 자격조건

통찰력 ⇨	선견력(先見力), 좋은 아이템, 미래의 경영 여건 변화에 대한 대비능력 등
결단력 ⇨	위험감수(risk taking), 신념, 신중한 검토와 적시에 올바른 결심 등
리더십 ⇨	+시너지 효과(synergy effect) 창출능력, leadership=f (leader, follower, situation). 균형감각, 신뢰, 지구력, 강인한 정신, 건강, 유인과 공헌의 균형창출 등

선적인 운영형태를 보이는 사례를 보이고 있는 바, 이는 기업의 장래를 위해 참으로 안타까운 일이 아닐 수 없다.

기업은 소중한 생명체이다 2

 회사를 병들게 한 노동조합

memo

　몇 년 전 평소 알고 있던 지인으로부터 자기 친구가 노조위원장으로 있는 회사를 좀 도와줬으면 좋겠다는 부탁을 받고 부천에 있는 중소기업인 모 회사를 방문하였다.

　그 회사는 전자제품을 생산하여 전량 해외로 수출하는 회사로 매년 매출과 자산 그리고 종업원 수가 2배 가량 성장하는 아주 우량한 회사였다. 그런데 이 회사에 강성 노조가 설립되면서 시련은 시작되었다. 내가 그 회사를 방문하였을 때는 이미 3개월 이상 노사 분규가 진행되고 있어 생산이나 수출이 중단된 채로 노사 협의가 아닌, 죽기 아니면 살기로 싸우고 있는 중이었다.

　노조 대표는 회사가 매출과 자산이 거의 매년 2배로 성장했으나 근로자의 급여는 이의 반도 못 올랐으니 그간 올리지 못한 급여를 대폭 인상하라는 요구였다. 이에 회사 대표는 노조 대표에게 회사의 자산이 배로 성장한 것은 회사의 돈으로 한 것이 아니라 은행 차입금으로 고가의 기계 장치를 구입하여 발생한 것이고, 비록 매출은 배로 성장하였지만 손익계산서에 표시된 당기순이익은 차입금 이자 때문에 전년대비 미미한 신장밖에 이룩하지 못한 사실을 주장, 설명하였다.

그러나 노조 대표는 "차입금으로 구입한 자산은 회사의 자산이 아니란 말인가? 회사의 자산이 배로 늘었으니 근로자의 임금도 그만큼 인상해주는 것이 마땅한 것이 아닌가?"라고 주장함으로써 경영자의 설명을 거부하고 있는 중이었다. 이러한 노조를 설득하기가 어렵다고 판단한 경영자는 노조로 하여금 회사가 비용을 지불할 테니 노조가 회계사를 선임하여 경영자가 제시하고 있는 내용이 과연 타당한지를 검토받도록 제의하였고, 노조도 이를 받아들여 내가 노조의 요청을 받고 그 회사를 방문한 것이었다.

필자는 우선 경영자 측에서 주장하는 내용을 검토해보았다. 관련 증빙과 대조하며 회사 측에서 제시하고 있는 자료를 검토해보니 중요한 문제점이 발견되지 않았고, 비교적 합리적인 제안으로 판단되었다.

회계 검토를 마친 나는 노조 대표에게 회사가 제시한 내용이 합리적이고 향후 5년간 대주주인 경영자가 배당을 한 푼도 받지 않는다는 것을 전제로 양보한 안이니 이를 받아들이는 것이 좋겠다고 설득하였다. 경영자를 불신하고 있던 노조는 필자의 설명을 듣고 회사의 제안을 받아들이게 되었고, 3개월 이상 진행되었던 전면파업은 중지되었다.

그러나 매년 급성장을 지속하던 우량회사는 파업으로 인해 해외 바이어들이 대거 경쟁업체로 이탈하게 되었고, 이로 말미암아 불량한 회사로 급격히 추락하게 되었다. 따라서 그 이후 몇 년이 지난 후에는 종업원 수도 파업 전에 비해 50% 이하로 감소하는 비운을 맞게 되었다.

상기 사례에서 노조 대표가 회계에 대한 이해가 있었다면 어떻게 되었을까? 그래서 투쟁이 아닌 상호존중의 협상으로 상호간에 의견이 잘 접근할 수 있었다면 어떤 결과가 나오게 되었을까?

해외 바이어가 이탈되는 일도 없었을 테고 회사는 계속 성장을 거듭하여 명실상부한 최고 우량회사로 발돋움하고, 이에 걸맞게 임직원들도 보람을 가지고 직장을 계속 다닐 수 있었을 것이다.

이러한 안타까운 일은 지금 이 순간에도 우리나라의 많은 중소기업이 겪고 있는 현실이다.

따라서 경영자 못지않게 회사의 중요한 이해관계자인 근로자의 이익을 대변하는 조직인 노조의 대표로서 올바로 소임을 다하려면 자기가 몸 담고 있는 회사의 실상을 정확히 이해할 필요가 있고 이를 위해서는 최소한 회계에 대한 기본적인 이해를 할 수 있어야 하며, 아울러 회사가 매년 발표하는 재무제표에 대한 철저한 분석과 이해하려고 노력하는 자세가 요구된다고 본다.

기업의 지원세력과 파괴세력

memo

　　김철수 과장이 다니고 있는 A회사는 경기침체로 대폭적인 구조조정을 진행하고 있다. 수동적인 퇴출보다는 조기 명예퇴직하여 적극적인 창업을 결심한 김과장은 모 대학에서 진행하고 있는 창업 예비과정에 다니고 있다. 오늘은 평소 수강생들 사이에 기업 예찬론자로 소문난 김교수의 경영학 특강이 있는 날이라 서둘렀으나 강의는 이미 시작되고 있었다.

　　"자, 그러면 기업에 관심을 갖는 집단에 대해 알아보도록 하겠습니다. 기업이 잘 되는가, 아니면 잘못 되는가에 대하여 관심을 갖는 사람 또는 단체들을 일컬어 '이해관계자 집단'이라고 합니다. 그러면 이러한 이해관계자 집단은 구체적으로 누구이며 어떤 단체들이 있을까요? 앞에 앉은 학생 한번 말해 보세요."

"종업원입니다."

"그밖에는?"

"주주, 은행, 세무당국이 있습니다."

"그밖에 또 다른 집단이나 사람은 없을까요?"

"거래처, 소비자단체, 환경단체 등이 있습니다."

"예, 잘 대답해 주었습니다. 그런데 오늘날 대기업의 경우처럼 전문경영인들이 기업을 경영하고 있는 경우에는 경영자도 기업의 중요한 이해관계자 중의 하나라고 말할 수 있습니다. 대기업에 근무하는 졸업생의 이야기를 들어보니 그룹 사장단회의가 열리면 경영성과가 좋지 않은 회사의 사장은 그룹 회장으로부터 멀리 떨어진 말미에 자리가 정해진다고 합니다. 그러니 전문경영자인 사장도 기업의 중요한 이해관계자가 되는 것이지요."

"다음에는 이러한 기업의 이해관계자 집단들의 관심대상은 무엇일까요?"

"제 생각으로는 이해관계자 집단들의 입장마다 다를 것 같습니다. 예를 들어 주주라면 투자한 기업으로부터 얼마나 많은 배당을 받을 수 있을 것인가에 대하여 관심을 가질 것이고, 은행은 빌려준 자금에 대한 원리금을 잘 받을 수 있을 것인가에 대해 관심을 갖겠지요. 또한 세무당국은 당해연도에 기업으로부터 어떤 세금을 얼마만큼 걷을 수 있을 것인가에 대하여, 종업원들은 자기가 몸담고 있는 기업이 급여와 보너스를 줄 정도로 이익이 나는지에 대하여 깊은 관심을 가질 것입니다"라고 김과장은 답변을 하였다.

"예. 아주 잘 말해 주었습니다. 그밖에 거래처들은 자기가 거래하고 있는 기업이 외상대금을 제때에 줄 수 있을지에 대해 관심이 많겠지요. 이러한 이해관계자들의 관심을 잘 인식하고, 적절히 대응하는 기업은 계속적으로 성장·발전할 수 있으나, 그렇지 못하면 점차 여러 가지 문제가 누적되어 낙오되거나 심하면 기업의 문을 닫아야 하는 비운을 맛보기도 합니다. 예를 들어 은행의 신뢰를 얻지 못한 기업은 대출을 받지 못하거나, 받더라도 우량한 타 기업에 비해 좋은 조건의 대출을 받지 못해 자금난을 겪게 되며, 세무당국의 신뢰를 잃은 기업은 특별조사를 당하는 시련을 맛보게 될 것입니다. 반면에 거래처들에게 신뢰감을 주게 되면 타기업보다 외상금액의 한도(credit limit)가 높거나 외상기간(credit term)이 길게 되어 그만큼 자금의 여유를 갖게 될 것입니다. 또한 적자가 누적되어 종업원들에게 급여나 보너스를 지급하지 못하게 되면 결국 노사 분규의 회오리에 휘말리게 될 것입니다. 따라서 이들 이해관계자들은 기업을 신뢰성 여부에 따라 취하는 입장을 달리하게 됩니다. 다시 말해, 기업을 신뢰할 때에는 기업의 지원세력이 되지만 기업을 불신하게 되면 기업의 파괴세력이 되므로, 이 점 특히 유의하여야 할 것입니다."

이와 같은 김교수의 설명을 들은 김과장은 이해관계자 집단들이 기업에 미치는 영향이 아주 중요함을 느낄 수 있었다.

또한 어떻게 하면 이들 이해관계자 집단과 좋은 관계를 유지할 수 있을 것인가? 하는 의문이 들지 않을 수 없었다.

한편, 이와 같은 기업 입장에서 당해 기업에 이해관계를 맺고 있는 수많은 이해관계자들이 파괴세력이 되지 않고 가급적 지원세력을 만들기 위해 이들과의 좋은 관계를 맺는 방안을 강구하는 것도 중요하지만, 이와는 반대로 기업 내·외부에서 기업의 성장과 발전 그리고 진행상황에 깊은 관심을 가지고 있는 이해관계자 집단의 입장에서도 스스로 본인들이 기업의 파괴세력이 되지 않고 지원세력이 되기 위해서는 어떻게 기업을 인식하고 대할 것인가에 관한 성찰도 아주 중요한 문제라고 하지 않을 수 없다.

그러면 이해관계자 입장에서 기업을 어떻게 볼 것인가?

기업을 왜 이해하지 않으면 안 되는가?

그리고 어떻게 하면 기업을 올바로 이해할 수 있을까?

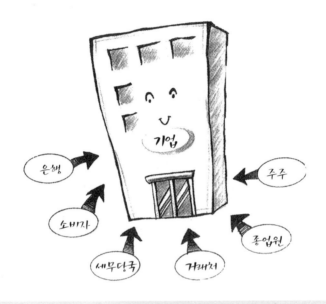

그림_기업에 관심을 가지는 집단

 이해관계자 집단

기업은 좋은 물건을 만들어 소비자들에게 공급하는 역할을 함으로써
상품이 열리는 나무와 같은 생명체(生命體)다.

기업은 종업원들에게는 급여가 열리는 나무다.

기업은 은행에게는 이자가 열리는 나무다.

기업은 주주들에게 배당이 열리는 나무다.

기업은 과세당국에게는 세금이 열리는 나무다.

기업은 고아원에게는 기부금이 열리는 나무다.

기업으로부터 나오는 모든 것들은 사회가 잘 운영되도록 역할을 한다.

이와 같이 소중한 기업이라는 나무가 만약 병들거나 죽으면 어떻게 될까?

종업원들과 경영자들에게는 일터가 사라진다.

거래처들도 원료를 팔 상대가 없어져 마찬가지로 병들거나 죽게 된다.

은행들도 이자를 못 받아 결국 부실해진다.

과세당국은 기업들로부터 세금을 받지 못해 결국 국가 경영이 어려워진다.

고아원이나 양로원들은 운영자금이 없어 결국 문을 닫을 수밖에 없다.

이와 같이 기업의 존재 여부 또는 발전 여부는 기업 자체도 중요하지만 기업을 둘러싸고 있는 수많은 이해관계자 집단(利害關係者 集團, interest parties)의 이해관계에 중대한 영향을 미치고 있다. 그래서 어떤 이는 기업을 '사적(私的) 소유의 준공공기관'이라고도 이야기한다.

이들 이해관계자 집단은 기업의 재무상태와 경영성과(이익)에 대하여 깊은 '관심'을 가지며 '기업의 이익 = 이해관계자 집단의 이익'이라는 의식 하에 기업과 선(善)한 동반자관계(同伴者關係, partnership)를 맺고자 원한다.

따라서 기업이 건실하게 성장·발전하고자 한다면 이들 이해관계자 집단들의 관심을 적절히 받아들이고 이들이 알고도 원하는 기업정보를 적절히 제때에 제공하여 이들의 이해를 얻을 수 있어야 할 것이다.

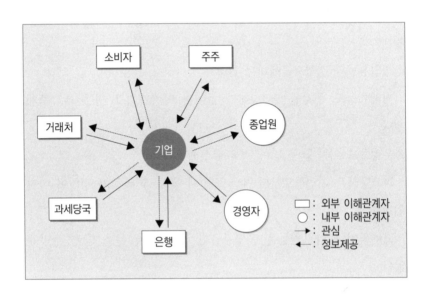

 ## 기업은 소중한 생명체이다

우리는 하루도 기업과 단절하고 살 수가 없다. 우선 기업이 제공하고 있는 일터에서 일을 해야 하고, 기업에서 만든 제품을 사서 입고 먹어야 하고, 기업이 제공하는 여러 형태의 서비스를 받으며 삶을 영위하고 있다. 따라서 기업은 마치 공기나 물처럼 우리가 인식하지 못하는 가운데 우리의 삶의 원천이 되며 우리의 삶이 풍요롭게 펼쳐질 수 있는 역할을 하고 있는 것이다. 따라서 우리는 잠시라도 기업에서부터 벗어날 수 없으며 또한 벗어나서도 아니된다.

이러한 이유로 어떤 기업이 그 생명을 다하지 못하고 쓰러진다면 우리는 무관심에 잠겨 있거나 나와는 관계없는 남의 일로 치부해서는 아니된다.

그러면 우리는 어떻게 기업을 볼 것이며 기업을 어떻게 대해야 할 것인가?

한 잔의 물컵도 실체는 하나인데 보는 각도에 따라 각각 여러 가지의 모습으로 나타나듯이, 기업의 모습도 보는 사람들과 이들의 입장의 차이에 따라 여려 가지의 모습으로 나타날 것이다.

이러한 이유로 기업을 어떻게 볼 것인가에 대한 답을 구하기는 쉽지 않게 보인다.

그러나 성철 스님의 법어(법어) 중에 "달을 보라고 했더니 왜 내 손가락만 보는가?"라는 말씀에서 알 수 있듯이 각자의 입장에서 보이는 여러 가지 기업의 모습을 통하여 기업을 이해할 것이 아니라, 누구나 알아야만 될 기업의 본질을 먼저 알아야만 할 것이다.

마치 고요한 샘물에 달이 비친다고 해서 샘 속에 달이 있다고 말하거나 나무가 비친다고 해서 나무가 있다고 말하는 것이 '샘'에 대하여 올바른 설명이 될 수 없듯이, 기업이 기업을 보는 이의 각자의 입장에서 여러 모습으로 비춰지는 것은 기업의 본질이라기보다는 그 본질로부터 파생되는 하나의 현상이라고 보아야 할 것이다.

그렇다면 이러한 기업의 본질은 어떻게 하면 이해할 수 있을 것인가?

결론적으로 말해 기업을 올바로 이해하기 위해서 우리는 기업을 단순한 하드웨어적인 조직체로 볼 것이 아니라 생명성을 지닌 하나의 '소중한 생명체'로 보아야 한다.

 ## 기업을 살상하는 죄(?)

 memo

대전에 건설자재를 제조하는 A기업이 있었다.

그 기업은 건설산업의 경기 호조와 더불어 매년 건실하게 성장을 거듭해오고 있었다. A기업의 김사장은 가난한 농부 집안의 자식으로 태어나 고등학교밖에 나오지 않았으나, 타고난 부지런함과 성실성으로 20여 년 전에 개인기업으로 출발하여 불과 20년 만에 동 업계의 대표적인 주자로 떠오르게 되었다. 그러던 중 아이템이 새로 추가됨에 따라 새로 공장을 신축하게 되었다.

김사장은 신축하는 공장 안에 그동안 고생한 종업원을 위한 기숙사도 최신 편의시설을 갖추어 건축하였다.

그러나 이러한 모든 기쁜 일도 잠시일 뿐 공장 준공식이 끝나자마자 기다렸다는 듯이 노조가 설립되어 김사장에 대한 인신공격을 시작으로 끊임없는 투쟁이 시작되었다. 이러한 경험이 없던 김사장은 그동안 정을 주었던 직원들에 대한 배신감과 노조의 무리한 요구에 앞날에 대한 불안감이 겹쳐 그동안 패기만만하게 추진해왔던 모든 사업계획을 접고 사업을 정리하기로 결심, 매출을 축소하고 퇴사하는 직원에 대해 충원을 하지 않았다.

그 결과 그로부터 3년이 흐른 지금 약 300여 명이었던 A기업의 종업원은 약 100여 명으로 줄었고 매출도 점점 줄어 3분의 1 이하로 감소하였다.

이러한 모습을 지켜보면서 필자는 안타까움과 동시에 일종의 분개감까지 들었다.

누가 그렇게 우량하던 기업을 죽이고 있는가?

이러한 지경에 이르게 된 것은 변화하는 기업환경에 유연하게 대응하지 못한 사장에게도, 그리고 기업이라는 생명체에게 치명적인 상처를 준 강성노조에게도 각각 책임이 있다고 말할 수 있다.

경영자는 기업의 상황과 미래의 비전을 종업원들에게 제시하고 노조를 비롯한 종업원들의 이해를 구하도록 최선의 노력을 과연 기울였는가?

다음, 노조나 종업원들은 자기가 몸담고 있는 기업을 투쟁장소가 아닌 화해와 협력의 장소로 인식하고 경영자의 말에 얼마나 진지하게 귀 기울였는가?

만약 기업의 경영자가 투명경영을 철저하게 실시하여 회사의 재무상태나 경영성과를 표시한 재무제표를 통해서 종업원들에게 제때에 제대로 알리고 협조를 구했거나, 노조나 종업원들이 회사의 실상을 회사가 제시하는 재무제표를 통하여 제대로 이해함으로써 경영자에 대한 신뢰를 깊이 가지고자 노력하였더라면 회사는 보다 더 우량한 회사로 성장, 발전하였을 것이다.

기업은 전술한 바와 같이 소중한 생명을 지닌 생명체이다.

기업에 종사하는 사람이나 기업 외부에서 기업과 관련을 맺고 살아가는 사람들 모두 기업에 대한 인식을 바꿔 기업을 소중한 생명체로 인식하고 그 생명성을 훼손하지 말아야 하며, 이를 지키고 신장하는 노력을 아끼지 말아야 할 것이다.

만약 잘 성장해가던 기업을 합리적인 이유도 없이 죽이거나 피해를 주는 역할을 한 사람이나 집단이 있다면 그 사람이나 집단은 '기업을 살해하는 죄'를 범하였다고 비난받아 마땅할 것이다.

기업의 본질을 이해하자 3

 ## 기업의 세 가지 기본 요소

앞에서 기업은 소중한 생명체라고 이야기했다.

기업이라는 생명체는 크게 3가지 기본요소로 구성되어 있다. 우선 자기자본이든 타인 자본이든 '자금'이 필요하며, 이러한 자금으로 원자재 또는 상품 같은 '물자'를 구입하고 이를 다루는 '사람'을 채용한다.

만약 기업에 자금이 없다면 기업이라는 생명체가 태어날 수 있을까? 대답은 "아니오"다.

어떠한 기업이든 최초 자본이 없으면 설립이 불가능하다. 요즈음 사회적으로 문제가 되는 것 중에 자본금의 납입이 없이 사채업자와 짜고 마치 자본금을 납입한 것처럼 가장납입에 의해 회사를 설립하는 사례가 있으나, 엄밀히 말해 이는 생명이 있는 기업이라고 말할 수 없다.

또한 최초 설립자본이 있어서 정상적으로 일단 설립했다고 하더라도 설립 후 활동에 필요한 자금이 추가적으로 계속 공급되지 않는다면 그 기업이 과연 살아갈 수 있을까? 역시 대답은 부정적이다. 따라서 자금은 기업에게 생명을 주고 또한 태어난 기업이 계속 살아갈 수 있도록 하는 주요한 에너지원인 것이다.

그리고 기업에 원자재나 상품 같은 기업활동의 대상이 없다면 그 기업은 살아 있다고 말할 수 있을까? 활동 대상이 없다면 그 기업은 활동이 없는 기업이 되고 활동이 없는 기업은 죽은 기업과 마찬가지이므로 결국 살아 있는 기업이라고 말할 수 없다.

또한 기업을 움직이는 사람이 없이 자금이나 물자만 있다고 한다면 그 기업은 어떠한 기업일까? 이러한 기업을 사람에 비유한다면 마치 숨은 쉬고 있으되 죽은 자와 마찬가지인 식물인간과 같은 기업일 것이다.

따라서 기업의 세 가지 기본요소는 '자금'과 '물자' 그리고 '사람'이라고 말할 수 있으며, 기업은 이들 세 가지 기본요소의 운용과 유통을 통하여 이익을 창출하고 총 이익을 원천으로 그 생명을 유지할 수 있는 것이라 말할 수 있다.

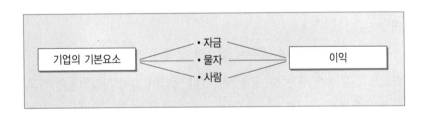

기업활동은 기본요소의 흐름이다

기업은 일단 설립되고 나면 설립목적을 달성하기 위하여 끊임없이 활동을 한다. 만약 활동을 하지 않는 기업이 있다면 그 기업은 소위 '잠자는 기업(휴면기업)'이거나 '문을 닫은 기업(청산기업)'일 것이다.

따라서 어느 기업이 계속적으로 생존하기 위해서는 끊임없는 활동의 계속성이 전제가 되어야 하며, 이러한 기업활동 흐름의 계속성은 앞서 설명한 기업생명의 요체가 된다.

그러면 이와 같은 기업 생명의 요체가 되고 있는 기업활동 흐름에는 어떠한 것들이 있을까?

기업활동에는 앞서 살펴본 바 있는 기업의 세 가지 기본요소에 따라 크게 세 가지의 흐름이 있다.

첫째, '사람의 흐름'이다. 기업이 설립·성장·발전하는 과정에서 기업의 구성원인 사람이 끊임없이 기업에 들어오고 활동하다가 때가 되면 나가게 된다.

만약 들어올 사람이 못 들어오거나 나갈 사람이 나가지 않고 버티고

있다면 그 기업은 사람의 정체로 인하여 결국 응고되어 죽음을 기다릴 수밖에 없을 것이다.

둘째, '물자의 흐름'이다. 기업은 그 형태가 상기업이든 제조기업이든 활동에 물자의 흐름을 동반하고 있다. 예를 들어 제조기업의 경우 물자의 흐름은 원재료의 구입 → 제조·가공 → 제품 완성 → 창고보관 → 제품의 판매과정을 밟으며, 끊임없이 물자의 흐름을 연출하고 있다.

만약 이러한 물자의 흐름이 어느 한 단계 또는 전 단계에서 막힌다면 어떻게 될까? 앞에서 설명한 바와 같이 활동이 막혀 결국 문을 닫을 수밖에 없을 것이다.

셋째, '자금의 흐름'이다. 기업이 사람과 물자의 흐름을 가능하게 하는 힘은 자금이며, 이러한 자금도 그 나름대로의 흐름을 가지고 있다. 즉, 자금의 조달 → 예치·보관 → 자금의 운용이라는 흐름을 가지고

있다.

이와 같은 자금의 흐름은 물자의 흐름과 반대방향을 지향하고 있다.

> 물자의 흐름 A → B
>
> 자금의 흐름 A ← B

그러나 이러한 양자의 흐름은 그 흐름의 시기와 흐름의 양(兩)면에서 서로 일치하지 않는데, 그 이유는 신용(信用)제도가 개입되기 때문이다. 예컨대 오늘 상품을 100,000원어치 매입한 경우 현금으로 매입하면 오늘 현금(자금)이 상품의 흐름과 반대방향으로 즉시 흐르지만, 외상으로 매입한 경우에는 그 외상기간이 끝나야 비로소 자금의 흐름이 생긴다.

만약 자금의 흐름이 막히거나 물자의 흐름과 부조화가 일어날 경우에는 이른바 '부도(不渡)'가 발생하는 것이다.

한편, 기업을 구성하는 요소와 전술한 세 가지 흐름과의 관계를 알아보자.

[구성요소]	[요소의 흐름]
• 인력(men, manpower)	사람의 흐름
• 원자재(material)	
• 기계(machine)	물자의 흐름
• 시장(market)	
• 운전자본(money)	자금의 흐름

G.R Terry는 '기업'이라는 실체를 구성하고 있는 구성요소로서 앞에서 열거한 바와 같이 다섯 가지(5M)를 들고 있다. 이러한 다섯 가지 요소를 다시 재정리해 보면 앞서 말한 세 가지의 주요 흐름과 연결될 수 있다.

 ## 기업의 질병

기업을 경영하는 사람이나 기업에 몸담고 있는 종업원 또는 기업에 자금을 빌려주는 은행 등 기업과 관련되는 입장에 있는 모든 사람이나 집단은 관련된 해당 기업이 건실한 기업이 되기를 각자의 이유에서 한결같이 바랄 것이다. 그러나 기업이 이미 설명한 바와 같이 생명체인 이상 건강한 기업도 있고 건강하지 못한 기업도 있게 마련이다.

그러면 기업이 건강하다는 것은 무엇을 의미하는가?

기업의 다섯 가지 질병

- 자기자본 부족
- 과도한 외상매출금
- 과도한 재고자산
- 과도한 시설투자
- 이익의 과소

기업이 건강하다는 것은 우선 소극적인 의미로 본다면 질병에 걸리지 않은 기업을 말한다. 기업 질병(business ailment)은 보는 견해에 따라서는 여러 가지로 말할 수 있겠지만, 흔히 미국의 경영학자인 길맨이 주장한 앞에서 열거한 다섯 가지를 기업의 질병으로 들고 있다.

이상의 내용 중 첫째 '자기자본의 부족'은 자본의 조달 면에서 자기자본에 비하여 타인자본에 의지하는 정도가 커 자본구조가 불안정함을 의미하며, 둘째 '과도한 외상매출금'과 셋째 '과도한 재고자산' 및 넷째 '과도한 시설투자'는 조달된 자본의 현금화되는 속도, 즉 유동성(流動性)이 약한 고정적 자산에 투자함으로써 기업 자금의 흐름이 경색되고 있는 상황을 의미한다. 그리고 마지막 '이익의 과소'는 기업 성장의 원동력이라고 말할 수 있는 이익이 과소함으로써 성장 가능성에 문제가 있는 것을 의미한다고 볼 수 있다.

이러한 다섯 가지 질병 중 하나라도 해당되는 증상이 있는 기업은 결국 질병에 걸려 있거나 걸릴 확률이 높은 기업이라고 할 수 있다.

 기업은 사회의 중요한 자산이다

 memo

어떤 벤처기업에 투자한 K씨는 코스닥에 상장한다는 회사의 말만 믿고 알토란 같은 퇴직금을 모두 투자해 놓고 대박을 꿈꾸고 있었는데, 그 회사가 자금난을 이기지 못하고 문을 닫게 되어 실의에 빠지고 말았다.

> 그동안 벤처기업의 열풍이 우리나라의 전역을 휩쓸었다. 그러나 지금은 그 열풍 속에서 수없이 태어났던 기업들 중 많은 기업이 문을 닫았거나 닫기 직전의 고통 속에서 신음하고 있다. 이러한 일은 지금 이 순간에도 끊임없이 일어나고 있으며, 수많은 사람들이 K씨와 같은 입장에 처해지고 있다.

수많은 기업 중 어떤 기업은 커다란 꿈을 안고 태어나서 성장 · 발전하는가 하면 또 다른 한편에서는 신음하다가 사라져 가고 있다. 어떤 통계에 의하면 우리나라의 경우 설립되어 10년 이상 존속하는 기업의 비율은 10%도 채 안 된다고 한다.

왜 이런 현상이 일어나는 것일까?

어떤 기업은 자금난 때문에, 다른 어떤 기업은 노사문제 때문에, 그리고 어떤 다른 기업은 사장의 도덕적 해이 때문에 등등 기업이 문을 닫게 된 이유들은 들판에 돋아난 잡초와 같이 그 종류도 많고 또 그 모양새가 각양각색이다.

그러면 우리는 이러한 기업의 도산(倒産)과 불량화(不良化)과정을 단순한 사회현상으로 보고만 있어야 하는가?

기업은 사회의 중요한 자산이다. 기업이 하나 쓰러지면 그것은 그만큼 사회적 손실을 의미한다. 그것은 그 기업에 투자한 누구인가의 투자자금이 사라진 것이오, 그 기업에 종사하던 그 누구인가의 직장이 없어진 것이며, 그 기업으로부터 거둘 수 있는 세금원이 사라짐으로써 대신 그 누군가의 주머니에서 세금이 빠져나감을 의미한다.

세상의 모든 일에 원인 없는 결과가 없듯이 이러한 현상 이면에는 동 현상이 초래되는 이유가 반드시 있을 것이다.

 ## 어떤 기업이 성장하고 어떤 기업이 망하는가?

그러면 어떤 기업이 건강하게 성장하고 어떤 기업이 망하는 것일까?

먼저 건강한 기업을 앞서 설명한 다섯 가지 질병과 관련하여 설명한 다면, 다음과 같다.

첫째, 자기자본이 충실해야 하고 둘째, 외상채권의 회수가 원활해야 하며 셋째, 제품을 만드는 대로 잘 팔려서 창고로 쌓이는 재고량이 적 어야 하며 넷째, 불필요한 시설투자를 과도하게 해서 자금이 고정화되 도록 하지 말아야 하고, 마지막으로는 매출을 많이 올리고 원가는 감 소시켜 이익을 극대화시켜야 '건강한 기업'에 해당되는 것으로 말할 수 있는 것이다.

좀 더 적극적인 의미로 건강한 기업을 설명하면 이러한 질병에 걸리 지 않는 것 이외에도 앞서 설명한 기업의 세 가지 주요 생명에너지원, 즉 '자금', '물자' 그리고 '사람'의 흐름이 원활한 기업을 건강한 기 업이라고 말할 수 있다.

기업이 아무리 이익이 많이 나더라도 자금의 흐름이 원활하지 못하여 필요한 자금이 제때에 맞추어 필요한 만큼 기업에 유입되지 않으면 그 기업은 도산하게 되며, 이를 '흑자도산(黑字倒産)'이라고 부른다.

그리고 기업이 최고의 생산시설을 잘 가동하여 제품을 잘 만든다고 하더라도 시장에서 팔리지 않아 창고에 재고가 쌓인다면 이러한 기업은 마치 변비에 걸린 사람과 같아 건강하다고 말할 수 없다.

또한 기업에 필요한 인재가 제때 들어오지 못하거나 나가줘야 할 직원이 어떠한 이유(예 노사협약 등)로 기업에 남아 있어 인사가 원활하지 않다면 그 기업은 역시 건강한 기업이라고 말할 수 없는 것이다.

이와 같은 내용을 기업의 다섯 가지 질병과 관련시켜보면 다음과 같다.

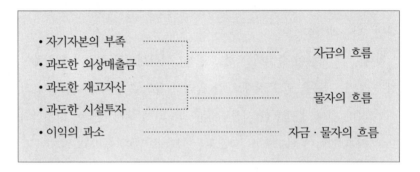

따라서 건강한 기업은 소극적 의미로 볼 때는 최소한 전술한 기업 질병에 걸리지 않는 기업을 의미하며, 적극적 의미로는 이러한 세 가지의 주요 흐름이 원활한 기업을 의미한다. 그리고 이러한 세 가지 흐름이 타 기업보다 더욱 활발히 이루어지는 기업을 '건강기업'이라고 말하며, 이러한 주요 요소의 흐름이 원활하게 계속 이루어져 성장으로 이어질 때 이를 '성장기업(成長企業)'이라고 말한다.

회계는 기업활동을 숫자로 추적한다

 지금 이 순간에도 우리 회사의 재무제표를 누군가 보고 있다

 memo

외국에 제품을 수출하고 있는 김사장으로부터 들은 이야기이다.

김사장은 회사를 설립하고 처음으로 미국에 자신의 제품을 수출하고자 L/C 오픈 절차를 밟고 있던 중 신용조사기관에 근무하는 친구로부터 뜻밖에도 미국의 바이어 측에서 L/C 오픈하기 전에 이미 자사의 신용상태를 조사해 갔다는 이야기를 들었다는 것이다.

이러한 일은 비일비재하다

거래를 하기 전에 상대방 회사의 재무구조나 신용상태가 어떠한지 먼저 파악할 필요가 있다. 만약 신용상태가 불량한 회사에 물건을 팔 욕심으로 외상으로 물건을 판매할 경우 과연 안전하게 물품대금을 회수할 수 있을 것인가? 숙고해 볼 일이다.

따라서 기업을 건실하게 경영하기 위해서는 항상 자사의 재무제표가 어떠한지 관심 깊게 검토해 볼 뿐만 아니라, 거래 상대 기업의 재무제표역시 거래하기에 적당한 기업인지 주의해서 검토, 분석해 볼 필요가 있다

매년 기업들은 결산을 하고 재무제표를 만들어 세무당국에 신고를 하고 있다. 자산 규모가 큰 기업(직전 연도 말 자산 총액이 100억 원 이상)들은 공인회계사에 의해 회계감사를 받고 동 감사 결과는 감사보고서에 의해 금융감독원의 전자공시시스템(http://dart.fss.or.kr)에 공시된다.

따라서 모든 기업의 재무제표는 이를 작성한 회사 안에서 비밀자료로 보관되는 것이 아니라, 지금 이 순간 관심을 가지고 있는 집단에 의해 분석, 검토되고 있는 것이다.

그러면 주로 누가, 왜 검토를 할까?

주로 회사에 대해 관심 있는 집단들일 것이다.

주주는 자기가 가지고 있는 주식에 대한 배당가능성 여부, 배당금액의 크기 등을 확인하기 위해 재무제표를 검토하려고 할 것이다.

종업원들은 결산 결과 회사의 성적이 좋은지 아닌지를 검토하고 회사의 성과에 따라 지급되는 성과급의 지급 정도를 예상하기 위해 자기 회사의 재무제표를 검토하고자 할 것이다.

과세당국은 관내에 있는 기업들이 과연 얼마나 세금을 낼 것이며 또한 과거 연도 세무신고한 내용이 제대로 된 것인지에 대해 확인하고자 재무제표를 검토할 것이다.

동업자들은 동업 결과 자기가 받을 이익이 정확한지에 대해 검토하고자 재무제표에 대해 관심을 가질 것이고, 특허를 제공하고 매출 또는 이익에 비례하여 로열티를 받고자 계약한 경우에는 동 로열티 금액이 정확한지에 대해 확인하고자 재무제표를 검토하려고 할 것이다.

주식투자자들은 자기가 투자한 주식의 주가가 향후 어떻게 될 것인가 판단하기 위해서 투자회사의 재무제표를 입수, 분석하고자 노력할 것이다.

또한 취업하고자 하는 학생의 경우는 가급적 우량하고 건실한 기업을 선택하고자 재무제표를 검토하고자 할 것이다.

이와 같이 기업 주변에는 수많은 집단과 사람들이 기업의 재무제표에 대해 관심을 가지고 주시하고 있다.

기업은 이들 집단, 즉 이해관계자 집단들과 좋은 관계를 유지하여야만 기업을 안전하게 운영하고 발전시킬 수 있다.

기업이 이해관계자 집단들과 좋은 관계를 유지하기 위해서는 광고를 하거나 좋은 제품을 만들어 소비자들에게 공급하는 방법도 있겠지만, 무엇보다 중요한 것은 기업의 내·외에서 기업의 모습을 보고자 하는 이들에게 기업의 진실한 모습을 보여주고 그들의 신뢰를 얻는 것이 최선의 방법이라고 볼 수 있다.

그러면 기업의 모습을 어떻게 보여주고 전달할 것인가?

'기업의 모습'은 크게 숫자로 표시할 수 없는 일반 경영사항과 숫자로 표시 가능한 재무 관련 사항이 있다. 일반 경영사항은 대체로 기업의 이미지를 홍보하는 광고나 좋은 제품을 만들어 소비자들에게 제공하는 방법을 통하여 이해관계자들에게 전달되지만, 이 방법은 한계가 있으며 많은 시간과 비용이 드는 점이 흠이라고 할 수 있다.

대부분 이해관계자들은 기업의 재무 관련 사항에 관심을 가지고 있다. 다시 말하면 올해 기업의 이익이 얼마나 났는가? 또는 기업의 재무구조가 건실한가? 등에 대해 관심을 가지게 된다. 따라서 이러한 사항, 즉 회계정보를 정확히 제때에 이해관계자들에게 전달하면 이들로부터 신뢰를 얻을 수 있지만, 이를 감추거나 제때에 제공하지 못하고 늦추게 되면 이들의 불신과 불만을 사게 된다.

이러한 까닭으로 대부분의 건실한 기업들은 이들 이해관계 집단들에게 자사의 재무정보를 제때에 적절히 제공하고자 노력하려고 한다.

계속기업

우리는 하루라도 기업과 관련을 맺지 않고서는 생활이 불가능하다. 기업이 만드는 제품을 사서 먹고 입고 자고 있으며, 기업을 통하여 소득을 올리고 기업이 주는 이익을 배당받아 생계를 유지한다.

이렇게 우리와 불가분의 관계에 있는 기업은 과연 어떤 존재일까?

내가 몸담고 일을 하고 있는 기업은 살아 있는 존재일까? 아니면 죽은 존재일까?

내가 지금 하고 있는 회계처리 업무는 기업의 어떤 부문을 어떻게 표현하고 있으며, 나는 왜 이러한 일을 하지 않으면 안 되는가?

이러한 질문에 대하여 기업의 회계를 맡고 있는 실무자 입장에서 한 번 정도 진지하게 생각해볼 필요가 있다고 본다. 왜냐하면 내가 일을 하고 있는 기업이 도대체 무엇이며, 내가 하는 일은 과연 기업에 어떠한 영향을 주고 있는지 그리고 그 가치는 무엇인지에 대하여 생각하지 않고 그냥 주어진 일만 하게 되면 우선 보람과 재미도 없을 뿐만 아니라, 하여야 할 일의 방향감각을 잃어 일의 가치가 그만큼 떨어지기 때문이다.

결론적으로 기업은 앞서 논한 바와 같이 살아있는 생명체이다. 그것도 가치를 헤아릴 수 없을 만큼 아주 소중한 생명체이다. 왜냐하면 앞서 설명한 바와 같이 종업원의 입장에서 볼 때 기업은 급여가 열리는 나무요, 주주 입장에서 볼 때는 이익(배당)이 열리는 나무요, 거래처 입장에서 볼 때는 제품이 열리는 나무요, 과세당국의 입장에서 볼 때는 세금이 열리는 소중한 나무이기 때문이다.

기업을 만든 사람의 생명은 유한하지만, 기업의 생명은 무한하다고 말할 수 있다. 그래서 회계학에서는 기업을 '계속 살아가는 기업'이라는 의미로 '계속기업(繼續企業, going concern)'이라고 부른다.

기업활동을 살펴보면 마치 흐르는 강물과 같다는 생각이 든다. 하루도 쉬지 않고 끊임없이 경영활동의 흐름이 흐르고 있다.

이들 경영활동은 흐르는 속도와 깊이 그리고 폭을 지니며 쉼 없이 흐르고 있는데, 이들 흐름을 분석해 보면 앞서 살펴본 바와 같이 크게 세 가지(사람, 자금, 물자) 요소의 흐름으로 분류된다.

기업은 세 가지 주요 기업활동을 통하여 성장, 발전해 나간다. 이들의 활동이 활발히 이루어지는 기업은 그 성장속도가 빠른 기업인 것이며, 느리면 그 기업은 성장속도가 느린 기업인 것이다. 만약 이러한 활동이 아예 정지해 버리면 그 기업은 문을 닫게 된다.

따라서 이들 기업활동의 흐름에 대한 관찰과 기록 및 분석을 통하여 막힌 흐름이 있다면 이를 적시에 뚫어 주고 또한 이를 사전에 예방하도록 하는 것이 기업의 성장, 발전에 무엇보다도 중요한 관건이 된다. 이러한 역할을 하는 것이 바로 '회계'이다.

기업활동과 회계의 흐름을 살펴보자

기업활동의 흐름은 여러 각도에서 여러 가지로 관찰해 볼 수 있다.

예를 들어 '계획'하고 '실시'한 후, '평가'하는 과정으로 구성되는 경영순환과정(management cycle)별로 기업활동을 관찰해 볼 수 있으며, 원료를 구매하여 제조하고 창고에 보관하고 있다가 판매하는 일련의 물자 흐름 순서를 쫓아 관찰해 볼 수도 있을 것이다. 그밖에도 자금의 흐름, 사람의 흐름 또는 기업의 생존과정별로 기업활동의 모습을 관찰할 수도 있는데, 이를 요약해 보면 다음과 같다.

경영순환과정에 의한 관찰
계획(plan) ⇨ 실시(do) ⇨ 평가(see)

물자의 흐름에 의한 관찰
(예) 제조기업 : 구매 ⇨ 제조 ⇨ 보관 ⇨ 판매   (예) 유통기업 : 구매 ⇨ 보관 ⇨ 판매

자금의 흐름에 의한 관찰
자금의 유입(조달) ⇨ 보관 ⇨ 자금의 유출(운용)

사람의 흐름에 의한 관찰
채용 ⇨ 교육 · 재배치 ⇨ 승진 ⇨ 퇴사

기업의 생존과정에 따른 관찰
자본의 투자(설립준비) ⇨ 기업의 설립(개업) ⇨ 원자재 구매와 제조 등의 활동 ⇨ 제품 등의 판매 ⇨ 대금의 회수 ⇨ 이익의 배당 ⇨ 자금의 차입 ⇨ 자금의 상환 ⇨ 기업의 청산

앞서 설명한 바와 같이 기업활동은 크게 사람의 흐름, 물자의 흐름

및 자금의 흐름으로 구성되어 있으며, 이러한 흐름은 기업이 살아 있는 한 끊임없이 계속된다.

　이러한 기업활동의 흐름을 숫자로 추적하여 기록, 요약하고 이를 이용하고자 하는 집단에게 보고하는 일련의 활동을 '회계'라고 부른다. 따라서 기업활동의 흐름을 동시 진행적으로 관찰하여 이 중 숫자화할 수 있는 것에 한하여 일정한 '회계 시스템'을 통해 숫자로 가공·변환 처리해야 하기 때문에 회계도 역시 일정한 흐름을 지니고 있다.

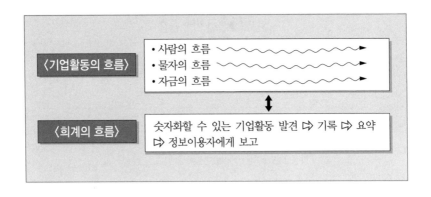

기업활동을 추적하는 회계 시스템

　기업은 활동을 통하여 생존해 가는데, 그 활동은 여러 가지 형태로 기록되어 이들의 활동에 관심 있는 자들에게 제공된다.

　예를 들어 기업의 영업목적이나 업종은 당해 기업의 정관이나 사업자등록증을 통하여 거래처나 세무당국 등에게 제공되며, 종업원 수나 생산제품의 종류 및 기업의 연혁 등 기업의 실체에 관한 정보는 대출 신청서의 부수서류로써 일정한 양식에 기재되어 대출받고자 하는 은행에 제공된다.

그러나 이들 정보는 단편적이며 불완전한 시스템을 통하여 만들어짐으로써 기업활동에 관한 충분한 정보를 담고 있지 않다.

기업활동은 크게 숫자로 추적·표현할 수 있는 정보와 추적·표현할 수 없는 정보를 가리킨다.

따라서 기업활동을 잘 이해하려면 우선 회계를 잘 이해하여야 하며, 숫자화할 수 없는 제반 경영활동(예 사장의 능력, 기업의 노하우, 판매선의 확보 상태, 노사관계 등)이 있다는 사실을 간과하지 말고 이를 회계부서에 의하여 만들어지는 재무제표와 더불어 같이 검토·분석하도록 함이 필요하다.

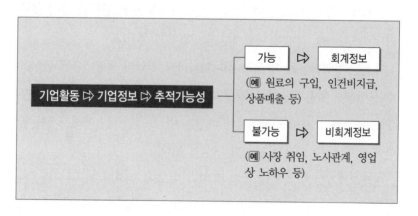

한편, 앞에서 설명한 기업활동을 숫자로 추적하여 이를 정보(회계정

보)로 만들어 이해관계자 집단들에게 제공하는 기능을 수행하는 것이 바로 '회계 시스템'이다.

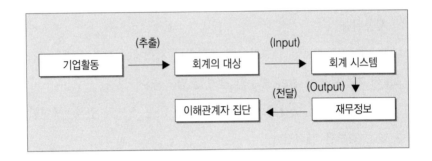

 누가, 왜 회계정보에 관심을 가지는가?

앞에서 설명한 바와 같이 기업활동은 마치 흐르는 강물과 같이 활동의 폭과 깊이를 가지며 매일매일 끊임없이 발생한다.

이러한 기업활동은 그 활동 하나하나마다 기업의 경영내용에 관심을 갖는 이해관계자 집단의 '이(利)'와 '해(害)'에 직접·간접으로 영향을 주므로 기업의 자체 입장에서나 기업을 바라보고 있는 이해관계자 집단에 있어 아주 중요한 관심의 대상이 된다.

이해관계자들은 각자의 입장에 따라 기업에 대하여 가지는 관심사항도 각각 다른데, 예를 들면 주주는 배당액을 알 수 있는 기업의 이익에 대하여 일차적으로 관심을 가지며, 종업원은 자기가 몸담고 있

이해관계자 집단별 주요 관심사항과 관련 회계정보

이해관계자 집단	주요 관심사항	관련 회계정보
주주	기업의 이익, 배당률, 주가의 상승	손익계산서, 이익잉여금 처분계산서
종업원	기업의 성장성, 이익, 급여, 보너스, 직책	재무제표 전반
은행	재무구조의 안정성, 원리금 회수	재무상태표[주] 현금흐름표
경영자	기업의 안정성, 성장성, 수익성	재무제표 전반
과세당국	이익의 규모, 부과할 세금의 종류와 세액의 규모, 탈세 가능성 유무, 보유재산의 현황	재무제표 전반
거래처	외상대금의 회수안전성, 외상기간, 외상한도, 거래규모의 성장 가능성	재무상태표[주], 현금흐름표
소비자	제품의 만족도	광고, 제품의 품질

[주]2009. 2. 27 자료. 종전의 '대차대조표'는 '재무상태표'로 용어 변경되었음(기업회계기준서 제21호 문단 8)

는 기업이 장차 성장·발전할 수 있는가에 대하여 깊은 관심을 가지고 있다.

한편, 은행은 기업에 빌려준 돈을 안전하게 회수할 수 있는가에 대하여, 과세당국은 과세의 원천인 기업의 이익과 재산보유 현황 등에 대하여 관심을 가진다.

기업의 입장에서 이들의 관심을 충족시켜 이들로부터 이해(理解)와 신뢰를 얻을 경우 그 기업은 안정적으로 성장·발전할 수 있지만, 만약 얻지 못할 경우는 이들로부터 견제와 감시를 받음으로써 기업의 성장·발전에 애로를 겪게 된다.

그림_이해관계자 집단과 회계의 역할

따라서 이들 이해관계자 집단으로 하여금 당해 기업활동에 대한 이해를 하도록 유도하는 것은 기업 생존에 있어 아주 중요한 과제라고 말할 수 있다.

그러면 어떻게 하면 이들 이해관계자 집단의 이해와 신뢰를 얻을 수 있을까?

어떤 대상에 대한 이해와 신뢰는 그 대상에 대한 정보를 가질 때 가능하며 모르는 부분이 많을수록 오해나 불신이 증대된다. 이러한 점에서 볼 때 이해관계자 집단들로부터 기업경영에 대한 이해와 협조를 끌어내기 위해서는 이들에게 기업의 경영활동에 관한 적절한 정보를 제공하여야만 한다.

일정한 시스템을 통하여 이해관계자 집단들에게 눈과 귀가 되어 필요한 정보를 제공하는 역할을 수행하는 것이 바로 앞으로 설명하려고 하는 회계이다.

회계정보는 100% 사실일까?

memo

연말결산에 앞서 가결산을 해본 결과 B회사는 올해 영업성적이 작년에 비해 좋지 않았다.

사장으로부터 이익을 작년의 2배로 내라는 특명을 받고 온 회계부의 서부장은 대책마련에 연일 고심하고 있었다.

이 사실을 담당과장으로부터 전해 들은 회계부 신입사원인 A군은 "이익을 두 배로 내라니? 결산은 있는 그대로 정확히 하면 되는 것 아닌가요?" 하고 의문을 제기했다. 과장은 "A씨! 이제는 회사 돌아가는 상황을 알 때도 되지 않았나요? 작년에도 실제 이익보다 많이 튀긴 것 모르세요?"

A군은 '아뿔싸! 그러면 내가 입사할 때 본 우리 회사 재무제표가 모두 거짓이었단 말인가? 가공으로 조작된 재무제표를 믿고 회사를 골랐다니…. 어쩐지 재무제표에 비해 회사가 어렵게 돌아간다는 생각이 들었는데 그 이유가 바로 이것이었군' 하고 생각하고는 회사에 대해 심한 배신감을 느꼈다.

서부장은 결산팀들을 불러놓고 회사의 어려운 실정을 이야기한 후 이익을 실제보다 2배 정도 더 올리기 위한 방법으로 감가상각과 퇴직급여

충당금을 일부분 적게 설정하고, 접대비를 비롯해 세무상 손금으로 인정되기 어려운 일부 비용을 지출하지 않은 것처럼 처리하기로 한 결산 방침을 전했다. 그리고 만약 이러한 방법을 다했는데도 목표 이익에 도달하지 못한다면 하는 수 없이 당기 말 재고자산의 금액을 목표 이익이 산출될 수 있도록 실제보다 많이 평가할 것을 추가로 지시하였다.

서부장의 지시를 들은 A군은 회사의 딱한 사정을 이해하면서도 한편으로는 "우리가 조작한 재무제표를 믿고 은행은 돈을 빌려주겠지, 그리고 나 같은 순진한 후배들은 우리 회사를 장래를 맡길 회사로 선택할 테고…. 재무제표 분식은 일종의 사기행위가 아닐까?" 하고 자문하고는 가슴이 답답해 옴을 느꼈다.

이상의 사례에서 알 수 있듯이 우리가 살려보고자 하는 기업들의 재무제표는 여러 가지 이유에 의하여 사실대로 만들어지지 않을 수 있다.

회계정보는 회사의 회계 부서에서 일정한 결산과정을 통하여 만들어진 후 외부에 제공된다. 이때 반드시 유의하여야 할 점은 '회계정보 = 사실'이 아닐 수도 있으며, 때로는 왜곡된 사실일 수도 있다는 점이다.

흔히 회계는 '사실'과 '회계담당자의 판단' 및 '관습' 등 세 가지가 혼합된 산물이라고 말한다. 이는 경영활동에 관한 객관적인 사실이 회

계담당자의 판단과 회계관습(**예** 기업회계의 관행)에 의하여 걸러짐으로써 사실과 다소 변형된 상태로 표시되거나, 때로는 의도적으로 왜곡되어 표시·전달될 수 있음을 뜻한다.

예를 들어 은행으로부터 융자를 받고자 하는 기업의 손익계산서상의 당기순이익은 사실보다 크게 표시될 가능성이 있으며, 세금을 절약하려는 기업의 경우에는 그 반대일 가능성이 높다.

따라서 회계정보를 입수·분석할 경우에는 이들 가능성을 전제로 하여야 한다.

이 외에도 경영활동의 내용은 앞에서 설명한 바와 같이 회계 숫자로 표시할 수 없는 사항들이 많으며, 때로는 이들이 회계정보보다도 이해관계자들에게는 더욱 중요할 수도 있다는 사실을 인식하여야 한다. 예컨대 비록 결산시점에 작성된 재무제표상의 경영상태나 경영성과가 상당히 좋다고 하더라고 결산시점 전·후에 노사분규가 발생했거나 대형소송에 휘말린 상태에 있다면, 이는 회계정보보다도 오히려 더 중요한 요소가 될 수 있으므로 이러한 점을 유의하여야 한다.

회계정보는 재무제표로 요약 · 표시된다 5

 기업활동의 '과정'과 '결과'를 나타내는 재무제표

회계적 관점에서 볼 때 기업의 경영활동 내용은 크게 일정시점(예 결산기 말, 12월 31일)에 있어서의 '재무상태'와 일정기간(예 회계기간, 1월 1일~12월 31일) 동안 이루어 놓은 '경영성과'로 나누어 볼 수 있다.

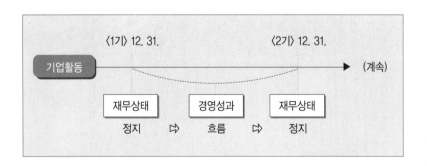

이와 같은 기업의 '재무상태'와 '경영성과'는 기업을 살아 있는 한 그루의 나무와 비교해 설명하면 보다 이해하기가 쉬울 것이다. 한 그

루의 나무는 싹이 터서 자라기까지 끊임없는 성장활동을 함으로써 키도 크고 가지도 뻗는다.

이와 같이 끊임없는 활동을 통한 기업의 성장과정은 기업의 '경영성과'에 비유될 수 있으며, 나무를 자를 경우 나타나는 나이테의 모양이나 구조는 기업의 '재무상태'에 비유될 수 있을 것이다.

그림_기업의 경영성과와 재무상태

한편, 일정기간 동안 이룩한 기업의 경영성과는 '손익계산서'로, 일정시점에 있어서의 재무상태는 '재무상태표(종전의 대차대조표)'로 각각 표현되어 기업정보의 이용자(이해관계자)들에게 제공된다.

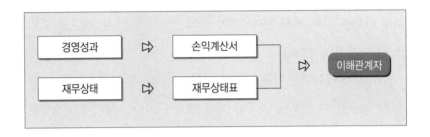

 ## 우리나라 재무제표의 종류

우리는 증권회사나 은행에 가서 이야기를 하다 보면 '재무제표'에 관해서 많이 듣게 된다. '재무제표'란 무엇일까?

'재무제표(財務諸表, financial statements, F/S)'란 기업이 일정 기간(이를 회계기간이라고 부르며 보통 1년 단위로 정함)이 지난 후 당해 기간 동안의 경영성과(經營成果)와 동 기간 말의 재무상태(財務狀態) 등에 관한 회계정보를 투자자, 채권자 및 세무당국과 같은 이해관계자 집단에게 보고하기 위하여 작성하는 각종 보고서를 말한다.

그러면 재무제표는 도대체 몇 가지나 있을까? 그 종류는 헤아릴 수 없이 많을 것이다. 그러나 우리나라 기업의 회계에 관한 기준을 정하고 있는 '기업회계기준'에서는 기본 재무제표로 다음과 같이 5가지를 들고 있다.

- 재무상태표(종전의 '대차대조표')
- 손익계산서

- 이익잉여금처분계산서(또는 결손금처리계산서)
- 현금흐름표
- 자본변동표

 재무상태표는 일정시점의 재무상태를 나타낸다

재무상태표(財務狀態表, Balance Sheet, B/S)는 일정한 시점(예 2009년 12월 31일 현재)에 있어서 기업의 재무상태(財務狀態)를 나타내는 표이다. 즉, 정지된 일정시점에 있어서 기업의 세 가지 주요 흐름의 물자와 자금의 정지된 상황을 의미하는 '자산·부채' 및 '자본'의 상태, 즉 재무상태를 표시하는 하나의 총괄표라고 할 수 있다.

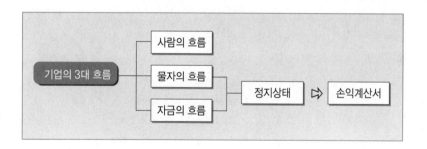

예를 들어 어느 기업의 12월 31일 현재 '현금과 예금잔액'은 대차대조표의 유동자산 부분에 '현금 및 현금성 자산'으로 기록되며, 기업이 보유하고 있는 '토지가액'은 재무상태표의 고정자산 부분에 '토지'

로 기록된다.

한편, 은행으로부터 차입한 '단기차입금'이 얼마인지는 재무상태표의 유동부채 부분에 '단기차입금'으로 표시된다.

재무상태표는 작성하는 시기에 따라 사업개시 시점에 작성하는 개시재무상태표(開始財務狀態表), 사업연도 중에 작성하는 중간재무상태표(中間財務狀態表), 사업연도 말 결산시점에 작성하는 결산재무상태표(決算

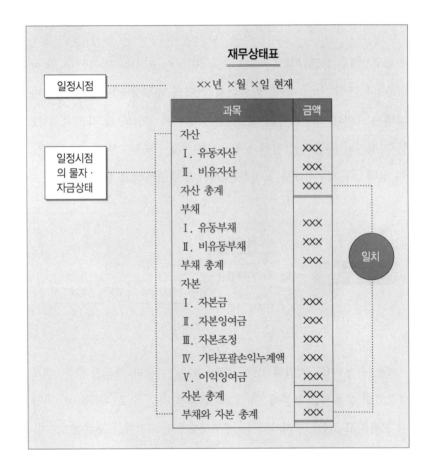

재무상태표

일정시점 .... ××년 ×월 ×일 현재

일정시점
의 물자·
자금상태

과목	금액
자산	
Ⅰ. 유동자산	×××
Ⅱ. 비유자산	×××
자산 총계	×××
부채	
Ⅰ. 유동부채	×××
Ⅱ. 비유동부채	×××
부채 총계	×××
자본	
Ⅰ. 자본금	×××
Ⅱ. 자본잉여금	×××
Ⅲ. 자본조정	×××
Ⅳ. 기타포괄손익누계액	×××
Ⅴ. 이익잉여금	×××
자본 총계	×××
부채와 자본 총계	×××

일치

財務狀態表) 및 사업을 종료한 후 청산하는 시점에 작성하는 청산재무
상태표(淸算財務狀態表) 등이 있다. 재무상태표의 구조는 위와 같다.

 손익계산서는 일정기간 동안의 경영성과를 보여
준다

손익계산서(損益計算書, Profit and Loss Statement, P/L 또는
Income Statement, I/S)는 일정기간 동안(예 2009. 1. 1~2009.
12. 31)의 경영성과를 나타내는 표이다. 즉, 일정기간 동안 실현된 수
익에서 발생된 비용을 차감하여 당기순이익을 산출하는 과정을 나타내
는 표를 말한다.

한편, 손익계산서는 앞에서 설명한 바 있는 기업의 3가지 주요 흐름
중 주로 물자와 자금의 흐름이 일정기간 동안 발생된 상황, 즉 경영성
과를 나타내고 있다.

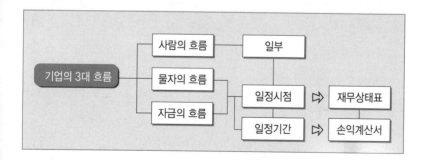

사람 흐름의 예로서 일정기간 동안에 종업원에게 지급한 급여와 상여금은 '급여'로, 물자 흐름의 예로서 제품이 판매되어 외부로 이동되면 손익계산서에 '매출액'으로, 자금 흐름의 예로서 접대비를 지출하면 손익계산서에 '접대비'로 각각 기록된다.

손익계산서의 구조를 살펴보면 다음과 같다.

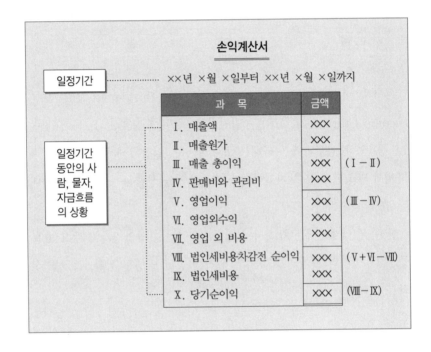

이익(결손)의 처분 내용을 표시하는 이익잉여금처분계산서(결손금처리계산서)

이익잉여금처분계산서(또는 결손금처리계산서)는 어떤 기업의 이익잉여금처분 상황(또는 결손금 처리 상황)을 표시한다.

주주는 기업에 투자한 자금에 대하여 기업이 이익을 실현하고 동 실현된 이익에 대하여 투자금에 대한 보상방법으로 배당을 기대한다. 만약 기업이 적자가 나서 배당할 재원이 없다면 결손금을 어떻게 처리할 것인지를 보기 원한다. 또한 기업의 주인으로서 이러한 배당 또는 결손금 처리에 관한 사항에 대한 의사결정권을 주주총회를 통하여 행사하게 된다.

이러한 주주들의 권한인 잉여금 처분 또는 결손금 처리 상황에 대한 내용을 표시하는 것이 이익잉여금처분계산서(또는 결손금처리계산서)이다.

결손금처리계산서와 이익잉여금계산서의 구조를 살펴보면 다음과 같다.

결손금처리계산서

| 일정기간 ··············· ××년 ×월 ×일부터 ××년 ×월 ×일까지 |

구 분	금액
I. 미처리결손금	×××
전기이월미처분이익잉여금	
(또는 전기이월미처리결손금)	
당기순이익(또는 당기순손실)	
II. 결손금처리액	
임의적립금이입액	×××
××××	
III. 차기이월미처리결손금(I + II)	×××

처리내용 ········

이익잉여금처분계산서

| 일정기간 ··············· ××년 ×월 ×일부터 ××년 ×월 ×일까지 |

구 분	금액
I. 미처분이익잉여금	×××
전기이월미처분이익잉여금	
당기순이익	
II. 임의적립금 등의 이입액	×××
합계(I + II)	×××
III. 이익잉여금처분액	×××
이익준비금	
배당금	
××××	
IV. 차기이월미처분이익잉여금(I + II + III)	×××

처분내용 ········

현금흐름표는 기업의 현금 흐름 상황을 보여준다

현금흐름표(Cash Flow Statement) 일정기간 동안(예 2009. 1. 1 ~2009. 12. 31)의 현금 흐름, 즉 기업으로의 현금 유입과 기업으로부터의 현금 유출을 나타내는 표를 말한다.

앞서 알아본 바와 같이 기업의 3대 흐름 중 사람, 물자의 흐름은 손익계산서에서 표시되고 현금의 흐름은 현금흐름표에서 표시된다.

현금흐름표는 현금 흐름을 기업 활동별로 구분하여 표시한다. 현금흐름과 관련된 기업 활동은 크게 영업활동, 투자활동 및 재무활동으로 구분한다. 이러한 세 가지 활동은 다시 유출(流出)과 유입(流入)으로 각각 나뉘어 그 활동내용이 표시된다.

이상의 내용을 표시하고 있는 현금흐름표의 구조를 살펴보면 다음과 같다.

여기에서 '현금' 이라 함은 현금(통화)과 현금성 자산을 말한다.

'현금성 자산' 이란 타인발행수표 등 통화대용증권과 당좌예금, 보통예금 및 거래비용 없이 현금으로 전환이 용이하고 이자율 변동에 따른 가치 변동의 위험이 중요하지 않은 금융 상품으로서, 취득 당시 만기일(또는 상환일)이 3개월 미만인 현금성 자산(예 환매채) 등을 말한다.

현금흐름표

일정기간 ………	××년 ×월 ×일부터 ××년 ×월 ×일까지	

	과 목	금액
	I. 영업활동으로 인한 현금 흐름	×××
	1. 당기순이익	
일정기간	2. 현금의 유출이 없는 비용 등의 가산	
동안의	3. 현금의 유입이 없는 수익 등의 차감	
현금 흐름	4. 영업활동으로 인한 자산, 부채의 변동	
의 상황	II. 투자활동으로 인한 현금 흐름	×××
	1. 투자활동으로 인한 현금 유입액	
	2. 투자활동으로 인한 현금 유출액	
	III. 재무활동으로 인한 현금 흐름	×××
	1. 재무활동으로 인한 현금 유입액	
	2. 재무활동으로 인한 현금 유출액	
	V. 현금의 증가(I + II - III)	×××
	VI. 기초의 현금	×××
	VII. 기말의 현금	×××

 자본변동표는 자본의 변동 내용을 표시한다

자본변동표(資本變動表)는 일정기간 동안 어떤 기업의 자본의 변동 상황을 나타낸다.

앞서 알아본 바와 같이 이익잉여금의 변동 내용은 이익잉여금처분계산서에서 표시되며, 이익잉여금을 포함하여 자본 구성 항목의 전체 변동 내용을 설명하는 재무제표가 자본변동표이다.

'자본 변동'은 자본을 구성하고 있는 자본금, 자본잉여금, 자본조정, 기타포괄손익누계액, 이익잉여금(결손금)의 변동에 대해 포괄적인 정보를 제공한다.

이러한 '자본변동표'의 구조를 살펴보면 다음과 같다.

자본변동표

20××년 ×월 ×일부터 ××년 ×월 ×일까지

구 분	자본금	자본잉여금	자본조정	기타포괄손익누계액	이익잉여금	총계
20××.×.×(보고금액)	×××	×××	×××	×××	×××	×××
회계정책변경 누적효과					(×××)	(×××)
전기오류 수정					(×××)	(×××)
수정 후 이익잉여금					×××	×××
연차배당					(×××)	(×××)
처분 후 이익잉여금					×××	×××
중간배당					(×××)	(×××)
유상 증자(감자)	×××	×××				×××
당기순이익(손실)					×××	×××
자기주식 취득			(×××)			(×××)
해외사업 환산손익				(×××)		(×××)
20××.×.×	×××	×××	×××	×××	×××	×××

회계의 기초 ⑥

경영과 회계는 동전의 앞과 뒤

memo

창업예비과정의 송교수는 기업과 회계의 관계에 대하여 다음과 같이 설명하였다.

"기업도 사람처럼 하나의 생명체라고 할 수 있습니다. 다른 점은 사람의 생명은 유한하지만 기업의 생명은 계속성을 전제로 한다는 점입니다. 기업을 만들고 투자한 사람보다 기업의 생명이 길다 보니 기업의 계속적인 경영활동의 흐름을 중간중간 끊어서 관찰할 필요가 생겼고, 그 결과로 회계연도가 생긴 것이지요. 회계업무를 수행하는 사람의 입장에서 기업을 잘 이해하려면 '경영활동 흐름'을 먼저 이해한 후 그 흐름을 회계 시스템을 통하여 관찰할 수 있는 능력을 길러야 합니다. 즉, 회계를 잘하려면 먼저 기업의 전반적인 업무내용과 흐름을 이해하여야 합니다. 결론적으로 회계는 경영활동을 숫자로 표현하는 것을 의미하므로 경영활동과 동전의 앞과 뒤의 관계가 있다고 말할 수 있습니다."

이와 같이 회계는 경영활동의 흐름을 추적·기록해 가는 시스템이며 과정(process)이다.

따라서 회계는 회계의 대상이 되는 경영활동을 식별하고 측정한 후 이를 정보이용자인 이해관계자 집단에게 전달하는 일련의 과정을 주요 내용으로 하고 있다.

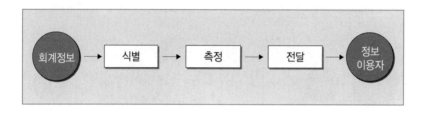

회계의 흐름과 순환과정을 이해하자

위의 회계 흐름을 좀 더 자세히 관찰해 보면 회계는 일정한 회계기간을 하나의 주기(周期)로 하여 계속 순환하고 있음을 알 수 있다.

이러한 회계순환과정의 각 단계를 좀 더 세분화해서 살펴보면 다음의 도표와 같다.

회계순환과정은 기업의 내부·외부에서 경영활동으로부터 발생하는 각종 사건 또는 행위로부터 회계상의 거래를 식별하는 것부터 시작된다.

일단 회계상의 거래임이 판명되면 이를 분개한 후 장부에 전기(轉記, posting)한다. 장부에 기록된 거래는 매 회계연도 말에 계정마감을 하는 결산작업을 거치게 된다. 결산이 끝나면 재무제표(F/S)와 기타 회계정보들이 작성되며, 이들 정보는 일정한 경우(예 직전연도 말 자산총액이 100억 원 이상인 경우)에는 공인회계사에 의한 외부 회계감사를 받으며, 그렇지 않은 경우에는 외부 감사를 받지 않고 상법상 공시(公示)절차를 밟게 된다.

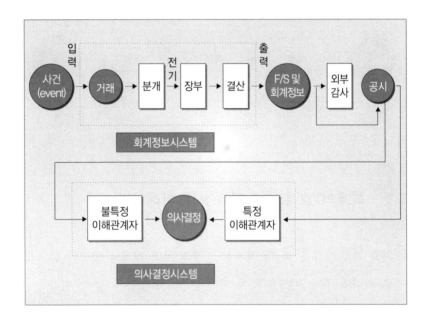

상법상 공시는 정관에 정해진 재무상태표의 신문공고 방법대로 신문공고를 통하여 이루어지게 되며, 공시를 통하여 기업의 재무정보는 이에 관심을 가지고 있는 특정·불특정 이해관계자 집단에게 전달된다. 이로써 한 회계연도의 모든 회계순환과정은 종료되며, 이는 다시 다음 회계연도에 이어지게 된다.

이러한 순환과정은 기업이 존속하는 한 계속된다.

 ## 거래는 회계의 출발점

'거래(去來, transaction)'란 무엇인가?

앞의 회계순환과정에서 보듯이 거래는 회계의 출발점이므로 회계를 이해하기 위해서는 먼저 거래의 의미를 이해하여야 한다.

우리는 기업 내에서 혹은 기업 외부에서 거래에 관한 이야기를 흔히 듣는다. 예컨대 "오늘 큰 거래가 이루어져 기분이 아주 좋다"고 이야기할 때 거래란 무엇을 의미할까? 그리고 이때의 거래는 회계의 대상이 될 것인가?

본래 거래라는 말은 '갈거(去)'와 '올래(來)'의 결합어로서 '오고 가는 것'을 의미한다고 볼 수 있다.

영어에서도 거래는 'transaction'으로 표시되는데, 이는 'trans(상대편, 변하다, 통과하다)'와 'action(행위)'의 결합어로서 역시 '상대편으로 가고 오는 행위'로 해석될 수 있겠다.

일반적인 의미의 거래는 '사고 파는 데에 있어서 금전이나 상품을 주고 받는 일, 즉 매매행위 또는 매매행위와 같은 교섭'으로 정의된다. 그러나 이와 같은 일반적인 의미의 거래 개념이 곧 회계상의 거래 개념이 되는 것은 아니다.

회계상의 거래란 '자산·부채·자본의 증감을 가져오거나 수익·비용의 발생 또는 소멸을 가져오는 행위 또는 사건'을 뜻한다. 이 거래 개념 속에 회계의 가장 중요한 5가지 개념, 즉 자산·부채·자본·수익·비용이 포함되어 있음을 알 수 있다. 따라서 거래의 개념을 정확히 이해하는 먼저 이 5가지 주요 개념을 이해하여야 한다.

그러면 '자산', '부채', '자본', '수익' 및 '비용'은 무엇이며, 어떤 경우에 이들의 증감 또는 발생을 가져오게 되는가?

회계상의 거래를 구분하자

앞에서 설명한 바와 같이 어떤 행위가 회계상의 거래가 되기 위하여는 자산·부채·자본·수익 및 비용의 증감 또는 발생과 관련이 있어야 한다.

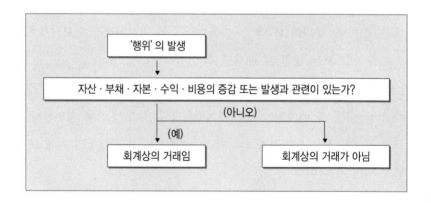

그러면 어떻게 회계상의 거래발생 사실 여부를 알 수 있을까?

회계상의 거래가 되려면 상품매매, 비품매입, 화재손실, 현금도난, 재고자산의 파손, 기계의 감가상각 등과 같이 자산·부채·자본·수익 및 비용의 증감 또는 발생과 관련되어야 한다.

따라서 회계상의 거래가 발생했는지를 알려면, 첫째 계약서나 자금지출·수입 사실 등 기업활동을 잘 관찰해야 하며, 둘째 이들이 자산·부채·자본·수익 및 비용과 관련되었는지를 판단해야 한다.

이러한 이유로 거래 사실을 발견하기 위해서는 자산·부채·자본·수익 및 비용의 개념을 먼저 정확히 이해해야 한다.

어떤 기업활동이 회계상의 거래인지를 사례를 통해 살펴보자.

예를 들어 어느 기업이 상품 1,000원어치를 외상으로 매입했다고 하자. 이는 '상품'이라는 자산이 1,000원 증가하고 '외상매입금'이라는 부채가 1,000원 증가한 것이므로 회계상의 거래가 된다.

그러나 계약금을 주고받지 않고 부동산 매매계약을 체결했다면 이는 자산·부채·자본·수익·비용 중 어느 사항과도 관련이 없으므로 회계상의 거래는 아니다.

이를 도표로 요약하면 다음과 같다.

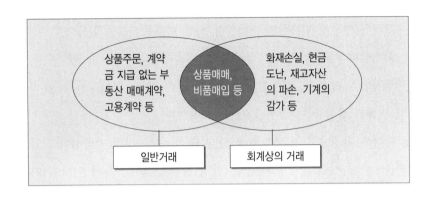

 ## 첫 번째 갈림길, '차변'과 '대변'

어떤 기업활동이 회계상의 거래라고 판명되면 첫 번째 갈림길에 다다른다. 여기에서 어떤 금액은 '차변'이라는 장소로, 다른 금액은 '대변'이라는 장소로 갈라져 분류된다.

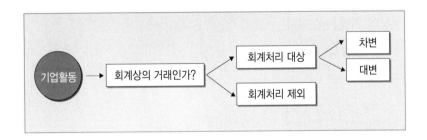

옛말에 '역지사지(易地思之)'라는 말이 있다. 이는 처지를 바꾸어서 생각하라는 말인데, 모든 사물을 관찰할 때 입장의 차이에 의하여 다

른 면을 볼 수 있다는 의미로 해석된다.

회계의 경우 '거래'로부터 시작되는데 모든 거래의 모습은 동전의 앞면과 뒷면처럼 두 가지 입장이 있어 항상 '차변(借邊, debit)'과 '대변(貸邊, credit)'의 양면으로 관찰된다.

예를 들어 A회사가 10,000원을 B은행에서 빌렸다고 할 때 이는 10,000원이라는 '자산'이 증가한 반면, 은행에 대한 빚, 즉 '부채'가 증가한 것으로 회계상 해석된다. 이 경우 자산의 증가는 '은행으로부터 돈

(거래의 발생)	'A회사는 B은행으로부터 10,000원을 빌리다'	
(입장)	A회사 자체 입장	B은행에 대한 A회사 입장
(분석)	10,000원 현금 입금 (결과)	10,000원 은행 빚 발생 (원인)
(거래의 8요소)	'자산'의 증가	'부채'의 증가
(계정과목의 결정)	'현금 및 현금성 자산' 계정	'단기차입금' 계정
(계정의 위치)	왼쪽	오른쪽
(차·대변)	차변(debit, Dr)	대변(credit, Cr)

을 빌리다' 라는 원인(행위)의 결과로 인하여 발생된 것으로서 '차변' 으로, 부채의 증가는 '은행이 돈을 빌려주다' 라는 원인(행위)이 발생된 것으로서 '대변' 으로 위치를 정하게 함으로써 서로 대칭을 이루도록 처리한다. 이때 편의상 차변은 왼쪽에, 대변은 오른쪽에 자리를 두게 된다.

거래의 이중성과 대차평균의 원리

앞에서 설명한 바와 같이 회계상의 거래가 발생하였을 경우 그 내용을 분석해 보면 반드시 짝을 이루는 2개 이상의 사실이 있음을 알 수 있다.

예컨대 어떤 차량을 1,000,000원의 현금을 주고 샀을 경우 ① 차량운반구라는 자산의 증가 1,000,000원이 발생하는 사실과 ② 차량을 사기 위해 현금 1,000,000원이 지급되었기 때문에 자산의 감소 1,000,000원이 발생했다는 사실이 결합되어 있는 것을 볼 수 있다.

만약 이를 외상으로 샀을 경우에는 앞의 '②' 사항이 '미지급금' 이라는 부채의 증가 1,000,000원이라는 사실로 대체되어 짝을 이루게 된다. 이와 같은 모든 거래는 항상 상대방에 대한 원인 또는 결과가 되어 짝으로 구성되며, 이 짝은 항상 금액이 같게 되는데, 이를 '거래의 이중성' 또는 '거래의 이중영향' 이라고 부른다. 이때 짝의 한 편은 '차변' 사항이 되며, 다른 한 편은 '대변' 사항이 된다.

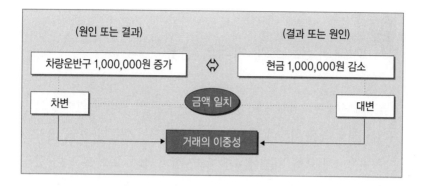

앞서 알아본 바와 같이 모든 회계상의 거래는 반드시 차변과 대변으로 나뉘어 짝을 형성하고 있으므로 차변과 대변의 금액은 항상 일치하게 된다.

이를 '대차평균의 원리(貸借平均의 原理, principle of equilibrium)'라고 부르며, 이는 복식부기의 핵심원리가 된다.

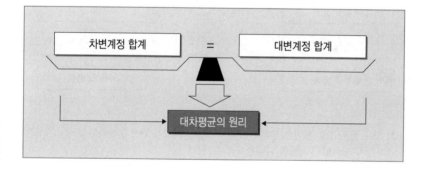

거래의 8요소와 거래의 분류

앞에서 설명한 '거래의 이중성', '대차평균'의 원리에 의하여 모든 거래는 서로 짝을 이루며 대차평균으로 결합되어 있는데, 이를 요약하면 차변에 4개 요소, 대변에 4개 요소, 합계 '8개 요소'로 되어 있음을 알 수 있다. 이들 8가지의 거래요소를 소위 '거래의 8요소'라 부르며, 이는 회계상의 거래를 부기시스템으로 전환시키는 두 번째 단계인 '분개'의 기초 원리가 된다.

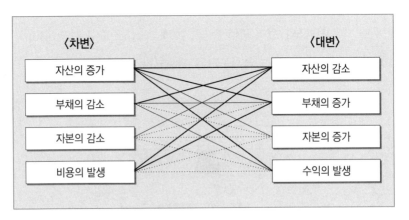

(주) : ─ 선은 주로 많이 발생하는 거래, ─ 선은 비교적 적게 발생하는 거래, ⋯⋯ 선은 발생하지 않는 거래를 나타낸다.

거래(去來)는 보는 입장에 따라 다음과 같이 여러 가지로 분류된다.

첫째, 거래 발생 장소에 따른 분류로서 기업의 내부에서 발생하는 '내부거래'와 기업의 외부에서 발생하는 '외부거래'가 있다.

둘째, 거래가 손익의 발생과 관련 있는지 여부에 따른 분류로서 손익과 관계없이 자산·부채·자본 의 변동만 일으키는 '교환거래', 수익과 비용의 발생을 일으키는 '손익거래' 및 교환거래와 손익거래가 혼합된 '혼합거래'가 있다.

셋째, 거래가 현금의 입·출금을 초래하는지 여부에 따른 분류로서 현금의 수입·지출을 수반하는 '현금거래'와 현금의 입·출을 수반하지 아니하는 '대체거래'가 있다.

넷째, 거래가 자본과 수익 중 어느 것과 관계 있는가에 따른 분류로서 기업의 정상적인 영업활동과는 관계없이 자본금과 자본잉여금의 증감만을 일으키는 '자본거래'와 기업의 정상적인 경영활동에서 발생되는 이익잉여금과 관련 있는 '손익거래'가 있다.

다섯째, 거래의 발생 시기에 따른 분류로서 개업시 발생하는 '개업거래', 회계연도 초에 전기로부터 이월시 발생되는 '개시거래', 일상 영업상의 '영업거래', 결산시 발생되는 '결산거래' 및 폐업시 발생하는 '폐업거래'가 있다.

계정과 계정과목에 대한 이해

 ## 회계의 첫 단추인 '계정'

> A군이 다니는 B회사에서 일어난 이야기이다.
>
> 회계부의 신입사원인 A군에게 담당부장인 서부장은 A군의 회계 실력을 알아볼 겸 다음과 같은 질문을 A군에게 하였다.
>
> "자네, 회계학은 많이 공부했지. 자네가 신입사원이라 내 노파심에서 한 가지 질문할 테니 답변해 보게. 자, 자네 앞에 놓인 이 탁자는 3년 전에 30만 원을 주고 샀는데, 지금까지 감가상각이 12만 원이 된 상태야. 지금 이것을 20만 원에 외상으로 판다고 한다면 회계처리를 어떻게 하면 좋을까?"라고 묻는 것이었다.
>
> A군은 갑작스러운 질문에 머뭇거리며 궁리를 해본 후 대답하였다.
>
> "예, 자신은 없습니다만…, 외상으로 팔았으니까 차변에 외상매출금 20만 원, 비품감가상각누계액 12만 원, 대변에 비품 30만 원, 유형자산처분이익 2만 원으로 분개처리하면 됩니다."
>
> "자네, 대학에서 뭘 배웠나? 계정과목 하나도 제대로 모르고 있으니 말일세. 비품을 외상으로 판다고 하였는데 어째서 외상매출금인가? 미수

금계정을 써야 맞지."

이상의 대화에서 알 수 있듯이 회계의 첫걸음이 경영활동(거래) 중에서 회계상의 거래를 발견하는 것이라고 볼 때 회계 시스템에서 이러한 회계상의 거래를 기록하기 위해서는 '계정과목'이라는 또 하나의 중요한 개념을 알아야만 한다.

그러면 매일매일 발생하고 있는 수많은 경영활동을 어떤 식으로 표시할 것인가?

예를 들어, 원료를 현금 10,000원을 주고 샀을 경우 이를 표시하는 방법은 사람에 따라서 또는 기업에 따라서 천차만별일 것이다.

예컨대 어떤 이는 '원료(현금)'로 쓰거나 '원료를 현금으로 10,000 원 주고 삼'이라고 쓰는 등 표현방식은 이루 헤아릴 수 없이 많을 것이다.

이러한 방식으로 표시할 경우 이를 기록하는 당사자는 그 내용을 잘 알 수 있을지 모르나, 동 정보를 얻고자 하는 다른 사람은 그 방식에 익숙해지기까지 시간이 걸릴 것이며, 또한 기업간 정보를 비교하기란 거의 불가능할 것이다.

따라서 이러한 불편함과 혼란성 때문에 회계 정보를 체계적으로 분류하기 위하여 '계정', '계정과목', '차변', '대변'이란 개념이 등장하게 되었다.

회계 기록을 제대로 하기 위해서는 먼저 '계정'이라는 첫 단추를 잘 끼워야만 한다.

계정과목이란 무엇인가?

우리나라는 9개 도로 나뉘고 다시 시·군 지역으로 세분되어 있다. 회계상의 거래도 마찬가지다.

'자산', '부채', '자본,' '수익' 및 '비용'은 마치 9개 도와 같이 대분류에 해당되며, 9개 도를 다시 시·군 또는 면(동)으로 소분류하는 것처럼 대분류에 해당하는 '자산' 등을 다시 작게 분류하여 명칭을 부여하는데, 이를 '계정'이라고 부른다.

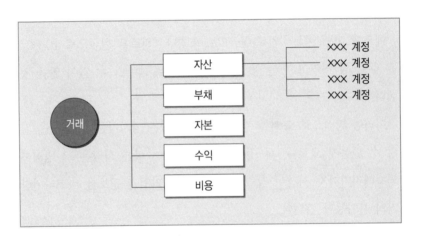

기업의 활동이 발생할 때 그 내용을 누구나 알아볼 수 있도록 간단·명료하게 체계화할 필요가 있다.

이러한 필요에 따라 기업의 활동을 숫자로 계산·표시하기 위한 체계적이고 통일적인 계산 단위가 바로 계산상의 단위인 '계정'이다.

그리고 이러한 계정의 명칭을 '계정과목(計定科目)'이라고 부른다.

예를 들면, 통화, 타인발행수표, 보통예금, 취득 당시 만기일이 3개월 미만인 금융상품 등을 묶어 '현금 및 현금성 자산'이라는 계정과목을 사용하여 기록한다.

계정과목은 전술한 바와 같이 항상 왼쪽과 오른쪽으로 나누어 기록하고, 그 왼쪽 면을 '차변', 오른쪽 면을 '대변'이라 부르며, 이를 T자 형태로 표시하면 다음과 같다.

이와 같은 '계정과목'은 '회계'라는 세계를 알기 위한 기본언어이다. 따라서 회계를 알기 위해서는 '계정과목'이 무엇인지 어떠한 종류가 있는지 또 계정과목마다 그 의미는 무엇인지 정확히 이해할 필요가 있다.

예컨대 어느 회사의 재무상태표 '자산'란에 '장기대여금'이라는 계정과목의 금액이 5,000,000원이 있거나, 손익계산서상에 '지분법이익' 계정이 1,000,000원 있다고 생각해보자. 이들 계정과목이 무엇을 의미하는지 정확히 알지 못하면, 그 회사의 재무상태표와 손익계산서를 정확히 이해할 수 없게 되며, 이들 재무제표를 이해하지 못하면 결국 당해 회사를 정확히 이해할 수 없게 될 것이다.

앞에서 설명한 사례에서 보듯이 노조 간부가 회계를 모르면 불필요한 오해로 말미암아 노사협의가 제대로 진행되지 않게 되어 기업에 큰 피해를 가져오게 된다.

따라서 계정과목을 정확히 이해하는 것은 은행과 같은 기업 외부의 이해관계자가 기업을 이해하기 위해서뿐만 아니라, 기업 내부의 경영자나 종업원 또는 노동조합 임직원들과 같은 기업 내부의 이해관계자들에게도 기업의 건전한 발전을 위해 필수적으로 요청된다고 말할 수 있을 것이다.

계정과목의 분류

계정과목은 크게 '재무상태표계정'과 '손익계산서계정'으로 분류되며, 재무상태표계정은 다시 재무상태표(계정식)의 왼쪽(차변) 부분에 기재되는 '자산계정'과 오른쪽(대변) 부분에 기재되는 '부채계정'과 '자본계정'으로 분류된다.

한편, 손익계산서계정은 크게 '수익계정'과 '비용계정'으로 구분할 수 있다.

이를 도표로 그려보면 다음과 같다.

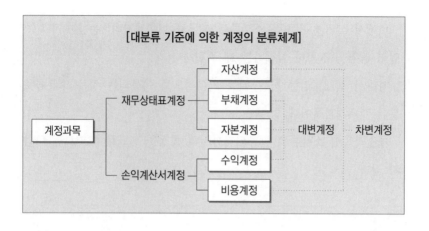

계정을 위와 같은 대분류 기준에 의하여 분류하고 회계처리를 하는 경우에는 회계처리를 하는 사람 입장에서는 편할지 모르나, 이를 이용하는 사람 입장에서는 그 내용을 명확히 알 수 없어 불편하다.

예를 들어 어느 기업이 3억 원의 차입을 하여 2억 원어치 토지를 산 경우와 1억 원어치 차량을 산 경우에 이를 대분류와 소분류로 분류하여 회계처리를 하는 것이 각각 어떻게 달라지는지 비교해 보기로 하자.

【대분류 기준에 의한 회계처리】

(차) 자   산   3억   (대) 부   채   3억

【소분류 기준에 의한 회계처리】

(차) 토   지   2억   (대) 단기차입금   3억

　　　차량운반구   1억

위에서 살펴본 것처럼 소분류로 분류하여 회계처리하는 것이 그 기업의 상황을 정확히 이해하는 데 적합하다.

따라서 회계처리를 하는 데에 기본적으로 이용되는 것은 소분류로 분류된 계정과목이다.

계정과목이 소분류로 분류되기까지의 과정을 도표로 그려보면 다음과 같다.

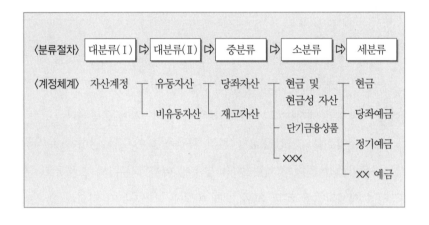

 '자산'은 무엇이며, 그 구성내용은?

'자산(資産, assets)'이란 기업의 입장에서 볼 때 ① 당해 기업이 지배하거나 통제하고 있는 것으로서 ② 과거의 거래(transaction)나 사건(event)에 의해 발생된 ③ 미래의 경제적 효익(probable future economic benefit)을 창출할 것으로 기대되는 자원을 가리킨다. 따라서 '자산'으로 분류되기 위하여는 위 '①~③'의 요건이 충족되어야 한다.

예를 들어 어느 기업이 거래처의 창고를 대가 없이 일시적으로 빌려 쓰고 있다고 할 때, 동 창고는 당해 기업의 지배·통제 하에 놓여 있지 않기 때문에 당해 기업의 자산에 해당되지 않으며, 아직 발견되지 않은 지하자원 등은 과거의 거래나 사건에 의하여 발생된 것이 아니기 때문에 자산에 해당되지 않는다.

자산계정은 크게 '유동자산'과 '비유동자산'으로 구분된다. 이 경우 보고기간종료일로부터 1년(정상적인 영업주기) 이내에 현금화(現金化)할 수 있는지 여부에 따라 현금화 또는 실현될 것으로 예상되는 자산을 유동자산(流動資産, current assets)이라고 부르며, 1년(정상적인 영업주기) 이내에 현금으로 전환되거나 실현될 것으로 예상되지 않는 자산을 비유동자산(非流動資産, non-current assets)이라고 부른다.

유동자산은 다시 그 성질 또는 기능에 따라 현금화되는 속도가 즉각적으로 예상되는 '당좌자산(當座資産, quick assets)'과 생산과 판매를 위하여 보유하고 있거나 생산 중인 자산인 '재고자산(在庫資産, inventories)'으로 나누어진다.

한편, 비유동자산은 다시 유휴자금을 이용할 목적으로 타기업의 주식 등에 투자하거나 부동산을 매입하는 경우에 해당되는 투자자산(投資資産, investments), 토지와 건물 같이 형태가 보이는 고정자산인 유형자산(有形資産, intangible assets) 영업권이나 산업재산권 같이

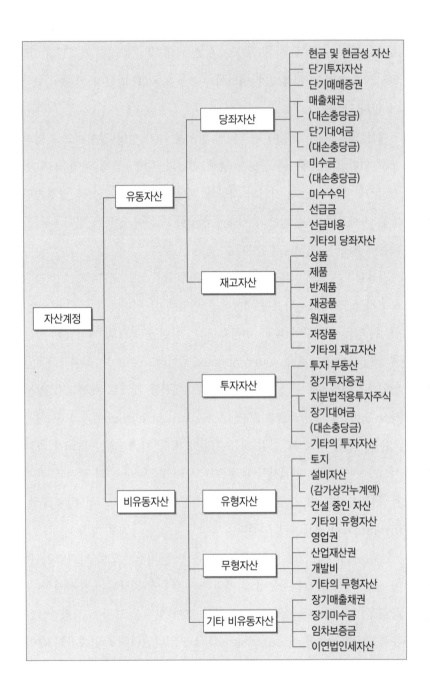

형태나 모습이 보이지 않는 무형자산(無形資産, intangible assets)과 기타 비유동자산 4가지로 구분된다.

이상에서 설명한 자산계정의 분류체계를 도표로 그려 살펴보면 앞의 페이지에 표시한 것과 같다.

더 자세히

◈ 자산 계정 해설 ◈

(1) 당좌자산 계정

- **현금 및 현금성 자산** : 현금과 큰 거래비용 없이 현금으로 전환이 용이하고 이자율 변동에 따른 가치 변동의 위험이 중요하지 않은 금융상품으로서 취득 당시 만기일(또는 상환일)이 3개월 이내의 것(예) 통화, 타인발행 당좌수표, 자기앞수표, 송금환, 우편환, 대체저금환급증서, 만기도래한 사채이자표, 만기도래한 어음, 알람출급어음, 기타 통화와 즉시 교환이 가능한 증서, 당좌예금, 보통예금, 3개월 이내 환매채 등)

- **단기 투자자산** : 기업이 여유 자금의 활용 목적으로 보유하는 단기예금, 단기매매증권, 단기 대여금 및 유동자산으로 분류되는 매도가능증권 등의 자산

  • **단기매매증권** : 주로 단기간 내의 매매차익을 목적으로 취득한 유가증권

  • **매도가능증권** : 보고기간종료일로부터 1년 이내에 매도 등에 의하여 처분할 것이 거의 확실한 매도 가능 유가증권

  • **만기보유증권** : 보고기간종료일로부터 1년 이내에 만기가 도래되는 유가증권

- **매출채권** : 일반적 상거래(당해 기업의 주된 영업활동을 말함)에서 발생한 받을 어음과 외상 매출금

- **단기대여금** : 금전소비대차계약에 의하여 상대방에게 대여한 금전(예)

거래처 일시대여금)
- **미수금** : 기업의 일반적 상거래 이외의 거래에서 발생한 채권(**예** 비품 처분 대 미수금)
- **미수수익** : 상대방에게 이행하여야 할 의무가 완료되지는 않았으나 기간이 경과함에 따라 이미 제공된 용역의 대가를 계상한 것으로서 결산 시점에서 발생주의에 따라 기간경과분을 계상한 것(**예** 이자 미수분)
- **선급금** : 상품, 원재료 등의 매입을 위해 선급한 금액, 즉 기업의 본래의 사업목적을 위한 경상적 영업활동에서 선 지급한 금액(**예** 거래처 원료매입 대금 선급분)
- **선급비용** : 일정 계약에 따라 계속적으로 용역을 제공받는 경우 아직 제공되지 않은 용역에 대하여 지급한 대가(**예** 보험료 선급분)
- **이연법인세자산**(유동) : 보고기간종료일 현재 유동자산, 부채로 분류되는 세무조정상의 미소멸 차감할 일시적 차이의 잔액에 미래기간에 적용될 예상세율을 곱한 금액

(2) 재고자산 계정
- **상품** : 정상적 영업활동을 통하여 판매할 목적으로 구입한 물품
- **제품** : 판매를 목적으로 제조한 생산품
- **반제품** : 제품이 2개 이상의 공정을 거쳐 완성되는 경우 각 공정을 완료한 자가제조한 중간 제품과 부품(**예** 창틀을 제조하는 기업이 전단계로 절단해 놓은 창틀 재료인 샤시)
- **재공품** : 제품 또는 반제품의 재조를 위하여 재공 과정에 있는 것
- **원재료** : 제품의 생산에 소비할 목적으로 구비한 원료, 재료 등
- **저장품** : 소모품, 소모공구기구, 비품 수선용 부분품 등

(3) 투자자산 계정
- **투자부동산** : 영업활동에 사용되지 않는 부동산(토지, 건물 등)
- **장기투자증권** : 장기적인 투자수익을 얻기 위해 가지고 있는 채무증권

과 지분증권
- **지분법적용투자주식** : 피 투자회사에 대하여 중대한 영향력을 행사할 수 있는 지분 증권
- **장기대여금** : 장기 금전소비대차계약에 의하여 상대방에게 대여한 급전

(4) 유형자산 계정
- **토지** : 업무용으로 사용하는 토지
- **설비자산** : 기계설비 등의 자산
- **건설중 인 자산** : 영업용으로 사용할 것을 전제로 유형자산을 건설하는 경우, 그것이 완성될 때까지의 건설을 위해 발생한 비용 등을 기록해 두는 가(假) 계정

(5) 무형자산 계정
- **영업권** : 일정한 거래관계, 종업원의 자질, 신용, 지리적 조건 및 법률적, 경제적 우위 조건 등에 의하여 발생된 정상적인 수익력을 초과하는 초과수익력을 대가를 지급하고 취득한 것(예 합병, 영업양수 및 전세권 취득 등)
- **산업재산권** : 일정기간 독점적 배타적으로 이용할 수 있는 권리(특허권, 실용신안권, 의장권, 상표권 등)
- **개발비** : 신제품, 신기술 등의 개발과 관련하여 발생한 비용으로서 식별 가능하고 미래의 경제적 효익을 확실하게 기대할 수 있는 것

(6) 기타 비유동자산 계정
- **장기매출채권** : 보고기간종료일로부터 1년 이후에 회수기일이 도래되는 매출채권
- **장기미수금** : 보고기간종료일로부터 1년 이후에 회수기일이 도래되는 미수금
- **임차보증금** : 보고기간종료일로부터 1년 이후에 임대기간이 종료되는

임차보증금
- **이연법인세자산**(유동으로 분류되는 항목 제외)

 '부채'는 무엇이며, 그 구성내용은?

'부채(負債, liabilities)'란 과거거래나 사건의 결과로 현재 기업이 부담하고 미래에 자원의 유출 또는 사용이 예상되는 의무를 말한다. 예를 들어 기업이 상품을 외상으로 매입하거나 자금을 은행이나 타인으로부터 빌린 경우 등의 사유에 의하여 장차 금전이나 용역을 당해 기업 외부의 개인이나 법인 등에게 지급 또는 제공하여야 할 의무를 지니는 '빚(채무)'을 가리킨다.

부채는 크게 '유동부채(流動負債, current liabilities)'와 '비유동부채(非流動負債, non-current liabilities)'로 구분된다.

유동부채란 당해 부채의 지급기한이 보고기간종료일(결산일)로부터 1년 이내에 도래되는 단기성 부채를 가리키며 비유동부채는 지급기한이 보고기간종료일로부터 1년 이후에 도래되는 장기성 부채를 가리킨다.

부채계정의 분류체계를 도표로 그려보면 다음과 같다.

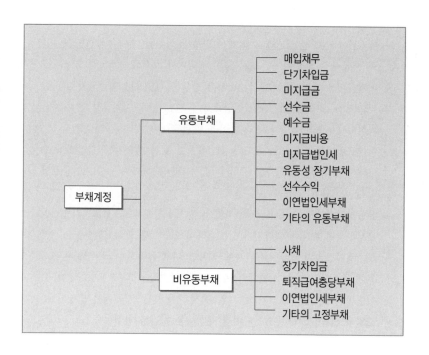

◆ 부채 계정 해설 ◆

(1) 유동부채 계정

- **매입채무** : 일반적 상거래(예 상품매입)에서 발생한 외상매입금과 지급어음

- **단기차입금** : 영업활동에 필요한 자금을 금융기관 등으로부터 차입한 것으로서 보고기간종료일 이후 1년 이내 상환하여야 하는 차입금

- **미지급금** : 일반적 상거래 이외에서 발생한 채무(예 자동차 구입대금 중 미지급분)

- **선수금** : 일반적 상거래에서 발생한 선수액(예 상품을 인도하기 전에 미리 받은 상품대금)

- **예수금** : 일반적 상거래 이외에서 발생한 일시적 제예수액(예 직원 급
  여 지급시 원천징수하여 보관 중인 세금이나 보험료 등)
- **미지급비용** : 발생주의에 의거 이미 발생은 하였으나 지급되지 아니한
  것(연말에 지급하기로 한 상여금으로서 연말 현재 미지급한 부분,지급
  기한이 미 도래한 임차료, 지급이자 발생분 등)
- **미지급법인세** : 당 회계연도에 부담하여야 하는 법인세와 법인세에 부
  가되어 징수되는 법인세할 주민세 및 농어촌특별세로서 보고기간종료일
  현재 미지급된 금액
- **유동성장기부채** : 사채나 장기차입금 등 비유동부채 중 보고기간종료일
  로부터 1년 이내에 상환기간이 도래하게 될 때 동 도래 부분
- **선수수익** : 이미 받은 수익 중에서 차기 이후에 속하는 금액(예 임대기
  간이 종료되지 않은 상태에서 미리 받은 임대료 등)
- **이연법인세부채** : 보고기간종료일 현재 유동자산, 부채에서 발생한 미
  소멸 가산할 일시적 차이에 미래 예상세율을 곱한 금액

(2) 비유동부채 계정
- **사채** : 주식회사가 확정 채무임을 표시하는 증권을 발행하여 다수인으
  로부터 장기간 거액의 자금을 차입함으로써 발생하는 부채로서 보고기
  간종료일로부터 1년 후에 상환되는 금액
- **신주인수권부사채** : 유가증권의 소유자에게 동 유가증권의 발행 후 소
  정의 기간이 경과한 시점부터 일정한 기간 내에 일정한 가격(행사가격)
  으로 발행회사의 일정 수의 신주를 인수할 수 있는 권리(신주인수권)가
  부여된 사채
- **전환사채** : 일정한 요건에 따라 사채권자에게 사채발행 회사의 주식으
  로 전환할 수 있는 권리가 부여된 사채
- **장기차입금** : 보고기간종료일로부터 1년 후에 상환되는 차입금
- **퇴직금여충당부채** : 보고기간종료일 현재 퇴직금 지급 대상자가 일시에
  퇴직할 경우 지급하여야 하는 퇴직금

'자본'은 무엇이며, 그 구성내용은?

'자본(資本, capital)'이란 기업 실체의 자산총액에서 부채총액을 차감한 잔여액 또는 숫자상으로서 기업 실체의 자산에 대한 소유주의 잔여청구권을 말한다. 일반적으로 '자본'은 기업의 소요자금을 기업 내부, 즉 기업의 소유주(주주)로부터 조달한 것을 가리키는데, 이를 소유주지분(stockholder's equity)이라고 부르기도 한다.

자본은 크게 자본금(資本金, capital stock), 자본잉여금(資本剩餘金, capital surplus), 자본조정(資本調整, capital adjustment), 기타포괄손익누계액(其他包括損益累計額), 이익잉여금(利益剩餘金, retained earnings)으로 구분된다.

자본계정의 분류체계를 도표로 살펴보면 다음과 같다.

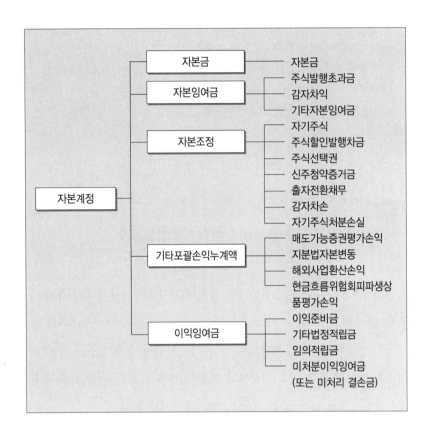

부기에서는 '자본'이란 자산에서 부채를 차감하여 계산하기도 하며, 이를 '자본등식(資本等式)'이라고 일컫는다.

자본등식 : 자산 − 부채 = 자본

한편, 자본등식을 변형하면 다음의 산식이 되는 바, 이를 '재무상태표 등식'이라고 부른다.

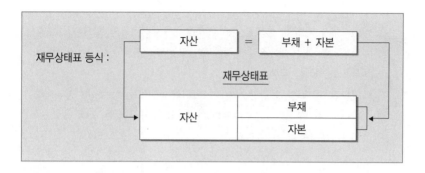

재무상태표 등식 :

자산	=	부채 + 자본

재무상태표

자산	부채
	자본

 더 자세히

◈ 자본 계정 해설 ◈

(1) 자본금

상법의 규정에 따라 주식회사가 불입한 자본 중에서 정관에 자본금으로 확정한 금액이며, 이는 1주당 액면금액에 발행주식 총 수를 곱한 금액으로 보통주 자본금과 우선주 자본금으로 분류함

(2) 자본잉여금

주주에 의한 불입자본에서 자본금을 제외한 부분으로 주식발행초과금과 기타자본잉여금으로 구분 표시하며, 다음과 같은 내용으로 구성됨

- **주식발행초과금** : 주식의 액면가액을 초과하여 주식을 발행하는 경우에 액면가액을 초과하는 금액
- **감자차익** : 자본감소의 경우 그 자본금의 감소액이 주식의 소각, 주금의 반환에 요한 금액과 결손의 보전에 충당한 금액을 초과한 때에 그 초과금액
- **자기주식처분이익** : 자기주식을 취득원가보다 더 많은 대가를 수령하고 처분한 경우의 차액

- **권리행사 기한이 종료된 주식선택권** : 주식선택권이 행사되지 않고
소멸되는 경우 자본조정에 계상되어 있는 주식선택권을 기타자본잉여
금으로 대체한 금액
- **전환권 대가 및 신주인수권대가** : 전환사채 또는 신주인수권부사채
발행시 전환권 및 신주인수권의 가치만큼 추가 불입한 금액
- **기타자본잉여금**

(3) 자본조정
자본거래에 해당하나, 최종 납입된 자본으로 볼 수 없거나 자본의 가감
성격으로 자본금이나 자본잉여금으로 분류할 수 없는 항목

- **자기주식** : 주식회사가 이미 발행한 주식을 매입 또는 증여에 의해
재취득한 주식가액
- **주식할인발행차금** : 주식을 액면가보다 낮은 금액으로 발행한 경우
액면미달금액
- **주식선택권** : 회사가 임·직원 등에게 일정기간 내에 자기회사의 주
식을 사전에 약정된 가격(행사가격)으로 일정 수량만큼 매수하거나
보상기준가격과 행사가격의 차액을 현금 등으로 지급받을 수 있는 권
리를 부여한 경우 동 권리
- **출자전환채무** : 채권채무재조정으로 출자전환을 합의하였으나, 출자
전환이 즉시 이행되지 않고 출자전환시까지 이자가 면제되는 방식으
로 조정된 경우에 조정된 채무
- **자기주식처분손실** : 취득원가보다 낮은 대가를 수령하고 매각한 경우
의 자가주식 처분손실 금액
- **감자차손** : 유상감자시 감소되는 자본금보다 감자 대가가 더 많을 경
우의 차액

(4) 기타포괄손익누계액

일정기간 동안 주주와의 자본거래를 제외한 모든 거래나 사건에서 인식한 자본의 변동을 말하며, 다음과 같은 내용으로 구성됨

- **매도가능증권평가손익** : 매도가능증권을 공정가액에 의하여 평가한 경우 장부가액과 기말공정가액과의 차이
- **지분법자본변동** : 피 투자회사의 순자산이 당기순손이익이나 이익잉여금 이외의 변동에 기인할 경우 그 금액에 지분율을 곱한 금액
- **해외사업환산손익** : 현행 환율법을 적용하여 해외지점 또는 해외종속회사의 외화재무제표를 환산할 경우 발생하는 환산차액
- **현금 흐름 위험회피 파생상품평가손익** : 현금 흐름 위험회피 목적 파생상품의 공정가액 평가로부터 발생하는 (위험회피에 효과적인 부분에 해당하는) 평가손익

(5) 이익잉여금

회사의 정상적인 영업활동, 유형자산 및 투자자산의 처분 및 기타 일시적인 손익거래에서 발생한 이익을 원천으로 하여 회사 내에 유보되어 있는 잉여금

- **이익준비금** : 상법에 따라 주식회사가 금전에 의한 이익배당액의 1/10 이상의 금액을 자본금의 1/2에 달할 때까지 적립한 금액
- **재무구조개선적립금** : 유가증권의 발행 및 공시 등에 관한 규정에 따라 재무구조를 개선하기 위하여 이익잉여금 중 일정 산식에 의해 계산한 금액을 자가자본비율이 30%에 달할 때까지 적립한 이익잉여금
- **임의적립금** : 정관이나 주주총회 결의에 의하여 이익잉여금 중 사내에 유보된 적립금 및 법인세 등을 이연할 목적으로 적립하여 일정기간이 경과한 후 환입하는 준비금(예 사업확장적립금, 감채적립금, 배당평균적립금 등)

‘수익’ 은 무엇이며, 그 구성내용은?

‘수익(收益, revenue)’ 이란 기업의 활동, 즉 재화나 용역을 판매하거나 제공하는 활동과 같은 ‘영업활동’ 이나 은행에 예금하는 활동과 같은 ‘영업 외 활동’ 및 기타 특수한 활동인 사건 등에 의하여 발생하는 자산의 유입 또는 부채의 감소를 말한다.

이와 같은 수익은 크게 ‘매출액(賣出額, sales)’, ‘영업 외 수익(營業外收益, non-operating income)’ 으로 구분된다.

‘매출액’ 은 기업의 주된 영업목적(정관상 또는 사업자등록증상에 기재됨)과 직접 관련된 활동에서 발생된 수익, 예컨대 무역업을 영위하는 경우에는 상품의 수출 관련 수익을 가리키며, 가구를 제조 · 판매하는 기업의 경우에는 가구제조 · 판매수익을 가리킨다.

‘영업 외 수익’ 은 기업의 주된 영업목적과는 직접 관련이 없는 기타의 영업 외 기업활동, 예컨대 은행예금, 유가증권의 처분 및 외환결제 등과 같은 제반 영업 외 활동을 통해 얻는 수익을 가리킨다.

수익계정의 분류체계를 도표로 살펴보면 다음과 같다.

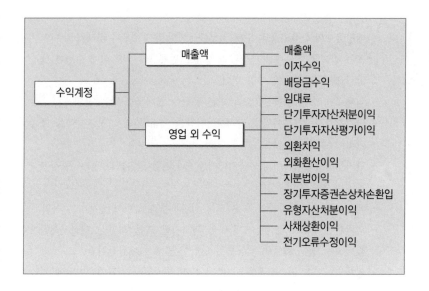

◈ 수익 계정 해설 ◈

(1) 매출액

상품, 제품 또는 서비스를 고객에게 제공, 판매하는 '수익거래'를 통하여 유입되는 현금 또는 순자산의 현금등가액(現金等價額)을 말하며, 총 매출액에서 매출에누리와 환입 및 매출 할인을 차감한 금액

(2) 영업 외 수익

기업 본래의 주된 영업활동 이외의 원인으로부터 나타나는 수익으로서 다음과 같은 과목으로 구성됨

- **이자수익** : 일시적으로 여유자금을 대여함으로써 수입되는 금전적 보수 및 어음을 할인한 경우에 할인 일수에 따라 계산 수입되는 수입할 인료 및 국공채 등 유가증권에서 발생된 이자

- **배당금수익** : 유가증권 또는 지분증권에의 투자로부터 발생하는 이익 또는 잉여금의 분배를 배당금의 형태로 받게 되는 바, 이때 수령한 배당금을 '배당금수익'이라 한다.
- **임대료** : 소유 부동산, 중기 또는 동산을 임대하고 받는 금액
- **단기투자자산처분이익** : 단기투자자산을 처분할 경우 장부가액을 초과하여 수령한 금액
- **단기투자자산평가이익** : 단기매매증권의 기말 평가액과 평가 전 장부가액의 차이 이익
- **외환차익** : 외화자산의 회수 또는 외화부채의 상환시 발생하는 차익
- **외화환산이익** : 결산일에 화폐성 외화자산 또는 화폐성 외화부채를 환산하는 경우 환율의 변동으로 인하여 발생하는 환산이익
- **지분법이익** : 지분법적용투자주식의 피 투자회사의 당기순이익에 지분율을 곱한 금액에 투자제거차액과 미실현손익을 차감한 금액
- **장기투자증권손상차손환입** : 투자주식 중 시장성 없는 주식을 취득원가에 의해 평가하는 경우 순자산가액이 하락하여 회복할 가능성이 없어 '장기투자증권손상차손'의 과목으로 당기손실로 처리한 경우, 차기 이후에 감액한 투자주식의 순자산가액이 회복된 경우에는 감액 전 장부가액을 한도로 하여 회복된 금액을 '장기투자증권손상차손환입'의 과목으로 하여 영업 외 수익으로 처리함
- **유형자산처분이익** : 유형자산 처분시 처분가액과 순장부가액(취득가액–감가상각비누계액)을 차감하여 차액이 양(+)의 값이 나왔을 때의 금액
- **사채상환이익** : 자사에서 발행한 자기사채를 만기일 이전에 상환시 발생하는 이익
- **잡이익** : 영업 외 수익 중 이상에서 열거한 것 이외의 내용. 그러나 잡이익 중 중요한 항목에 대하여는 이를 나타내는 별도의 계정과목으로 구분, 표시하여야 함

'비용'은 무엇이며, 그 구성내용은?

'비용(費用, expenses)'이란 무엇인가?

비용은 앞에서 설명한 '수익'과는 상대되는 개념으로서 기업 실체의 경영활동과 관련된 재화의 판매 또는 용역의 제공들에 따라 발생하는 자산의 유출이나 사용 또는 부채의 증가를 말한다.

'비용'도 수익과 마찬가지로 크게 기업의 주된 영업목적과 직접 관련 있는 활동으로 인하여 발생하는 '매출원가(賣出原價, cost of sales)'와 '판매비와 관리비(販賣費와 管理費, selling and administrative expenses)' 및 기업의 주된 영업활동과는 직접 관련이 없는 기타 영업 외 활동 때문에 발생하는 '영업 외 비용(營業 外 費用, non-operating expenses)' 및 기업의 소득에 대한 '법인세 비용(法人稅費用, income taxes expense)'으로 구분된다.

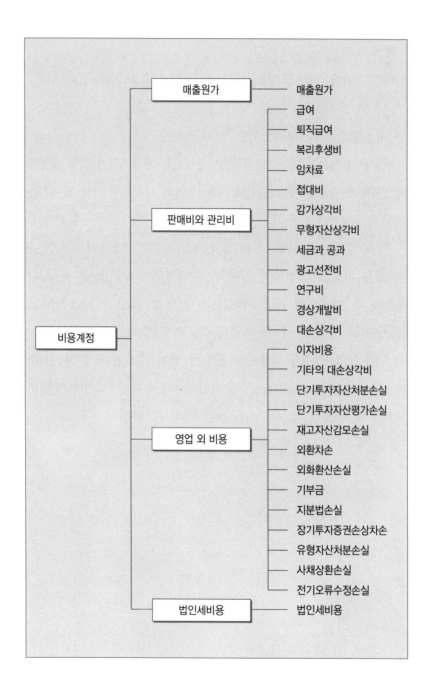

◈ 비용 계정 해설 ◈

(1) 매출원가

제품, 상품 등의 매출액에 대응되는 원가로서 판매된 제품이나 상품 등
에 대한 제조원가 또는 매입원가로서 기초재고금액에 동 제조원가 또는 매
입원가를 가산하고 기말재고액을 차감하여 계산함

(2) 판매비와 관리비

제품, 상품, 용역 등의 판매활동과 기업의 관리활동에서 발생하는 비용
으로서 매출원가에 속하지 아니하는 모든 영업비용

- **급여** : 임·직원의 근로제공에 대한 대가로 지급하는 인건비를 말하
  며, 임원급여, 직원의 급료와 임금 및 제수당 등
- **퇴직급여** : 판매와 관리부분에 종사하는 종업원이 퇴직시 회사의 규정
  에 의하여 지급하여야 할 퇴직금 중 당해연도 부담 분에 속하는 금액
- **복리후생비** : 판매와 관리부분에 종사하는 종업원의 복리와 후생을
  위하여 지급한 비용(예 식대보조금, 경조금, 축의금, 의료보험료와 국
  민연금 중 회사 부담 분, 회의비 등)
- **임차료** : 판매관리 부분이 사용하는 사무실 또는 토지 등의 임차료로
  서 판매 및 관리와 관련된 비용과 컴퓨터나 집기비품의 리스료 등
- **접대비** : 회사의 업무와 관련하여 고객이나 거래처를 접대한 경우 이
  와 관련된 제반비용, 사례비 및 경조금과 임직원의 기밀비, 판공비 등
- **감가상각비** : 판매 및 관리용 건물, 건물부속설비, 차량운반구 등의
  유형자산의 감가상각비
- **무형자산상각비** : 무형자산의 상각비
- **세금과 공과** : 판매 및 관리와 관련하여 발생한 세금으로서 사업소세,
  재산세, 자동차세 등과 상공회의소회비, 조합갹출금 등의 공과금

- **광고선전비** : 제품이나 상품의 판매촉진을 위해 지출한 비용으로서 TV, 라디오, 신문, 잡지 등의 대중매체에 지급되는 비용
- **연구비** : 경상적으로 발생하는 연구비용
- **경상개발비** : 신제품, 신기술 등의 개발과 관련하여 발생한 비용으로서 개별적으로 식별할 수 없거나 미래의 경제적 효익을 확실하게 기대할 수 없는 비용
- **대손상각비** : 회수가 불확실한 매출채권 등에 대하여 합리적이고 객관적인 기준에 따라 산출한 대손추산액을 처리하는 계정. 일반적 상거래에서 발생한 매출채권에 대한 대손상각비는 판매비와 관리비로 처리하고, 기타채권에 대한 대손상각비는 영업 외 비용으로 처리
- **기타의 판매비와 관리비** : 판매비와 관리비에 속하는 비용 중 앞의 비목에 해당하지 아니하는 것 중 그 성질이나 금액이 중요한 경우 그 내용을 가장 잘 나타낼 수 있는 과목으로 구분하여 회계처리한다.

※ 기타의 판매비와 관리비 예시

① **여비교통비** : 판매 및 관리 부분에 종사하는 종업원 및 임원에 관한 여비와 교통비
② **통신비** : 판매 및 관리와 관련하여 발생한 전신, 전화, 팩시밀리, 우편 등의 비용
③ **수도광열비** : 판매 및 관리와 관련하여 발생한 수도료, 전기료, 가스료, 연대료 등의 비용
④ **수선비** : 판매 및 관리용 건물, 건물부속설비, 집기, 비품 등의 자산의 수선비
⑤ **보험료** : 기업의 자산에 대하여 가입한 각종 손해보험, 그리고 종업원에 대한 신원보증보험 및 산업재해보상 보험에 가입한 경우에 보험자에게 지급하는 비용
⑥ **보관료** : 제품이나 상품을 판매하기 위해 보관하고 있는 동안 발생한 비용으로서 판매 가능 상태로 된 이후에 발생된 비용

⑦ **포장비** : 판매하기 위해 추가로 지출되는 상품 또는 제품의 포장비

⑧ **견본비** : 제품을 판매하기 위해 견본을 만들어서 특정 또는 불특정 고객에게 나누어 주거나 전시장에 진열하는 경우 발생하는 비용

⑨ **운반비** : 제품이나 상품을 고객이나 대리점 기타 보관소로 운송하는 데 지출된 비용

⑩ **판매수수료** : 위탁판매 또는 대리점에 대한 판매에서 제품이나 상품을 판매하는 대가로 수탁인 또는 대리인에게 지급하는 수수료

⑪ **잡비** : 이상에서 열거한 비용 이외의 판매와 관리활동과 관련되어 지출된 기타의 비용을 계상하며, 이 비용이 중요한 경우에는 잡비로 하지 않고 적절한 계정과목을 설정하여 구분, 표시하여야 한다.

(3) 영업 외 비용

'영업 외 수익'에 대응하는 비용 개념으로서 기업 본래의 주된 영업활동 이외의 원인으로부터 나타나는 비용

- **이자비용** : 당자차월, 단기차입금, 장기차입금 등 차입금 및 사채에 대한 이자와 어음할인에 의한 차입의 경우 할인료를 계상
- **기타의 대손상각비** : 일반적 상거래에서 발생한 매출채권 이외의 채권에 대하여 회수가 불확실하여 합리적이고 객관적인 기준에 따라 산출한 대손추산액과 회수가 불가능한 매출채권 이외의 채권을 계상
- **단기투자자산처분손실** : 단기투자자산을 장부가액에 미달하여 처분한 경우의 미달금액
- **단기투자자산평가손실** : 단기투자자산의 기말 평가액과 평가 전 장부가액의 차이 손실
- **재고자산감모손실** : 재고자산감모손실 중 비정상적인 감모손실 부분
- **외환차손** : '외환차익'에 대응되는 개념으로서 외화자산의 회수 또는 외화부채의 상환시 발생하는 차익
- **외화환산손실** : '외화환산이익'에 대응되는 개념으로서 보고기간종료

일에 화폐성 외화자산 또느 화폐성 외화부채를 환산하는 경우 환율의
변동으로 인하여 발생하는 손실
- **기부금** : 업무와 직접 관련 국가, 정부, 공공기관, 종교단체, 학교 기
타 비영리단체에 대하여 지출, 제공한 무상의 금전 또는 자산 등의 가
액을 계상
- **지분법손실** : 지분법적용투자주식의 지분법 적용 결과 피 투자회사의
손실부분 중 지배회사 지분액 해당 분
- **장기투자증권손상차손** : 시장성이 있는 투자주식의 공정가액이 하락
하여 회복할 가능성이 없는 경우에는 당해 투자주식과 관련된 장기투
자증권의 장부가액과 공정가액의 차이로 인한 손실 발생 금액
- **유형자산처분손실** : 유형자산을 장부가액에 미달하여 처분할 경우 동
미달금액
- **사채상환손실** : 자기사채를 만기일 이전에 상환하는 경우 사채의 재
취득가액이 사채의 순 장부가액보다 큰 경우 발생하는 손실
- **기타의 영업 외 비용** : 상기 내용에 속하지 아니한 비용으로서 그 금
액이나 성질이 중요한 경우 그 내용을 가장 잘 나타낼 수 있는 과목
으로 구분하여 회계처리

(4) 법인세비용

법인세 등의 법령의 의하여 당해 사업연도에 부담할 법인세 및 법인세
에 부가되는 세액의 합계에 당기 이연법인세자산·부채의 변동액을 가감
하여 산출된 금액

회계처리에 대한 이해 8
– 분개와 전표작성

 '분개' 란?

　기업의 경영활동이나 행위가 회계상의 거래라고 판단되면 이를 회계
시스템에 어떻게 접근시킬 것인가가 문제이다.

　마치 컴퓨터를 켤 때 암호문(pass word)을 입력시켜야 작동하듯이
회계 시스템에 접근하기 위한 방법과 길이 바로 '분개(分介, jou-
rnalizing)'인 것이다.

기업활동, 행위 ⟶ 분개 ⟶ 회계 시스템

　분개의 정확성 여부는 회계정보의 정확성 여부와 직결된다. 따라서
분개는 거래 하나하나마다 신중히 그리고 정확히 하여야 한다. 분개는
일정한 법칙에 따라 행하여야 하는데, 앞에서 알아본 바와 같이 거래

를 거래의 8요소 결합관계에 의거, 판단하여 차변계정은 왼쪽에, 대변계정은 오른쪽에 각각 표시한다.

예를 들어 승용차를 현금 ₩1,000,000을 주고 샀을 경우 분개는 다음과 같이 하게 된다.

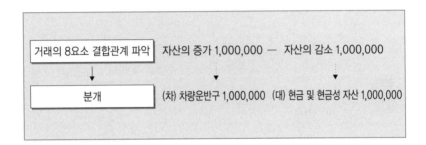

이상의 거래에서 승용차를 산 것은 '원인'이요, 승용차 대금을 현금으로 지급한 사실은 '결과'다. 또한 반대로도 생각할 수 있으며, 이들은 항상 짝을 이루며 대차가 균형을 이루고 있는 것이다.

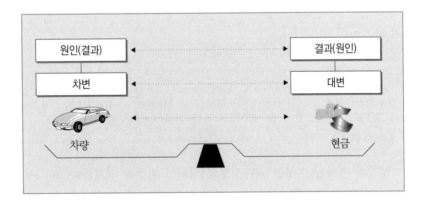

이상의 내용을 살펴보면 분개는 다음과 같이 4가지 절차를 밟고 있

음을 알 수 있다.

첫째, 회계상의 거래인가?

둘째, 거래의 명칭(계정과목)을 무엇으로 정할 것인가?

셋째, 동 계정의 차변 또는 대변 어느 쪽에 기입할 것인가?

넷째, 계정과목별로 금액을 얼마로 할 것인가?

 ## 분개장 · 전표와 장부 기입의 흐름

분개는 어느 곳에서 이루어지며 기록되는 것일까?

분개가 이루어지는 장소로서 '분개장' 이 있다.

'분개장(分介帳, journal book)' 이란 발생한 순서대로 거래를 분개하여 기록하는 장부로서, 총 계정원장과 더불어 기업 장부 중 주요부(主要簿)를 구성하고 있다. 그러나 회사의 규모가 양적 · 질적으로 성장하게 됨에 따라 실무에서는 대부분 분개장보다는 전표제도가 분개장 역할을 대신하고 있다. 그 이유는 기업이 규모가 커짐에 따라 조직이 분화되면서 여러 부문에서 동시다발로 이루어지는 거래를 회계부서에 비치되어 있는 분개장에 순서대로 기입하기란 사실상 불가능하게 되었기 때문이다.

전표(slip)란 일정한 양식에 따라 거래 내용을 기입하는 것으로서 분개장이 거래단위별로 분리되어 기록된 종이쪽지를 말한다. 전표를 이용하면 거래 내용을 각 과·계에 전달할 수 있으며, 기장의 능률을 올릴 수 있다. 또한 책임의 소재가 분명해지고 장부검사와 수단으로 이용될 수도 있다.

분개장을 이용하는 경우에는 거래가 발생하면 이를 분개장에서 분개를 한 후 분개장으로부터 총 계정원장이나 보조부에 전기(傳記)한다.

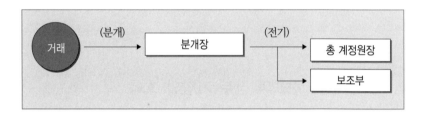

그러나 전표를 사용하는 경우 기장은 분개장 대신 전표를 통하여 이루어지므로, 총 계정원장에는 전표를 집계한 전표집계표(일계표, 월계표 등)로부터 전기되며 보조부에는 매전표로부터 직접 전기된다. 그 이유는 일반적으로 기장 업무 분담시 총 계정원장은 A에게, 보조부는 B에게 각각 분담시켜 상호 업무를 견제 내지는 통제함과 동시에 기장의

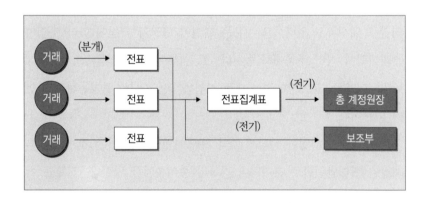

정확성 여부를 상호간에 주기적으로 대조하게 하기 위함이다.

또한 총 계정원장의 주요 목적은 재무제표를 만듦에 있기 때문에 굳이 자세한 내용을 알 필요가 없지만, 보조부는 계정의 내역을 자세히 알 필요가 있기 때문에 전표별로 그 내용을 상세히 기술한다.

전표의 종류

신입직원으로 회계부서에 배치받은 A군은 다른 부서에서 제출한 지출증빙을 검토하여 계정과목을 분류한 후, 이를 전표로 작성 · 결재를 받는 일을 이제 제법 익숙해져 있었다.

마침 미스리가 휴가를 가는 바람에 미스리가 담당하던 수입 관련 증빙과 대체전표도 A군이 처리하게 되어서 몹시 바쁜 일과를 보내고 있던 어느 날, 회계 과장인 오과장으로부터 호출을 받았다.

"A군! A군이 작성 · 제출한 대체전표를 보니 모두 작성자 서명이 빠져 있군요. 처음으로 대체전표를 작성하느라 잊은 모양이지요? 전표는 회사의 경영활동을 회계 시스템으로 입력시키는 원시자료이기 때문에 작성시 계정과목 분류나 금액의 정확성도 물론 중요하지만, 이에 못지 않게 중요한 것은 전표의 작성자와 승인자의 서명이 빠져서는 안 된다는 것입니다. 왜냐하면 전표가 회사의 경영활동을 유효하게 뒷받침하려면 기표자와 승인자의 서명날인이 전제가 되기 때문입니다. 따라서 서명이 없는 전표는 그 행위 자체가 회사의 업무와 관련 있다는 점과 이에 대한 관련 의사결정 집단의 적절한 승인이 있었다는 사실을 별도로 입증하지 못하는 한 무효 내지는 가공전표로 오인받을 수 있으므로 유의하여야 합니다"라고 지적 겸 교육을 받았다.

이상의 사례에서 보듯이 전표는 회계처리의 기초가 되는 중요한 증빙으로서 끊임없이 발생되는 기업활동에 따라 매일 작성되며, 결재과정의 적절성과 전표작성 내용의 정확성은 올바른 회계처리를 위해 무엇보다도 중요하다.

그러면 이러한 전표에는 어떤 종류가 있을까?

전표의 종류에는 분개전표(分介傳票), 입금전표(入金傳票), 출금전표(出金傳票), 대체전표(對替傳票), 매입전표(買入傳票), 매출전표(賣出傳票), 현금식 분개전표(現金式 分介傳票) 및 대용전표(代用傳票) 등이 있다.

전표는 기업의 업종의 따라 사용하는 종류가 다르다. 일반적으로 입금전표, 출금전표, 대체전표를 많이 사용한다. 그리고 상품매매에서는 매입전표와 매출전표도 사용하며, 은행에서는 현금식 분개전표를 많이 사용한다.

전표제도에는 사용하는 전표 종류의 수에 따라 1개의 전표(분개전표)만을 사용하는 '1 전표제'와 3개의 전표(입금·출금·대체)를 사용하는 '3 전표제'와 5개의 전표(입금·출금·대체·매입·매출전표)를 사용하는 '5 전표제'가 있으며, 일반적으로 3 전표제가 많이 이용된다.

전표의 작성과 이해

전표의 종류는 앞에서 알아본 바와 같이 다양하다. 여기에서는 일반
적으로 가장 많이 이용하고 있는 1 전표제인 분개전표와 3 전표제인
입금전표, 출금전표 및 대체전표(대체입금전표, 대체출금전표)의 작성
요령을 각각 예시하고자 한다.

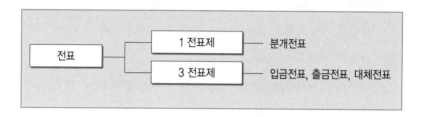

1. 분개전표(1 전표제)

(1) 분개전표란?

'1 전표제(一傳票制)'란 분개전표 한 종류만 사용하는 제도를 말한
다. 이때 분개전표란 거래 내용을 보통 분개의 형식으로 기입할 수 있
도록 고안된 전표제도를 말한다.

분개전표는 1 거래마다 1장의 전표가 작성되며, 이를 '1 표 1 거래
제(一票一去來制)'라 부른다. 분개전표를 순서대로 철하면 분개장의
구실을 하게 된다. 이때 거래를 전표에 기입하는 것을 기표(記票)라고
부른다.

기표와 전기의 순서를 그림으로 표시하면 다음과 같다.

(2) 분개전표의 작성방법

분개전표를 작성하는 방법을 알아보면 다음과 같다.

- 차변의 계정과목과 금액란에는 거래를 분개한 내용 중 차변 계정
  과목과 금액을 기입한다.
- 대변의 계정과목과 금액란에는 거래를 분개한 내용 중 대변 계정
  과목과 금액을 기입한다.
- 원면란에는 전기하고자 하는 해당 계정의 원장 번호 또는 면 수
  를 기입한다.
- 적요란에는 거래 내용을 간단하게 기입한다.
- 일자란에는 거래가 발생한 날짜를 기입한다.
- 차변과 대변의 합계를 표시하며, 빈칸이 있을 경우에는 차후의
  분식을 방지하기 위하여 사선을 긋는다.
- No. 란에는 거래 발생 순에 따른 거래 기장순서를 적으며, 이는
  전표의 페이지 열할을 하기도 한다.

• 원시증빙(납품서)

갑(주) 귀중 **납 품 서** NO. 10-1

200×년 10월 1일

서울특별시 강남구 삼성동 107-7
주식회사 부   남

다음과 같이 납품합니다.

품명	수량	단가	금액	세액
A상품	200	1,000	200,000	20,000
계			200,000	20,000

• 분개전표

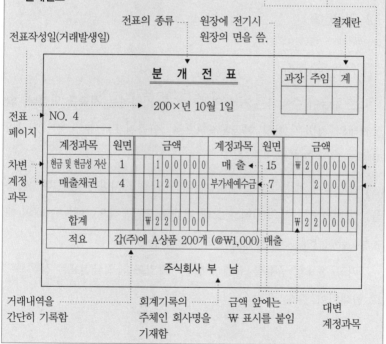

전표의 종류 ··· 원장에 전기시 ···   결재란
원장의 면을 씀.

전표작성일(거래발생일)

분 개 전 표

과장	주임	계

200×년 10월 1일

전표 ··· NO. 4
페이지

계정과목	원면	금액	계정과목	원면	금액
현금 및 현금성 자산	1	1 0 0 0 0 0	매 출	15	₩2 0 0 0 0 0
매출채권	4	1 2 0 0 0 0	부가세예수금	7	2 0 0 0 0
합계		₩2 2 0 0 0 0			₩2 2 0 0 0 0
적요	갑(주)에 A상품 200개 (@₩1,000) 매출				

차변
계정
과목

주식회사 부   남

거래내역을 ···   회계기록의 ···   금액 앞에는 ···   대변
간단히 기록함   주체인 회사명을   ₩ 표시를 붙임   계정과목
기재함

(3) 분개전표 작성예시

【거래 예】

10월 1일 갑(주)에 A상품 ₩200,000(200개, @₩1,000)을 매출하고 대금 중 ₩100,000은 현금으로 받고 잔액은 외상으로 한다.

【분 개】

(차) 현금 및 현금성 자산 100,000   (대) 매   출 200,000

　　매 출 채 권 120,000   부가세예수금 20,000

2. 입금전표

(1) 입금전표란?

이는 현금이 수입되는 거래(입금거래)를 기입하는 전표를 말한다. 입금거래의 차변은 항상 현금계정이므로, 입금전표는 모두 현금계정의 차변에 전기하게 된다.

입금전표의 계정과목란에는 입금의 원인을 표시하는 상대 계정과목을, 성명란(또는 적요란)에는 상대 거래처 명을, 적요란에는 거래의 내용을, 금액란에는 입금액을 각각 기입한다.

그리고 전표의 종류를 쉽게 구별할 수 있도록 입금전표는 붉은색으로 인쇄되어 있다.

• 원시증빙(입금표)과 입금전표

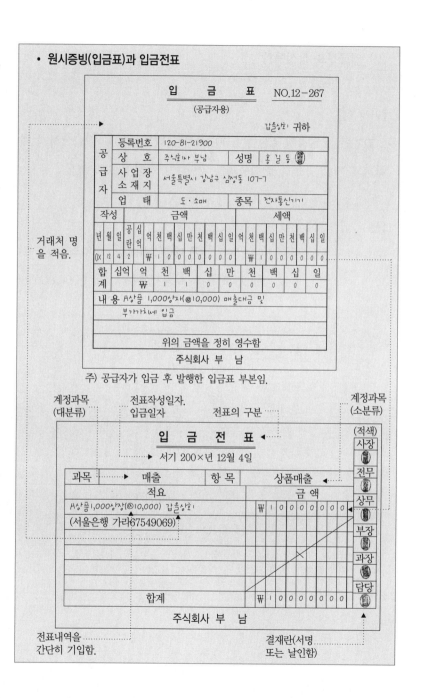

입 금 표 NO.12-267

(공급자용)

갑을상회 귀하

공급자	등록번호	120-81-21900		
	상 호	주식회사 부남	성명	홍길동 ㊞
	사업장 소재지	서울특별시 강남구 삼성동 107-7		
	업 태	도·소매	종목	전자통신기기

거래처 명을 적음.

작성			금액										세액							
년	월	일	공란	십억	억	천	백	십	만	천	백	십	일	억	천	백	십	만	천	백	십	일
0X	12	4	2	₩		1	0	0	0	0	0	0	0	₩		1	0	0	0	0	0	0

합계	십억	억	천	백	십	만	천	백	십	일
	₩	1	1	0	0	0	0	0	0	0

내용 A상품 1,000상자(@10,000) 매출대금 및
부가가치세 입금

위의 금액을 정히 영수함

주식회사 부 남

주) 공급자가 입금 후 발행한 입금표 부본임.

계정과목 (대분류)

전표작성일자. 입금일자

전표의 구분

계정과목 (소분류)

(적색)

입 금 전 표

▶ 서기 200×년 12월 4일

과목	매출	항목	상품매출
적요			금액
A상품1,000상자(@10,000) 갑을상회			₩ 1 0 0 0 0 0 0 0
(서울은행 가라67549069)			
합계			₩ 1 0 0 0 0 0 0 0

주식회사 부 남

사장 ㊞
전무 ㊞
상무 ㊞
부장 ㊞
과장 ㊞
담당 ㊞

전표내역을 간단히 기입함.

결재란(서명 또는 날인함)

(2) 입금전표 작성예시

【거래 예】

200×년 12월 4일 A상품 1,000상자 @₩10,000을 갑을상회에 매출하고 대금은 동점 발행수표를 받다(부가가치세 10% 별도).

【분 개】

(차) 현금 및 현금성 자산 11,000,000　(대) 매출(상품매출)　　10,000,000

　　　　　　　　　　　　　　　　　　　　부가세예수금　　　1,000,000

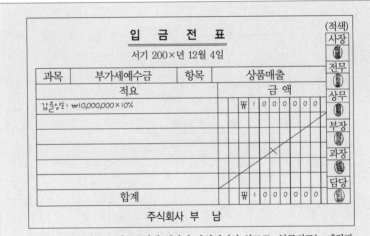

주) 전표는 1 과목 1 전표주의에 의하여 작성되어야 하므로, 입금전표는 계정과목 수에 따라 2매가 작성됨.

3. 출금전표

(1) 출금전표란?

이는 현금이 지급되는 거래(출금거래)를 기입하는 전표를 말한다. 출금거래의 대변은 항상 현금계정이므로, 출금전표는 모두 현금계정의 대변에 전기하게 된다.

출금전표의 과목란에는 출금의 원인을 표시하는 상대 계정과목을, 성명란(또는 적요란)에는 상대 거래처 명을, 적요란에는 거래의 내용을, 금액란에는 출금액을 각각 기입한다.

그리고 전표의 종류를 쉽게 구별할 수 있도록 출금전표는 푸른색으로 인쇄되어 있다.

(2) 출금전표 작성예시

【거래 예】

200×년 6월 9일 A재료 270kg @₩5,760을 (주)나라공업에서 매입하고 대금은 현금으로 지급한다(부가가치세 10% 별도).

【분 개】

(차) 원　　재　　료　1,555,200　(대) 현금 및 현금성 자산 1,710,720

　　부가세선급금　　　155,520

• 원시증빙(입금표)과 출금전표

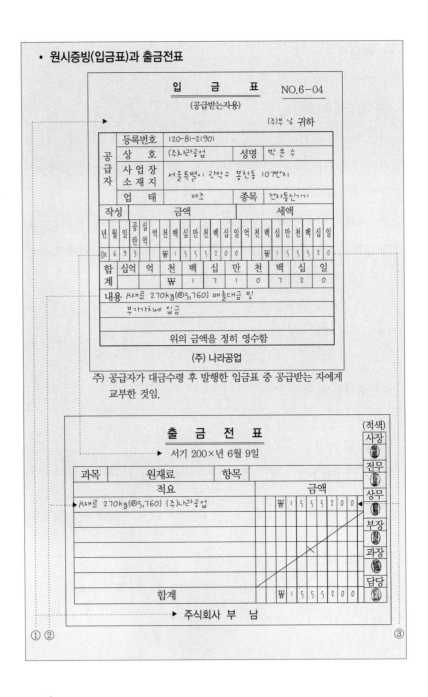

입 금 표 NO.6-04
(공급받는자용)

(주)부 남 귀하

	등록번호	120-81-21901		
공급자	상 호	(주)나라공업	성명	박 문 수
	사업장 소재지	서울특별시 관악구 봉천동 10번지		
	업 태	제조	종목	전자통신기기

작성		금액									세액						
년	월	일	공란	십억	억	천	백	십	만	천	백	십	일	억	천	백	십	만	천	백	십	일
0X	6	9	3			₩	1	5	5	5	2	0	0			₩	1	5	5	5	2	0

합계	십억	억	천	백	십	만	천	백	십	일
		₩	1	7	1	0	7	2	0

내용 A재료 270kg(@5,760) 매출대금 및
부가가치세 입금

위의 금액을 정히 영수함

(주) 나라공업

주) 공급자가 대금수령 후 발행한 입금표 중 공급받는 자에게
교부한 것임.

출 금 전 표 (적색)

▶ 서기 200×년 6월 9일

과목	원재료	항목							
적요			금액						
A재료 270kg(@5,760) (주)나라공업			₩	1	5	5	5	2	0	0
합계			₩	1	5	5	5	2	0	0

▶ 주식회사 부 남

사장 / 전무 / 상무 / 부장 / 과장 / 담당

① ②   ③

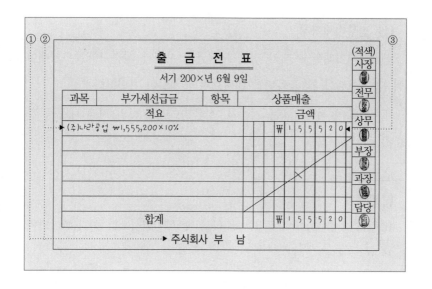

4. 대체전표

이는 현금의 수입과 지출이 되지 않는 거래, 즉 대체거래(對替去來)를 기입하는 전표를 말한다. 대체거래에는 대체거래만 있는 '전부대체거래'와 거래 중 일부는 현금의 수입과 지출 거래인 '일부대체거래'가 있으며, 일부대체거래에는 '일부입금대체거래'와 '일부출금대체거래'가 있다. 대체전표는 전표의 종류를 쉽게 구별할 수 있도록 검은색으로 인쇄되어 있다.

(1) 전부대체거래

전부대체거래란 거래의 전액이 현금의 수입과 지출이 없는 거래이며, 분개전표와 같이 차변과 대변으로 분개하여 기입한다.

대체전표의 적요란에는 거래처, 상품명, 단가 등의 거래 내용을 간단하게 기입한다.

【거래 예】

10월 3일 병(주)에 상품을 매출하고 대금은 외상으로 하다(부가가치세 10% 별도).

D상품 30개   @₩4,000   ₩120,000

【분개 및 전표 작성예시】

(차) 매 출 채 권 132,000   (대) 매   출 120,000
                            부 가 세 예 수 금   12,000

대 체 전 표
서기 200×년 10월 3일

과장	주임	계
印	印	印

No. 6

계정과목	차변	계정과목	대변
매출채권	₩ 1 3 2 0 0 0	매출	₩ 1 2 0 0 0 0
		부가세예수금	1 2 0 0 0
합계	₩ 1 3 2 0 0 0	합계	₩ 1 3 2 0 0 0

적요   병(주) D상품 30개 @₩4,000

주식회사 부 남

(2) 일부대체거래

일부입금대체거래의 현금거래 부분은 '입금전표'에 기입하고, 대체거래 부분은 '대체전표'에 기입한다. 그리고 일부출금대체거래의 현금거래 부분은 '출금전표'에 기입하고, 대체거래 부분은 '대체전표'에 기입한다.

이상의 내용을 요약하여 표시하면 다음과 같다.

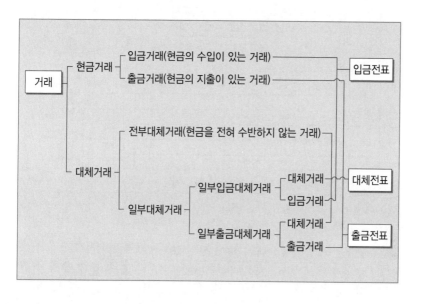

【거래 예】

3월 15일 정(주)에 상품을 다음과 같이 매출하고, 대금 중 ₩50,000은 현금으로 받고 잔액은 외상으로 하다(부가가치세 10% 별도).

E상품 20개   @₩4,000   ₩80,000

【분개 및 전표 작성예시】

(차) 현금 및 현금성 자산 50,000 ··· (대) 매　　　출 50,000 ···

(차) 매　출　채　권 38,000 ··· (대) 매　　　출 30,000 ···

　　　　　　　　　　　　　　　　　(대) 부가세예수금　8,000

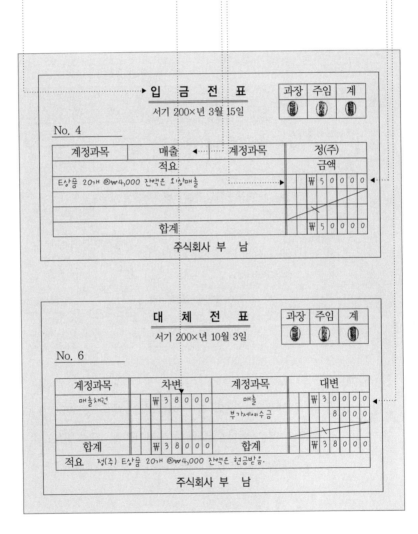

5. 대체전표의 분리

앞에서 설명하고 있는 전표는 실무적으로 많이 이용되지 않는다.

왜냐하면 하나의 거래를 분해하여 전표를 여러 장 작성하기가 불편하기 때문이다.

따라서 상기 대체거래를 앞서 살펴보았던 분개전표(1 전표제)와 같이 1 전표에서 차변·대변의 모든 계정과목을 기입하는 방법이나, 다음에 예시하는 대체전표의 차변·대변을 분리하여 작성하는 방법이 보다 일반적으로 이용되고 있다.

전술한 분개전표나 대체전표의 양식은 1장의 전표에 차변과 대변의 계정과목이 함께 기입되어 있기 때문에 계정과목별로 분류하고, 원장에 전기하기가 불편하다. 이러한 점을 고려하여 전표의 중앙에 자르는 선을 그어 전표를 차변·대변 과목별로 분리시킬 수 있게 하는 전표분리방식이 고안되어 많이 이용되고 있다.

이 방법은 대체전표의 왼쪽 부분(차변대체전표 또는 대체출금전표)은 입금전표처럼 생각하여 각각 전표를 작성하는 것이다.

대체전표를 차변·대변으로 분리하는 경우 전표작성의 사례를 예시하면 다음과 같다(거래 예와 분개 : 141p 참조).

〈전표작성 예시〉

• 차변부분

(차) 상   품 8,257,900

부가세선급금   825,790

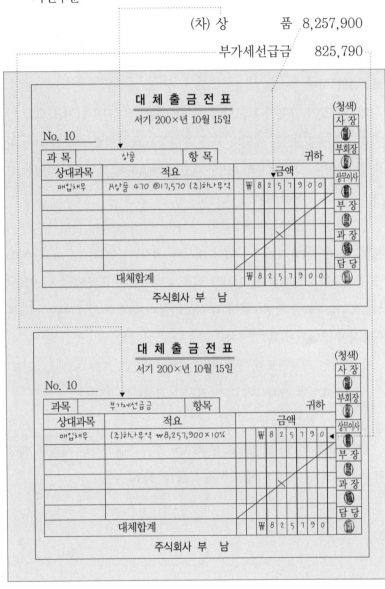

【거래 예】

200×년 10월 15일 A상품 470개 @₩17,570을 (주)하나무역에서
매입하고 대금은 외상으로 하다(부가가치세 10% 별도).

【분개】

(차) 상   품 8,257,900 (대) 매 입 채 무   9,083,690

　　　부가세선급금　825,790

* 대변부분

　　(대) 매 입 채 무　　9,083,690┄┄┄┄

대 체 입 금 전 표						(청색)
서기 200×년 10월 15일						
No. 10						사 장
과목	매입채무	항목			귀하	부회장
상대과목	적요		금액			상무이사
상품	A상품 470 ◎17,570 (주)하나무역		₩ 9 0 8 3 6 9 0			
부가세선급금	(주)하나무역 ₩8,257,900×10%					부 장
						과 장
			×			담 당
	대체합계		₩ 9 0 8 3 6 9 0			
주식회사 부　남						

전표결재시 검토요령과 유의할 사항

전표결재는 담당자에 의해 관련증빙을 토대로 작성된 후 결재라인을 따라 이루어진다. 전표결재시 결재자는 다음과 같은 사항에 유의하여 검토하여야 한다.

첫째, 전표 뒷면에 부착되거나 또는 별도 파일에 철해 있는 관련증빙이 유효한 증빙인지 검토한다. 증빙의 작성일자, 작성자, 증빙의 결재완결 여부, 중간결재의 진실성, 금액의 정확성, 증빙 내용의 타당성 및 회사업무와의 관련성 등을 확인하여야 한다. 때로는 과거의 증빙을 다시 사용하는 경우, 예를 들어 과거 접대비 영수증을 다시 이용하여 접대한 것처럼 가장하는 경우도 있으므로, 이 점 유의하도록 한다. 증빙의 재사용 방지를 위한 내부통제기능의 한 방법으로는 지출증빙에 대한 지급시 '지급인(PAID)'을 증빙상에 날인하거나 출납담당자의 날인을 하는 방법 등이 있다.

둘째, 증빙과 전표의 내용(기재금액, 증빙 내용의 간단한 설명 등)이 일치하는지 대조·확인한다. 이 경우 증빙이 여러 장 있거나 계산을 하여야 할 필요성이 있는 경우에는 계산검증을 하도록 한다. 왜냐하면 착오 또는 의도적으로 증빙의 계산 합계가 잘못된 경우, 이는 전표의 결재시 발견하지 않으면 바로잡을 기회가 거의 없기 때문이다.

또한 상급자가 이러한 대조 확인을 하고 있음을 보여줌으로써 전표 작성 담당자로 하여금 경각심을 갖게 하는 효과도 있다.

셋째, 전표에 기재된 계정과목의 분류가 맞는지 회사의 계정조직도(計定組織圖, chart of account), 회계규정 또는 지침(accounting manual), 기업회계기준 등을 참고로 하여 검토한다. 이 경우 특히 유의할 점은 '판매비와 관리비'와 '경비'의 구분, 자본적 지출(자산으로 처리하여야 할 지출임)과 수익적 지출(비용으로 처리하여야 할 지출임)의 구분 등에 유의하도록 한다.

넷째, 증빙 일자를 검토하여 회계기간 귀속(cut-off)이 전표일자에 정확하게 반영되었는지 확인한다. 예를 들어, 영업부서에서 전년도 말에 지출된 접대비 영수증을 경리부에 늦게 제출하여 금년도 초에 전표 처리될 경우 전년도의 비용이 금년도의 비용으로 처리됨으로써 비용의 기간 귀속상 오류가 발생할 수 있다.

다섯째, 주요 증빙(예 입금표, 영수증 등)은 그 종류별로 사용하기에 앞서 사전(事前)에 일련번호를 부여하여 권한 없는 자가 함부로 발행할 수 없도록 하거나 분실을 발견할 수 있도록 한다.

여섯째, 증빙을 발행하다 잘못된 경우에는 사전에 일련번호를 부여한 증빙 중 서손(書損)으로 인해 사용하지 못한 부분의 이유를 분명히 하기 위하여 잘 보관하여야 한다. 만약 증빙을 발행하다 잘못되었다고 하여 이를 버리게 되면 증빙의 부정사용을 방지할 목적으로 사전에게 부여한 일련번호의 내부통제기능을 떨어뜨리기 때문이다.

일곱째, 외부에서 발행된 지출증빙의 입수가 곤란하거나 그 증빙을 첨부하지 못할 정당한 사유가 있는 경우에는 대체적인 증빙을 구비하여야 한다. 예컨대 여비교통비 중 택시비나 경조비 지급의 경우에는 외부의 증빙을 첨부하기가 곤란하므로 이에 갈음하는 내부규정에 의한 '지출결의서'의 작성이 이루어져야 한다.

여덟째, 중요한 증빙을 발행하거나 회사 내 타부서에 교부하는 경우에는 증빙의 부본을 보관하거나 증빙의 발행 또는 교부에 관한 보조부를 작성하는 것이 바람직하다. 이러한 중요 서식으로는 영수증이나 주문서 또는 세금계사서와 같은 것들이 있다.

아홉째, 증빙은 회계처리의 기초서류임과 동시에 회계처리 후 동 사실을 입증하는 증거수단으로 이용되기 때문에 장차 있을지도 모르는 세무조사나 회계감사 등에 대비하여 법정 유호기간 동안 안전한 장소에 보관하도록 하여야 한다.

증빙은 상법상으로는 10년(상업장부와 영업에 관한 주요서류) 또는 5년(전표)간 보존하여야 한다(상법 제33조). 그러나 최소한 조세범처벌법상 장부비치기간인 5년에 맞추어 5년 이상 보관하는 것이 바람직하다(국법 제85조의 3 제1항, 법법 제12조의 3 제2항). 만약, 화재나 수해 등의 천재지변이나 도난 등 불가피한 사유로 인하여 증빙이 훼손되거나 보존되지 못하게 되었을 경우에는 이러한 사유를 입증할 만한 척절한 절차(예 조난사고 등)를 밟도록 함으로써 조세범으로 처벌받지 않도록 유의할 필요가 있다.

열 번째, 보관 유효기간이 지난 증빙을 폐기하는 경우에는 회사의 기밀이 유출되지 않도록 유의하여야 한다.

이상의 검토 절차는 매전표마다 모두 수행하기보다는 전표의 중요성(전표금액의 크기)과 위험성(현금지출의 수반 여부) 등을 고려하여 결재자의 판단에 의거, 표본을 선택하여 검토하거나 또는 이러한 점을 고려하여 전결규정을 만들어 최종결재권자를 달리하는 방법 등을 적용하면 전표결재의 효율성을 높일 수 있다.

전표양식의 개선-원인행위와 전표의 결합

이상에서 알아본 전표는 대부분의 회사들이 종전부터 사용해 온 전통적 양식이다.

그러나 종전의 양식이 지니는 관리상의 단점, 예를 들어 전표양식의 크기가 작아 이면에 관련증빙을 부착시키기 어렵고, 편철과 보관이 불편하여 지출원인행위에 관한 승인서류(예 지출결의서)가 분리되어 지출결의서 → 관련증빙 → 전표로 이어지는 일련의 과정을 상호 연결시키기가 불편한 점 등을 이유로, 다음과 같은 지출(입급)품의서와 출금(입금)전표를 결합시키는 개선양식의 사용이 신설된 중소기업을 중심으로 점차 증가되는 추세이다.

이러한 전표양식 개선사례를 예시하면 다음(146p)과 같다.

한편, 소액현금지출(예 시내여비교통비, 우표대, 소모품비, 전화요금 등)을 매번 작성하는 것은 작성과 결재 및 장부에의 전기 등에 많은 시간이 소비됨으로써 효과보다는 비용이 많이 든다. 이런 경우 일정한 금액(예 1회 지급시 300,000)을 소액현금 담당자에게 전도해

〈사례 예시〉

[지급(입금)품의서]

품의일자	200X. 9. 5	주무부	계	대리	과장	부장	상무	사장
품의부서	총무부							
품의자	홍길동	합의	자금부와 합의	예산통제				⑪

금액	금	₩550,000 정							
거래처	대동전자대리점	거래금액			₩	5	0	0	0	0	0
사업자번호	216-05-61290	부가세%					5	0	0	0	0
지급방법	어음	계			₩	5	5	0	0	0	0
내역	에어컨 1대										

	차변						대변					
CODE No.	계정과목		금액				CODE No.	계정과목		금액		
148	비품		5	0 0 0 0 0			215	미지급금		5	5 0 0 0 0 0	
128	부가세 선급금		5	0 0 0 0								
		₩	5	5 0 0 0 0					₩	5	5 0 0 0 0	

번호(수표, 어음)	NO. 00001	지급일자	200X. 10. 5	지급은행	서울은행
번호(수표, 어음)	NO.	지급일자		지급은행	

기표일자 : 200X. 9. 7	영수인	출납확인	자료확인	과장	부장	이사	사장
일련번호 : 0004							

○○주식회사

주) 위 양식은 입금전표, 출금전표에만 대신 사용할 수 있으므로 대체거래에 대하여는 종전의 대체전표를 이용하거나 별도의 양식을 고안해서 사용해야 함.

주고, 지출시에는 '소액현금출납장'에 기록하고 담당자의 직상급자의 결재 정도로 간단히 결재를 마친 상태에서 지출을 행한 후, 기 수령한 전도금 잔액이 거의 소진될 때쯤 그동안의 지출누계액을 계정 과목별로 집계하여 전표를 작성하고, 동 지출 누계액만큼 다시 전도해 주는 방법(정액자금전도제)을 이용하는 것이 바람직하다.

정액자금전도제를 이용하는 경우 작성되는 '소액현금출납장'의 사례를 예시하면 다음과 같다.

소액현금출납장

일자	수입금액	적요	지급액	증빙번호	복리후생비	통신비	소모품비	여비교통비	잡비	잔액	담당	과장
1.16		토요일식대	4,000	588	4,000					60,000		
1.18		설탕구입	1,750	589			1,750					
		송금수수료	2,400	590					2,400			
		야근시 식대	17,500	591	17,500							
		우편대 및 가스대	12,340	592		1,340	11,000					
	300,000	계	273,980		85,100	28,070	82,300	28,400	50,110	26,010		
1.19	273,980	사무실 경비 입금								300,000*		
		우편대(김상희)	3,560	593		3,560						

*)정액자금전도제를 택하고 있으며, 전도자금은 ₩300,000임

상기 장부에 의거 200×년 1월 18일에 기전도한 소액현금으로 인한 거래를 마감하며, 전표를 작성하기 위한 분개를 예시하면 다음과 같다.

200×. 1. 18

(차) 복 리 후 생 비   85,100   (대) 현금 및 현금성 자산   273,980

    통   신   비   28,070

    소 모 품 비   82,300

    여 비 교 통 비   28,400

    잡   비   50,110

제2부

창업과 회계·세무

− 김철수 사장의 창업 사례 중심 −

창업 준비와 창업시 유의할 사항 ①

 ## 기업의 창업과 기업활동의 흐름

오늘날 기업은 정부·가계와 더불어 3대 경제 주체의 하나로서 수많은 사람들에 의해 끊임없이 설립되며, 발전·성장하거나 또는 경영상의 애로에 직면하게 되어 폐업의 과정을 밟고 있다. 이는 마치 사람의 일생과도 같다고 할 수 있다.

이러한 의미에서 기업은, 일단 설립되면 폐업이라는 특수한 상황에 직면하기까지는 계속 활동을 하게 되므로 앞에서 설명한 바와 같이 회계상 '계속기업(繼續企業, going concern)' 이라고 부르기도 한다.

기업활동은 앞에서 '사람' 과 '물자' 및 '자금' 의 세 가지 주요 흐름으로 구성되어 있다고 설명하였는데, 여기에서는 각도를 달리하여 이들 세 가지를 종합하여 창업 이후 기업활동이 이루어지는 순서대로 살펴보기로 하자.

기업활동은 기업의 업종과 형태에 따라 다를 수 있으나, '제조기업'

을 모델로 하여 설명하면 다음과 같다.

자본주가 자본을 투자해 기업을 설립한다.
⬇
조달된 원시자본으로 사무실과 공장을 임차하거나 건축하며, 원자재와 기계장치를 구입하고 필요인원을 채용하여 제품을 만든다.
⬇
생산한 제품을 현금으로 판매하거나 외상으로 판매한다.
⬇
외상으로 판매한 것을 현금이나 어음으로 수금한다.
⬇
일정기간 동안의 기업활동을 집계하여 이익 또는 손실을 산출한다.
⬇
산출된 이익을 자본주 또는 주주에게 배당한다.
⬇
원시자본이 부족한 경우에는 증자를 하거나 외부로부터 필요자금을 차입한다.
⬇
차입자금을 상환하거나 외상매입금을 반제한다.

창업시 고려할 사항은?

memo

　창업 예비과정을 마친 김과장은 회사측이 경영 애로 타개를 목적으로 명예퇴직제도를 실시하자 명예퇴직을 자원했다.

　평소 자신의 전공을 살려 화학제품을 제조하는 기업을 만들어 보고 싶은 꿈을 가지고 있던 김과장은 퇴직금 2억 원을 기초로 우선 외국으로부터 화학제품의 원료를 구입해 자기가 근무하고 있던 A주식회사를 비롯해 다른 기업들에 판매하는 일부터 시작하기로 했다.

　그런데 막상 사업을 시작하려고 하니 다음과 같은 몇 가지의 의사결정을 내려야 하는 입장에 처해 고심하지 않을 수 없었다.

　첫째, 업종은 무엇으로 할 것인가? 그리고 사업 시작을 개인기업의 형태로 할 것인가 아니면 법인기업의 형태로 시작할 것인가?

　둘째, 초기 자본금과 법인의 경우 1주의 금액은 얼마로 할 것인가?

　셋째, 사업체의 명칭은 무엇으로 정할 것인가?

　넷째, 사업체의 위치는 어디로 할 것인가?

　다섯째, 임원구성, 고용 직원의 수와 급여는 어떻게 정할 것인가?

　여섯째, 앞으로 최소한 6개월간의 소요자금은 얼마이며, 이를 조달하는 방안은 무엇인가?

　일곱째, 회계연도와 신문공고 방법은 어떻게 정할 것인가?

　여덟째, 거래은행은 어디로 정할 것인가?

　아홉째, 세금문제를 누구와 협의하고 어떤 방식으로 기업의 회계처리를 할 것이가? (참고 : 김철수 씨는 공과대학 출신으로서 회계분야에 대한 지식이 전혀 없는 상태다)

　이튿날 김철수 씨는 평소에 잘 알고 지내던 M회계사에게 사업계획을 설명한 후, 이상의 문제들에 대하여 자문을 구하기로 결심했다.

이상의 사례를 기초로 회계분야를 중심으로 창업시 고려할 사항을
요약하면 다음과 같다.

창업시 고려할 사항

- 기업 형태의 결정 – 개인·법인
- 설립시기와 회계연도의 결정
- 설립자본금의 규모, 자본금 조달 방안 및 주주 구성
- 사업장 위치 선정과 임차 또는 취득
- 사업자 등록
- 종업원의 채용 및 급여 결정
- 신규사업 관련 세무상 유의사항 검토
- 전문지원기관(예 세무대리인, 법무사 등)의 선정

 신규사업 관련 검토하여야 할 세무상 유의할 점

한편, 김철수 씨처럼 사업을 새로이 개시하고자 하는 경우 세무상 유
의할 점은 다음과 같다.

① 사업개시 전 소요자금을 예상한 후, 동 자금에 관한 세무당국의
   자금 출처 조사를 예상하여 합법적이고 합리적인 방법으로 자금
   을 조달하도록 하여야 한다. 이때 자금 출처를 입증하지 못하는

경우에는 세법상 '증여의제(贈與擬制)'로 인정되어 증여세가 부과됨을 유의해야 한다(상속세 및 증여세법 제45조).

② 사업자 등록은 반드시 사업개시일 전(前)에 사업장 관할세무서에 신청하도록 한다. 부가가치세법상으로는 사업개시일로부터 20일 이내에 관할세무서에 등록하도록 규정하고 있으나, 이 경우에는 자칫 잘못하면 사업자 등록 전에 매입한 집기·비품, 차량운반구 등에 대한 부가가치세를 공제받지 못할 위험이 있다. 이 경우 법령에 의해 허가를 받아야 하는 사업(예) 건설업)의 경우에는 사업자등록 신청 전에 이러한 허가를 받아두어야 함에 유의해야 한다.

③ 사업자 등록 신청시 어떠한 형태로 사업자 등록 신청을 할 것인가를 검토하고자 하는 업종의 규모에 알맞은 방법으로 신청하도록 한다.

현행 부가가치세법상 사업자의 형태는 크게 과세사업자, 면세사업자, 영세율사업자로 구분되는데 과세사업자라 함은 부가가치세의 과세대상이 되는 사업자를 말하며, 면세사업자는 부가가치세가 면세되는 재화 또는 용역을 공급하는 사업자를 가리키고, 영세율사업자란 재화 또는 용역을 공급시 '0'의 세율을 적용하되, 재화 또는 용역을 공급받을 때 부담한 부가가치세는 전액 환급받는 사업자를 가리킨다.

한편, 과세사업자는 직전 1역년(歷年)의 공급 대가의 규모에 따라 일반과세자, 간이과세자의 두 가지 형태로 다시 구분된다.

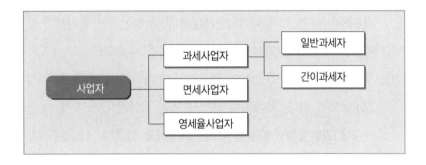

일반과세자와 간이과세자의 차이점에 대하여 그 내용을 요약하면 다음과 같다.

일반과세자와 간이과세자의 차이점

구분		일반과세자	간이과세자
개인	등록 대상	사업상 독립적으로 재화 또는 용역을 공급하는 개인사업자 중 면세·영세율 적용 이외의 자	직전 ×××역년의 공급 대가가 4천 8백만 원에 미달하는 개인 사업자(간이과세 배제업종 제외)
	세액 계산	매출액의 10%(매출세액) − 매입 시 부담한 세액(매입세액)	매출액 × 업종별 평균부가가치율 × 10%
	신고	• 1년에 4번 신고납부 (1. 1~1. 25, 7. 1~7. 25 : 확정신고) (4. 1~4. 25, 10. 1~10. 25 : 예정신고) • 일정금액에 미달하는 자는 2번의 예정신고는 관할세무서에 납세고지서를 발부함	• 확정신고 납부 • 과세기간 종료 후 25일 이내에 확정신고 납부
	세금계산서·영수증	• 세금계산서를 주고받아야 함	• 영수증을 발행함
법인		모두 '일반과세자' 임	

④ 실명제시대 하에서는 금융·부동산·상품 등 모든 거래를 실명 (實名)으로 해야 하므로 사업상의 거래와 개인의 거래를 엄격히 구분하여 통장을 개설·운용함이 바람직하며, 특히 사업상의 통 장거래는 항상 합리적인 증빙(영수증·전표 등)이 있는지 여부를 검토·확인하도록 한다.

⑤ 사업과 관련된 세금의 종류와 절세 방안을 사전에 검토하도록 한다.

기업 형태의 결정-개인·법인

김철수 씨의 자문을 받은 M회계사는 다음과 같은 이유를 들어 법인 형태보다는 개인기업으로 출발하여 사업을 시작한 후, 사업의 진행과정을 지켜보면서 법인으로 전환하는 방안을 제시했고, 김철수 씨는 이 제안을 받아들이기로 했다.

첫째, 매출액이 일정규모(약 5억~10억 원) 이상이 되지 않으면 법인보다는 오히려 개인의 세 부담이 유리하다.

둘째, 사업 초기에는 외형이 누락되거나 비용 정리가 부실한 경우가 발생할 소지가 많은데 이러한 경우에는 법인의 경우 세무상 익금산입·손금불산입되며, 동 금액만큼 법인세와 대표이사에 대한 상여처분으로 과중한 세금추징의 위험이 있으므로 개인이 유리하다.

셋째, 법인이 설립되려면 주주의 구성과 출자금액의 결정이 해결되어야 하는 바, 여러 가지로 불확실한 상황에 놓여 있는 사업 초기의 법인에 주주로 참여하려는 사람을 찾기 힘들며, 비록 찾더라도 동 주주와 일종의 동업이기 때문에 의사결정에 합의가 되지 않을 경우 법인 운영에 애로가 따를 소지가 많다.

넷째, 개인기업으로 출발하더라도 상황이 바뀌어 법인 형태가 유리하다고 판단되면 언제든지 법인으로 전환할 수 있다.

다섯째, 법인이 되면 개인기업보다는 여러 가지로 체제를 갖출 필요가 있는데, 사업 초기에 적은 인력으로는 아무래도 힘겨운 일이다.

기업을 설립하여 사업을 개시하고자 할 경우 처음 대두되는 문제 중의 하나가 바로 기업 형태를 어떻게 할 것인가이다. 개인기업 형태로 시작할 것인가, 아니면 법인기업 형태로 시작할 것인가? 이 양 형태의 기업은 각자 나름대로의 장·단점이 있다.

따라서 이러한 장·단점을 면밀히 고려하여 처음 사업을 시작할 때의 기업 형태를 개인으로 할 것인가, 아니면 법인으로 할 것인가를 선택하여야 한다.

더 자세히

◆ 개인과 법인의 장·단점 ◆

• 법인기업의 장점(개인기업의 단점)

(1) 세 부담의 경감
다음의 사례와 같이 개인기업보다 법인기업의 경우가 소득에 대한 세 부담이 경감된다.

① 세율

개인기업의 경우(소득세)		법인기업의 경우(법인세)	
과세표준	세율[*]	과세표준	세율[*]
1,200만 원 이하	과세표준의 100분의 6	2억 원 이하	11%(10%)
1,200만 원 초과 4,600만 원 이하	72만 원+1,200만 원을 초과하는 금액의 100분의 16(15)	2억 원 초과	2,200만 원 +2억 원 초과금액 22% (20%)
4,600만 원 초과 8,800만 원 이하	616만 원+4,600만 원을 초과하는 금액의 100분의 25(24)		
8,800만 원 초과	1천 666만 원+8,800만 원을 초과하는 금액의 100분의 35(33)		

[*] 괄호 안의 숫자는 2010. 1. 1 이후 개시하는 사업연도와 소득에 대하여 적용할 세율임

② 예시
외형 40억 원으로서 과세표준이 2억 원인 경우 개인기업과 법인기업의

세 부담의 차이는?

- 개인 : (소득세) (200,000,000－88,000,000)×35%

  $\qquad$ +16,660,000 ＝ ₩55,860,000

  (주민세) 55,860,000×0.1 ＝ $\qquad$ 5,586,000

  계 (A) $\qquad$ ₩61,446,000

- 법인 : (법인세) 200,000,000 ×11% ＝ ₩22,000,000

  (주민세) 22,000,000×0.1 ＝ 2,200,000

  계(B) ₩24,200,000

- 세 부담의 차이(A－B) ₩37,246,000

(2) 기업경영의 합리화 증진

법인은 개인기업의 경우와는 달리 사장 개인과 기업이 엄격히 구분됨으로써 기업 자체의 경영·자금 상태 파악이 용이하여 의사결정 및 경영자문 자료수집이 용이하며, 만약 기업자금을 업무와 관련 없이 개인용도로 사용하는 경우 회사에서 차입한 자금 중 가장 높은 이자의 차입금에 대한 이자를 회사에 납부해야 하므로 이를 억제하게 함으로써 기업자금의 견실화가 가능하다.

(3) 기업의 계속성 유지 기능

개인기업과는 달리 출자자의 개인적 사정이 기업의 존속 및 계속성 유지에 큰 영향을 미치지 않기 때문에 기업의 계속성 유지·발전이 가능하므로 기업의 건전한 발전이 용이하다.

(4) 기업의 대외 신용도 제고

개인기업은 '기업=기업주'의 관계에 있으므로 그 기업의 신용은 개인 기업주의 신용상태에 의하여 평가되지만, 법인의 경우는 주주의 신용과는 관계없이 그 법인 자체의 재무상태와 경영성과에 의하여 신용이 평가되므로 건실한 기업일수록 대외적으로 신용도가 제고된다.

(5) 자본조달의 원활화

개인기업은 개인기업주의 신용범위 내에서 기업자금의 조달이 가능하지만, 법인기업은 여러 명의 주주로부터 자기자본을 조달할 수 있으며, 또한 법인 자체의 신용으로 타인자본(은행융자, 사채발행 등)의 조달이 가능하므로 자본조달이 용이하다. 또한 프리보드나 상장을 통하여 주식 또는 사채자금을 조달하는 것은 법인만이 가능하다.

(6) 노사관계의 재정립

기업에 대한 소유와 경영이 일치된 개인기업의 종업원은 그 기업의 경영의사결정 과정에 참여할 수가 없고 또한 기업의 경영성과에 따른 배당을 받을 수가 없으나, 주식회사의 경우 종업원지주제(從業員持株制)를 도입하여 종업원이 회사의 경영에도 참여할 수 있고 경영성과에 따른 배당도 받을 수 있어, 노사관계가 재정립될 수 있는 계기가 마련된다.

(7) 주식회사의 유한책임

개인기업의 경우는 기업에 문제(예 부도)가 발생했을 경우 기업주가 100% 무한책임을 지지만, 법인기업의 경우에는 원칙적으로 법인과 주주와는 별개의 존재이기 때문에 법인에 문제가 발생해도 주주는 주식의 인수가액을 한도로 유한책임을 진다. 다만, 세법상 과점주주의 경우는 제2차 납세의무가 부여된다.

(8) 정부 지원의 이용

정부에서 정책자금이나 세제 지원을 하는 경우는 대개 법인 위주로 이루어지므로, 법인으로 전환함으로써 이와 같은 각종 지원책을 이용할 수 있다.

• 법인기업의 단점(개인기업의 장점)

(1) 세무상 벌칙 강화

외형의 누락이 세무조사 과정에서 적발될 경우 개인보다는 법인이 세무상 불이익이 크므로 재고자산의 수불이 곤란하거나 무자료·가공자료가 이용되는 기업의 경우에는 법인전환 여부를 신중히 검토할 필요가 있다.

(2) 기업과 개인의 구분으로 인한 불편

기업주의 입장에서 볼 때 법인으로 전환하게 되면 기업주 개인과 법인은 별개의 실체이므로 종전과 같이 기업자금을 개인 목적으로 이용하거나 회사의 자산을 업무와 관련 없이 사용하기가 곤란해진다. 이는 회사의 자금이나 재산을 기업주가 개인 목적으로 사용할 경우 세무상 많은 불이익이 따르기 때문이다.

 설립시기와 회계연도의 결정

 memo

> 김사장은 퇴직일로부터 3개월간 준비기간을 거쳐 10월 1일자로 개업하기로 결심하였다.

기업을 설립할 때 어느 시점에 설립할 것인가가 중요한 과제로 대두된다. 기업은 그 업종의 종류에 따라 계절적인 영향을 받는 경우가 대부분인데, 이 경우 기업의 설립시기는 설립 후 매출이 점증해가는 초기로 잡는 것이 좋다. 예를 들어 아이스크림 대리점을 개업한다고 할 때 소비량이 저조한 겨울에 개업하기보다는 아이스크림을 찾는 고객이 점증하는 초기인 5월 중순 정도로 개업시기를 잡는 것이 불필요한 인건비와 임대료 및 투입자금에 대한 이자 등 고정비 부담을 줄이는 면에서 보다 좋은 안이 될 것이다.

다음에는 회계연도를 어떻게 정할 것인가이다.

대부분의 기업을 창업하고자 하는 창업주는 회계연도를 어떻게 정할 것인가에 대한 관심이 저조하다. 그러나 회계연도는 매년 결산시점 및 세무신고 시점을 결정하는 중요한 기준이 되므로 신중히 결정할 필요가 있다.

예를 들어 1. 1~12. 31로 할 것인가, 아니면 3. 1~2. 28 또는 7. 1~6. 30 등으로 할 것인가를 결정하여야 하는데, 필자의 경험에 의하면 법령에 특별히 사업연도를 규정하지 않는 한 대부분의 기업들이 선호하는 회계연도인 1. 1~12. 31로 회계연도를 정하는 것이 바람직하다. 왜냐하면 기업과 밀접한 관련을 맺는 세법과 같은 대부분의 법령들이 매년 12월 31일을 기준으로 개정 시행되기 때문에 동 개정법령 시행 기준일과 회계연도를 일치시켜 놓으면 실무상 편리하다. 또한 세무상으로도 개업 초기에는 외따로 특이한 회계연도(예 10. 1~9. 30)를 정하는 것보다는 많은 다른 기업들과 같은 회계연도를 정하는 것이 보다 은행이나 과세당국과의 관계 면에서도 유리하다고 볼 수 있다.

한편, 이러한 회계연도는 법인기업의 경우에 나타나는 문제이고, 개인기업은 모두 1. 1 ~ 12. 31로 통일되어 있으므로 법인기업처럼 선택의 여지가 없다.

설립자본금의 규모, 자본금 조달 방안 검토

memo

> 김사장은 사업체 명을 'K유통'으로 정하고 최초의 자본금 규모를 얼마로 할 것인가를 결정하기 위해 M회계사에 자문을 구했다. 그 결과 대략 다음과 같이 2억 원이 계산되었는데, 퇴직금으로 받은 자금 중 1억 원을 사업개시 자본금으로 투자하기로 하고, 나머지는 정부에서 지원하는 창업자금을 이용하거나 금융기관으로부터 빌리기로 했다.

〈최초 소요자금 규모〉

• 사무실 임차 보증금	5천만 원(월세 200만 원 별도)
• 차량구입	2천만 원
• 집기 · 비품 구입	1천만 원
• 최초 3개월 운영자금	1억 2천만 원
계	2억 원

〈소요자금 조달 방안〉

• 퇴직금 사용	1억 원 ·············	자기자본

- 금융기관 차입금   1억 원············   부채
  계   2억 원

법인 설립시 자기자본 규모는 대체로 부채비율($\frac{부채}{자기자본} \times 100$)이 200% 이하가 되도록 결정하는 것이 바람직스러운데, K유통의 경우 부채비율은 100%로서 회사설립시 최초의 재무구조는 우량한 상태라고 판단된다.

〈K유통의 경우 부채비율〉

$$부채비율 = \frac{부채}{자기자본} \times 100 = \frac{1억\ 원}{1억\ 원} \times 100 = 100\%$$

동업 여부 및 지분구조 검토

memo

한편, 김사장은 영업에는 자신이 있었지만 내부 및 관공서 관리업무에는 자신이 없어 이 분야를 맡길 적임자를 찾던 중 세무서에 재직하다 은퇴하여 쉬고 있는 학교 선배인 박영수 씨를 만나 이 문제를 협의하였다. 박영수 씨는 입사 조건으로 월급쟁이보다는 동업자 입장에서 일하기를 원했고, 이러한 뜻에서 일정 지분을 자기가 투자할 수 있도록 요청하였는데, 김사장은 본인의 경영권이 침해받지 않는 선인 30%의 지분을 주기로 하고 최초 자본금 1억 원의 30%인 3,000만 원을 투자받기로 하였다.

사업을 시작함에 있어 단독으로 할 것인가? 아니면 동업형태로 할 것인가?

그러나 필자는 창업단계의 경우에는 가급적 동업을 피하라고 권하고 있다. 그 이유는 기업을 경영함에 있어 동업자의 입장에 따라 상호간의 의견이 일치되지 않을 경우가 생기는데, 이 경우 사업 초기에는 합리적인 조정이 어렵고 이로 말미암아 기업 자체의 존속이 어려워지게 되는 사례를 많이 보았기 때문이다.

따라서 상기 김사장의 경우처럼 부득이 동업을 할 수밖에 없을 경우에는 당사자 간의 충분한 협의를 거쳐 상호간 책임과 권한 및 업무의 범위를 명확히 하여 이를 동업약정서로 명문화할 필요가 있다.

앞서 김사장이 사업을 개시할 때 이루어진 최초의 회계처리를 살펴봄으로써 기업활동과 회계처리가 어떤 관계가 있는지 알아보자.

김사장과 박영수 씨는 1억 원을 사업개시 자본금으로 출자하다(출자금은 은행에 예입함).

【회계처리】
(차) 현금 및 현금성 자산 100,000,000 (대) 자 본 금   100,000,000

사업장 위치 선정과 임차 또는 취득

memo

김사장은 회사의 사무실을 본인의 집과 주거래처인 A기업이 위치한 서울특별시 강남구로 정하기로 하고 임차할 사무실을 알아보기로 결심하였다.

창업할 경우 어느 곳에 사무실, 공장 또는 본사의 위치를 정할 것인가가 문제이다.

입지(立地)란 업종과 제품 또는 상품의 성격, 장소 이용목적의 성격에 따라 각각 달리 고려하게 된다.

예를 들어 최종 소비자를 직접 상대하는 업종(예 음식점, 편의점, 문구점 등)인 경우에는 판매의 대상이 되는 상품의 성격에 따라 예상되는 소비자 군이 가장 많이 다니고 이들의 접근 가능성이 높은 곳을 사업장 위치로 선정하여야 할 것이다. 예를 들면 학생들을 상대로 하는 문구점을 경영하고자 하는 경우에는 학생들이 많이 다니는 학교 앞에 사업장을 위치하도록 함이 바람직하고, 호프집을 운영하고자 하는 사업자의 경우에는 젊은이들이 많이 운집하는 대학가 부근에 사업장을 정하면 비교적 좋은 위치 선정이 되리라 생각된다.

그러나 이러한 영업 관점에서의 입지도 중요하지만 만약 생산을 하는 공장을 정하는 입지는 이와는 전혀 다른 점이 입지선정의 고려요소가 되어야 한다, 즉, 원료 산지로부터 접근 용이성 또는 운반비의 절감 가능성과 제품을 만들기 위한 종업원의 채용 가능성, 주거 용이성 또는 수송 용이성 및 시장으로서 제품 반출과 관련된 시간과 운반비 절감 가능성 등이 종합적으로 고려되어야 할 것이다.

한편, 이상에서 언급한 일반적인 사업장 위치 선정의 고려요소 외에는 본사의 위치를 선정함에 있어 사업 초기에는 관공서(예 세무관서)와의 좋은 관계 정립도 중요하므로, 필자의 경험상 가급적이면 규모가 크고 세수(稅收)가 많은 세무당국이 관장하고 있는 지역에 본사를 정하는 것이 바람직하다고 생각된다. 그 이유는 체계화된 세무당국의 경우 그렇지 않은 곳보다 세무관련 서비스를 보다 더 많이 받을 수 있고 불필요한 세무 간섭으로부터 자유로울 수 있다고 보기 때문이다.

또한 사업장으로 사용할 사무실 또는 영업소를 임차할 것인가 아니면 취득할 것인가도 중요한 의사결정 과제이다.

비교적 자금의 여유가 많은 경우라면 사업 초기부터 사무실을 취득하여 사용할 수도 있겠으나, 대부분의 경우에는 자금 부담을 경감하고 지급하는 임대료를 비용화하여 절세할 목적으로 사무실을 임차하여 시작한다.

 사업자 등록

 memo

김사장으로부터 세무대리업무를 위임받은 M회계사 사무실의 박대리는 김

> 사장의 신규 사업에 관한 사업자 등록을 사업장 관할 세무서에 신청했다.

이 경우 신규로 사업을 개시하는 자는 사업을 영위하고자 하는 매사업장마다 '사업자등록신청서'를 작성하여 사업개시일로부터 20일 이내에 정부, 즉 사업장 관할 세무서에 등록하여야 한다.

사업자 등록 신청을 받은 세무서장은 사업장의 인적 사항과 기타 필요한 사항을 기재한 사업자등록증을 신청일로부터 7일 내에 신청자에게 교부하도록 규정되어 있으므로, 만약 7일이 지나도 사업자등록증이 발급되지 않으면 그 원인을 세무서에 확인할 필요가 있다. 그러나 사업자 등록 신청을 받은 세무서가 사업장 시설이나 사업현황을 확인하기 위하여 필요하다고 인정하는 경우에는 상기 교부기한을 7일에 한하여 연장하고 조사한 사실에 따라 사업자등록증을 교부할 수 있도록 하는 예외조치를 두고 있으므로, 신청일로부터 최장 2주일 이내에 사

사업자 등록 신청시 구비할 서류

• 사업자등록신청서 1부
• 법인은 법인등기부등본 1부
• 사업허가증 사본 1부(음식부, 개인택시 등 허가나 등록을 해야 하는 사업의 경우)
• 사업허가 전에 등록을 하고자 하는 경우에는 사업허가신청서 사본이나 사업계획서
• 임대차계약서 사본(사업장을 임차한 경우) 1부

구분	적용 대상	적용 대상에서 제외되는 사업자
일반과세자	개인사업자와 법인사업자 중 면세·영세율 적용 이외의 자	
간이과세자	직전 1역년의 공급 대가가 4천 8백만 원에 미달하는 개인사업자	광업,제조업(과자점·떡방앗간·도정·제분업·양복·양장·양화점은 가능), 도매업(겸업시 도·소매도 포함), 부동산매매업 등

업자등록증이 교부될 수 있음에 유의할 필요가 있다(부가가치세법 시행령 제7조).

이 경우 신규로 사업을 개시하고자 하는 자는 사업개시 전이라도 등록할 수 있다(부가가치세법 제5조).

한편, 사업을 개시하고자 사업 등록을 신청할 경우 다음 사항에 유의할 필요가 있다.

① 부가가치세는 사업을 행하는 사업장마다 등록해야 한다.

② 연간 매출액(공급 대가)이 간이과세자의 범위에 해당하는 경우에도 일반과세자로 사업자 등록을 할 수 있다.

③ 간이과세자는 매입세액의 일정 비율만 공제받고 세금계산서도 교부할 수 없으므로 매입세액을 전액 공제받기를 원하거나 다른 사업자와의 거래 등으로 새금계산서 교부가 필요한 경우에는 일반과세자의 과세 유형을 선택해야 한다.

④ 사업을 시작하기 전에 상품이나 시설자재 등을 구입하는 경우에는 예외적으로 사업을 개시하기 전에 사업자 등록을 하여 세금계산서를 교부받을 수 있다. 단, 이때에는 사업을 개시할 것이 객

관적으로 확인되어야 사업자등록증을 발급해준다.

⑤ 사업자 등록을 한 사업자가 휴업(休業) 또는 폐업(廢業)하거나 다음과 같은 등록사항의 변동이 발생한 경우에는 지체 없이 이를 관할 세무서에 신고해야 한다.

- 상호나 업태·종목 등 사업의 종류를 변경하는 때
- 상속으로 인하여 사업자의 명의가 변경된 때
- 면세사업자가 추가로 과세사업을 영위하고자 하는 때
- 공동사업자의 구성원 또는 출자지분의 변경이 있는 때 등
- 임대인·임대차목적물·그 면적, 보증금, 차임 또는 임대차기간의 변경이 있거나 새로이 상가건물을 임차할 때

⑥ 사업자가 사업 등록을 하지 않고 사업을 하면 법이 정하는 바에 의하여 무거운 가산세를 문다.

※ 가산세 : 사업자 미등록시 해당기간 공급가액의 1%

사업자 등록을 하지 않으면 상품 구입시 세금계산서를 교부받을 수 없어 상품 구입시 부담한 부가가치세를 공제받지 못한다.

더 자세히

◈ **사업자등록번호에 숨어 있는 의미를 알아보자** ◈

사업자 등록 신청 후 사업자등록증이 발부될 때는 사업자등록번호가 부여된다. 이 번호는 전산 시스템에 의하여 일련번호 순서대로 자동 부여되며, 한 번 부여된 번호는 준 영구 코드화하여 세적 이전, 과세유형 전환 등의 경우에도 당초 그대로 사용한다. 다만, 다음의 경우에 해당할 때에는

사업자등록번호를 새로 부여한다.
- • 순수한 신규사업자 및 폐업 후 1년 이내에 사업개시자
- • 과세사업에서 면세사업으로 전환하거나 그 반대로 전환하는 자
- • 과세사업 폐업 후 면세사업 재개업자, 면세사업 폐업 후 과세사업 재
  개업자

    사업자등록번호는 1자리로 구성되는데, 그 내용은 다음과 같다(부가가치세 사무처리규정 제14조).

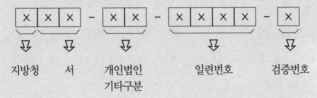

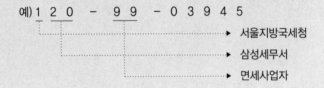

자금조달과 운용관리

 믿는 도끼에 발등 찍힌다

memo

김사장으로부터 "현금관리를 맡는 직원으로 신분이 확실한 본인의 조카를 채용하면 어떻겠는가" 하고 상의를 받은 M회계사는 얼마 전 있었던 일이 생각났다.

며칠 전 M회계사가 거래하는 D기업의 박사장으로부터 M회계사한테 전화가 걸려왔다.

"M회계사님, 큰 일 났습니다. 우리 경리 직원이 자금을 몽땅 가지고 사라져 버렸습니다. 이를 어떻게 하면 좋나요? 놀고 있는 누님의 아들놈이 보기가 안쓰러워 일을 시켰더니 결국 사고를 쳤지 뭡니까? 믿는 도끼에 발등 찍힌다고 하더니…. 장부도 없애버려 돈을 얼마나 가져갔는지도 모르겠습니다. 회계사님께서 오셔서 감사를 해서 횡령한 금액을 파악해 주셔야겠습니다."

이 이야기를 들은 M회계사는 상기 D기업의 사례를 이야기해주고 가급적 친인척보다는 공채를 통해 현금관리에 알맞은 능력과 경험 그리고 자질을 갖춘 적임자를 채용하고 있을 지도 모르는 현금 사고에 대비하여 보험에 가입하는 등 내부통제 기능을 도입하도록 권고하였다.

이러한 경우는 현금관리에 관한 내부통제조직이 잘 되지 않은 중소기업에서 흔히 볼 수 있는 사례이다. 필자는 어떤 회사의 경리 직원이 자금을 횡령하거나 부정을 저지른 사건이 발생하였다면 그 잘못 중 50% 가량은 그 회사의 경영자에게 있다고 주장하곤 한다. 왜냐하면 사람은 현금의 입·출에 관한 모든 권한이 한 사람에게 집중되어 있다고 한다면, 그렇지 않은 경우보다 그 직원이 부정을 저지를 확률이 훨씬 높기 때문이다.

따라서 가급적 현금관리에 관한 내부통제조직을 잘 갖춰 놓을 필요가 있는데, 예를 들면 현금의 입금 담당자와 출금 담당자를 분리시키거나 현금 지출의 원인행위자와 현금 지출의 승인 자 그리고 현금 지출을 담당하는 자를 각각 분리시키는 제도를 수립하는 것을 말한다.

현금·예금 관리 요령

memo

> 김사장은 우선 사무실을 운영하기 위한 자금의 수입과 지출을 담당할 여직원 B양을 채용하였다. 김사장은 우선 운영자금조로 1,000,000원을 B양에게 전도해 주고 현금 입·출금 기록을 하도록 지시하였다.

이 경우 김사장의 입장에서 현금·예금 관리에 있어 어떤 점을 주의해야 할까?

기업의 자산 중에서 가장 관리위험이 높은 현금·예금·유가증권·받을 어음 등 소위 '현금성 자산' 이라고 말할 수 있다.

따라서 이들 자산에 관한 관리는 당해 기업의 효율적인 자금관리의 기초가 될 뿐 아니라, 때로는 기업의 존망에 결정적 영향을 미치기도 하므로 대단히 중요하다.

경영자는 다음과 같은 현금성 자산에 관한 관리상 원칙을 숙지하여 관리상 활용해 봄이 바람직할 것이다.

더 자세히

◈ **현금성 자산 관리의 7원칙** ◈

① 현금·예금·유가증권·받을 어음에 관한 보조부와 자금일보를 매일 변동 발생시마다 빠짐없이 작성하여 관리에 이용하도록 한다.

② 가능한 한 현금 입금 대신 은행 온라인으로 입금시키도록 하고, 입금된 현금·수표는 당일 곧바로 은행에 입금시키는 제도(Daily intact deposit system)를 채택하도록 하며, 어음은 은행에 예탁하도록 한다.

③ 모든 지출은 소액현금을 제외하고는 가급적 어음이나 수표로 지급하도록 하고, 어음·수표발행시 미사용 어음·수표 양식을 보관하는 자와 어음·수표상에 날인하는 명판·인감 보관자를 각각 다른 사람으로 정한다.

④ 현금 지출·수입과 관련된 증빙(예 청구서, 영수증, 세금계산서 등) 및 미사용 양식의 관리에 만전을 기한다(예 사용하기 전에 사전 일련번호를 부여한 후 사용통제). 예컨대 수금담당 사원이 거래처로부터 수금한 후 사용한 회사의 영수증 상황을 정기적으로 또는 불시에 확인함으로써 수금을 했음에도 불구하고 회사에 입금되지 아니한 금액이 있

는지 유무를 발견하도록 한다. 한편, 지출된 증빙은 지출필인(PAID)을 날인하여 재사용 방지조치를 취한다.

⑤ 보조부(예 현금출납장)와 실물 잔액을 매일 또는 불시(bang basis), 수시로 제3자가 대조·확인하도록 한다.

⑥ 현금담당 직원(cashier)의 인사이동을 정기적으로 하거나 휴가를 불시에 보냄으로써 업무 인수자로 하여금 전임자로 인한 숨어 있는 문제가 있는지 확인한다.

⑦ 금고와 현금입출금기록(예 컴퓨터)에 접근을 통제하는 시스템을 도입한다.

한편, 은행계좌의 입출금은 반드시 전표에 반영하도록 한다. 개인기업이든 법인기업이든 사업과 관련된 은행예금의 입출금은 반드시 관련 증빙과 전표로 그 사유가 입증되어야 하므로 누락되지 않도록 유의해야 한다.

따라서 기업의 자금 중 일부를 사장 또는 종업원이 인출하여 일시 사용하는 경우에도 '메모 가불' 등의 편법을 사용하지 말고 가능한 한 전표처리를 하는 것이 바람직하며, 임시로 임직원에게 지급한 가지급금은 조기에 정산하도록 하여야 한다.

일일자금계획표와 현금실사표

memo

M회계사는 김사장에게 현금성 자산관리와 관련하여 다음과 같이 몇 가지 양식을 사용하여 관리해볼 것을 권고하였다.

(1) 일일자금계획표

기업을 경영하기 위하여 매일 수입되고 지출되는 자금을 사전에 계획을 세우고, 동 계획에 의하여 자금을 관리하기 위한 양식이다.

자금계획 담당자는 동 양식에 각 부서로부터 지금지출 계획을 취합하여 회사 전체 면에서 당일 총 지출 자금예상금액(A)을 파악한 후, 동 지출액을 전일로부터 자금이월시재액과 당일 수입예상자금과의 합계액인 '금일수입자금계'(B)와 비교한 후 양자의 차이(A-B)를 계산하여 동 차이가 마이너스(-)로 산출되는 경우에는 부족자금을 조달하는 계획을 세우고, 차이가 플러스(+)로 산출되는 경우에는 이를 다시 추가적 자금지출 계획 또는 자금운용 계획을 수립하거나 다음날로의 이월시재로 이월시키는 계획을 세우게 된다.

일일자금계획표는 회사의 업종과 규모에 따라 다소 차이가 있을 수 있다. 은행 차입이 있는 중소제조업의 경우에 사용하는 양식을 소개하면 다음과 같다.

일 일 자 금 계 획 표

결재	담당	대리	과장	부장	이사	상무	사장

(주)○○기업　　　년 월 일

수입자금			지급자금		
적요	거래처	금액	적요	거래처	금액
전일이월시재			(1) 지급어음결제		
(1) 보통예금인출			〃		
〃			(2)어음차입금결제		
(2) 공사수입금			(3) 당좌차월상환		
〃			〃		
(3) 당좌예금			(4) 차입금상환		
(4) 당좌차월			〃		
(5) 은행차입금			(5) 공사전도금		
〃					
〃			(6) 자재대금		
(6) 어음할인			(7) 외자재결제		
〃			(8) 영업 외 비용		
〃			(9) 일반관리비		
(7) 기타			(10) 기타		
			금일지출자금계		
			자금과부족		
			금일자금운영계획		
			(1)		
			(2)		
			(3)		
			계		
금일수입자금계			금일예정잔고		

(2) 현금실사표

현금을 취급하는 직원은 다른 부서에서 일하는 직원보다 자금유용이나 부정의 개연성이 높다고 볼 수 있다. 따라서 현금관리는 앞서 설명한 '현금성 자산관리의 7원칙'에서 설명한 것처럼 항상 현금시재를 그 시점의 장부잔액과 일치시키도록 제도화시킬 필요가 있는데, 이를 위해

현금실사표(Ⅰ)			결재	담당	과장	부장	부사장	사장
㈜ K유통 2××1년 10월 12일 현재								

구분	내역	금액	비고
타인 발행 수표			
1,000,000원 권			
500,000원 권	매		
100,000원 권	매		
원 권	3 매	300,000	
현금			
10,000원 권	15 매	150,000	
5,000원 권	2 매	10,000	
1,000원 권	7 매	7,000	
500원 화	3 매	1,500	
100원 화	2 매	200	
10원 화	매		
기타	매		
실사잔액(A)		468,700	
장부상잔액(B)		475,000	
차이(C)		7,000	
차이 원인	등기우편료 ₩7,000 미정리		

보관자 박미숙 ㉙
실사자 김철수 ㉙

현금실사표(Ⅱ)

자금일보

결 재	담당	과장	부장	부사장	사장
일자					

1. 시재표(時在表)   2××1년 월 일 현재

과목	전일잔액	금액		금일잔액	지시사항
		입금	출금		
현금					
당좌예금					
보통예금					
적금 · 부금					
정기예금					
예금 총계					
총계					

2. 어음계정

과목		전일재고	금액		금일잔액	(어음할인 한 도 관리)	
			입금	출금		항목	금액
받을 어음	30일 이내					어음할인한도	
	50일 이내					기할인액	
	계					금일할인액	
지급어음	30일 이내					금일결재액	
	50일 이내					금일한도잔액	
	계						

K유통

이용하는 양식이 '현금실사표'이다. 양식(179p 참조)은 다음과 같다.

현금실사표는 현금의 입·출을 직접 관리하지 않은 제3의 인물(㈜ 감사실 직원)에 의하여 실시하도록 하되 현금담당자에게 사전 예고 없이 불시(不時)에 실시함이 바람직하다. 왜냐하면 미리 예고하면 현금담당자가 회사의 자금을 일시적으로 유용하고 있다고 하더라도 이를 보충해 놓을 수 있는 여유를 줄 수 있기 때문이다. 이 경우 현금 실사 시 주의하여야 할 점은 현금을 보관하는 금고 안에 개인 자금이 보관되어 있거나 현금과 같은 가지급 메모나 거래처로부터 수취한 당좌수표 등이 같이 보관되어 있는지, 그리고 이들이 현금 잔액 계산시 가감이 되어 있는지 잘 살펴보아야 한다.

자금운용과 재테크

memo

> 김사장은 여유자금을 은행에 저축하고 있었는데, 최근 저축액이 4억 원을 넘었다. 영업활동을 통한 수익실현도 중요하지만 여유자금을 잘 관리하여 금융소득을 올리는 것도 회사의 수익증대를 위해 매우 중요하다는 사실을 M회계사에게 들은 김사장은 여유자금의 효율적인 관리 방안에 대하여 검토하기 시작했다.

앞서 알아본 바와 같이 기업활동의 3대 흐름은 사람, 물자 및 자금의 흐름을 가리키며, 이 중 어느 하나도 그 흐름이 원활하지 못하면 그 기업은 성장, 발전은 물론 생존조차도 곤란한 상황에 처하게 된다.

따라서 대부분의 기업들은 이러한 흐름이 원활하게 이루어지도록 관리에 만전을 기하고 있는데, 이 중 자금관리는 기업의 혈액과 같아서 그 흐름이 한시라도 중지되거나 지연되면 그 기업은 치명적인 손상을 입게 된다. 매출과 이익도 급신장하고 종업원도 이와 비례하여 증가일로에 있는 소위 우량기업이 어느 날 흑자도산(黑字倒産)하는 이유도 바로 자금의 흐름에 문제가 발생하기 때문이다.

자금의 흐름이 원활해지려면 자금의 유입, 즉 조달과 자금의 유출, 즉 운용이 효율적으로 이루어져야 한다. 이 경우 자금운용과 관련하여 못지않게 자금의 유입 시기와 외부로의 유출 시기간의 시간 차이 동안 여유자금을 어떻게 관리하는가도 전체적인 자금운용 관리의 면에서 아주 중요한 과제라고 말할 수 있다.

효율적인 자금관리, 소위 재테크의 초점은 무엇일까?

첫째, 수익성이다. 이는 재산을 가능한 한 수익이 높은 투자를 하라는 의미다.

둘째, 안정성이다. 이는 재산을 투자한 후 안전하게 회수할 수 있는 곳에 투자하라는 의미다.

셋째, 환금성이다. 이는 필요한 경우에는 손쉽게 현금으로 바꿀 수 있는 곳에 투자하라는 의미다.

사람마다 처한 입장이 다르므로, 이상의 세 가지 관점을 잘 고려하여 재산관리에 만전을 기하는 것이 좋겠다.

【기업활동】

① K유통은 여유자금 4억 원 중 1억 원은 일시적 자금운용의 목적으로 주식 5,000주를 사는 데에 사용하고, 2억 원은 앞으로 4~5년 후에 새로운 사업을 위한 본사 사옥 부지로 사용할 목적으로 토지를 구입하다. A회사 주식을 매입하는 데에 소요된 수수료 100,000과 토지 구입시 중개수수료, 등록세, 취득세 등으로 12,000,000을 지급한다.

② 상기 '①'의 주식 중 2,000주를 5천만 원에 처분한다.

③ 상기 '①'의 주식에 대한 배당금 5,000,000원을 지급받다.

【회계처리】

① (차) 단기매매증권 100,100,000*   (대) 현금 및 현금성 자산   100,100,000

　 (차) 투 자 부 동 산 212,000,000** (대) 현금 및 현금성 자산   212,000,000

　　　 *취득원가 = 100,000,000 + 100,000(지급수수료) = ₩100,100,000

　　**취득원가 = 200,000,000 + 12,000,000(취득부대비용) = ₩212,000,000

② (차) 현금 및 현금성자산   50,000,000   (대) ⌈단 기 매 매 증 권*   40,040,000
　　　　　　　　　　　　　　　　　　　　　　 ⌊단기매매증권처분이익   9,960,000

* 처분한 단기매매증권의 원가 = $100,100,000 \times \dfrac{2,000주}{5,000주}$ = ₩40,040,000

③ (차) 현금 및 현금성자산   5,000,000   (대) 배　당　수　익   5,000,000

영업활동과 회계 · 세무

 상품수불관리를 잘못하여 회사를 망하게 한 사례

memo

몇 년 전 정수기를 제조 · 판매하는 A회사의 김사장이 있었다.

그 회사에 종사하는 친구들 통해 김사장이 급히 만나자고 연락이 와서 남산 밑에 위치하고 있는 그의 사무실을 방문했다. 그의 사무실은 매년 100% 이상 매출 신장을 올리는 회사답게 크고 화려했으며, 직원들도 활기찬 모습이었다. 그러나 김사장은 무슨 이유인지 얼굴에 수심이 가득한 채로 "우리 회사는 창립 5년 만에 직원 200여 명에 매출도 매년 배 이상 성장을 거듭해 왔습니다. 그런데 요즘 날이 갈수록 왠지 모르게 불안한 생각이 듭니다. 매출은 급격히 신장이 되는데 자금수지가 불안정하고 관리상 허점이 많은 것 같은데, 어디가 어떻게 잘못되어 있는지 알 수가 없어요. 예컨대 사장이 제품재고 현황을 알고 싶어도 테이터가 제때 제대로 나오지 않고 있습니다. 세일즈맨 출신인 나로서는 관리를 잘 몰라서 그러니 선생님께서 우리 회사를 정밀하게 검토하시어 어느 곳에 어떤 문제가 있는지 살펴봐 주시기 바랍니다."

김사장의 말을 듣고 스케줄을 점검해 보니 6개월 후에야 일을 착수할 수 있을 것 같아 6개월 후, '경영진단'과 '세무진단'을 동시에 진행시키기로 약

속하고 A회사를 나왔다.

김사장과 만난 지 약 4개월 후쯤 어느 날, A회사의 친구로부터 다급한 전화를 받았다. 세무서에서 특별조사(세무조사)가 나와 회사의 모든 장부를 수거해 갔다는 것이었다.

평소 세무조사에 대한 사전 지식이나 대비가 없었던 A회사로서는 문제가 있는 사항 모두가 100% 세무당국에 노출될 수밖에 없었다. 결국 A회사는 세무조사 결과 매출 누락으로 많은 세금이 추징되었다.

법인기업의 경우 일반적으로 매출 누락이 1억 원 정도 발생되었다고 인정되면 세금도 1억 원 가량 추징되므로 매출 누락으로 판정되지 않도록 특히 유의할 필요가 있다.

A회사의 경우 재고관리가 부실했던 까닭으로 장부상 재고 수량보다 실제 재고 수량이 많이 부족했는데, 부족된 수량에 대해 모두 매출 누락으로 인정되어 막대한 세금이 추징되었던 것이다. A회사는 세금 부담을 감당하지 못하고 결국 부도를 내었고, 몇 년 후 끝내는 폐업을 하고 말았다. 참으로 가슴 아픈 일이 아닐 수 없었다.

필자의 경우 기업을 마치 살아 있는 사람과 같은 생명체라고 생각하기 때문에 어떤 기업이 문을 닫으면 사람의 임종을 본 것 같이 가슴 아프고 애석한 생각이 들곤 한다. A회사의 경우에도 사전에 좀 더 일찍 재고관리를 잘하고 세무상 문제점에 대해 잘 대처했더라면 그와 같은 안타까운 결과는 오지 않았을 것이다.

그러면 왜 이러한 불행한 사태가 야기되었을까? 그 원인을 살펴보기로 하자.

A기업의 사장인 김사장에는 밑으로 두 동생이 있었는데 바로 밑에 동생은 공장장을 맡고 있었고, 셋째 동생은 자재 및 창고관리는 맡고 있었다. 회사의 제품이 일상 생활과 밀접한 관련이 있는 정수기인데다가 동 제품이 새로 개발된 모델이라 누구나 한번 보면 갖고 싶은 물품이었기 때문에 거래처나 셋째 동생과 직접·간접으로 관계 있는 사람들에게 선물 또는 견본품으로도 자주 증정되었다. 그러나 셋째 동생의 경우 재고관리에 대한 지식이 없었고, A회사의 내부 통제 조직이 미약하였기 때문에 경영층의 허락 없이 많은 제품

이 유출되었으며, 비록 허락을 받고 출고된 경우라 하더라도 재고수불일지에 동 사실이 제대로 갖추어지지 않았다.

이로 인하여 실제는 출고되었지만 장부상 출고처리가 되지 않은 상태 하에서의 장부상 재고 수량보다 실제 재고가 터무니없이 부족하게 되었으며, 동 부족수량에 대해 세무상 매출 누락으로 간주되었던 것이다. 매출 누락으로 인정되면 부가가치세, 법인세 및 대표자 상여 처분으로 인한 소득세가 부과된다.

몇 년 후 김사장에 대한 소식을 들었는데, 그는 한국을 떠나 중국 어느 도시에 가서 보따리 장사를 하고 있다는 것이었다.

만약 김사장이 회계를 이해하고 관심을 가졌더라면 어떻게 되었을까?

결산의 중요성을 알았을 테고 그러면 재고관리를 실물과 장부 양면에서 철저히 하지 않았을까?

최소한 기업은 망하지 않았을 것이고, 잘하면 대기업으로 성장, 발전하였을지도 모르지 않겠는가?

국가를 위해서나 김사장 본인을 위해서 참으로 안타까운 일이 아닐 수 없다.

매입원가를 정확하게 관리하자

앞서 예시한 사례를 통해 알아본 A회사의 김사장과 같이 재고수불에 대해 주의를 기울이지 않고 영업만 신경 쓰는 경영자의 경우에는 어느 날 갑자기 이로 인한 경영상 낭패를 초래할 가능성이 있으므로 '재고자산은 곧 현금이다' 라는 인식 하에 그 관리를 철저히 하여야만 한다.

일반 상품매매업의 경우에는 매매를 위한 상품을, 제조업의 경우에는 제품 제조를 위한 원재료를 각각 매입하여야 한다.

이 경우 우선 대두되는 회계상의 문제는 '원가(原價)'를 어떻게 파악할 것이며, 이를 어떻게 기록, 유지할 것인가이다.

매입 원가는 크게 매입가액에 매입 운임과 보험료 등 취득과정에서 정상적으로 발생한 부대비용을 포함하여 계산한다. 이러한 내용은 주문서, 세금계산서, 입금증 및 지출결의서 등 원시증빙과 이를 기초로 작성되는 전표로 뒷받침되어야 하므로, 경영자는 이러한 회계증빙들이 제대로 갖추어진 상태에서 업무가 진행되는지 반드시 확인할 필요가 있다.

상품을 외국으로부터 수입하는 경우에는 취득가액과 상품수입에 따라 발생하는 각종 부대비용은 취득원가에 산입해야 하며, 이때 여러 상품을 동시에 수입하는 경우 취득시 소요된 부대비용은 일정한 배부 기준(예 상품별 수입취득원가 × 수입수량)에 의거하여 안분(按分)계산한 다음, 이를 각각의 상품 취득가액에 가산해야 한다.

이러한 취득원가 계산과정을 일목요연하게 알 수 있도록 하기 위해서는 NEGO 명세서를 이용하는 것이 바람직하다.

상품을 매입하기 위해 L/C를 개설하고 상품을 인수한 후, 이를 거래처에 납품하기까지의 일련의 영업활동과 관련된 회계처리를 예시하면

NEGO 명세

계	계장	과장	부장	상무	결재	계	계장	과장	부장	상무	전무	사장

1. NEGO 현황

File No.	L/C No.	L/C No.	수량	금액($)	Rate	금액(₩)

2. NEGO 대전 처리 내용

NEGO 총액		외화대체		원화대체		비고
$	₩	$	₩	$	₩	

3. 외화 · 원화 대잔 처리 명세

적요	금액		적요	금액	비고
	$	₩			
발행외환증서			우편료		
외화가수금			Nego comm		
Delay charge			Cable charge		
Banking comm			수출어음대출		
Cable charge			전금(지점)		
수입어음대출			가수금		
			LOCAL L/C		
			Delay charge		
			자기앞수표		
			Exchange charge		
			Payment charge		
			계		

(주) ××

다음과 같다.

회계처리 예시

K유통은 다음과 같이 미국에 있는 거래처에서 상품을 구입하기 위하여 L/C를 개설한 후 운임보험료와 상품대금을 지급하고 상품을 인수했다. 인수한 상품은 K주식회사에 전량 이상으로 납품했다.

【기업활동】

① K유통은 상품을 구입하기 위해 신용장을 개설하고 신용장 개설수수료(L/C open charge)로 ₩100,000 지급하다.

② 위 '①'의 상품 매입을 위한 운임·보험료로 ₩500,000 지급하다.

③ 위 상품 대금 ₩10,000,000(부가가치세 별도)을 지급하고 이에 관한 선적서류(선하증권)를 받다.

④ 위 상품을 인수하여 검수한 후 창고에 보관하다.

⑤ 위 상품을 ₩12,000,000(부가가치세 별도)에 외상으로 납품하다.

【회계처리】

① (차) 선 급 금		100,000	(대) 현금 및 현금성 자산		100,000
② (차) 선 급 금		500,000	(대) 현금 및 현금성 자산		500,000
③ (차) 미 착 상 품		10,000,000	(대) 현금 및 현금성 자산		11,000,000
부가가치세선급금		1,000,000			
④ (차) 상 품		10,600,000	(대) 미 착 상 품		10,000,000
			선 급 금		600,000
⑤ (차) 매 출 채 권		13,200,000	(대) 매 출		12,000,000
			부가가치세 예수금		1,200,000

상품수불관리는 세무관리의 기초다

상품이나 원재료와 같은 재고자산의 수불, 즉 매입과 매출은 그때그때의 관련 증빙에 의하여 정확히 기재되어 항상 창고 내의 수량과 상품수불부의 재고량과는 일치되어야 한다.

이를 위하여 정기적(예 매월 말, 3개월 말, 6개월 말 또는 매 연도 말)으로 상품·원재료 등 재고자산(在庫資産)에 대해 재고조사를 실시하여 장부상의 차이 유무를 확인하고, 차이가 발생시 그 원인분석을 실시하도록 한다.

만약 장부상의 재고량보다 실제재고가 부족한 것이 세무조사시 발견될 경우에는 동 부족분에 대한 합리적인 설명을 하지 못할 경우, 세무상 '매출누락' 으로 간주되어 많은 세 부담이 초래될 위험이 있으므로

상품수불부(작성 사례)

평가방법 : 선입선출법   품명 : ABC   규격 : 5 × 3   단위 : ___ kg

일자		적요	번호	입고			출고			재고		
				수량	단가	금액	수량	단가	금액	수량	단가	금액
3	1	전월이월		10	10,000	100,000				10	10,000	100,000
	3	매입		2	12,000	24,000				10	10,000	100,000
										2	12,000	24,000
	5	매출					4	10,000	40,000	6	10,000	60,000
										2	12,000	24,000

이 점 특히 유의해야 한다.

매출을 누락하는 경우 받게 되는 세무상 불이익

기업은 매입한 상품을 팔거나 구입한 원재료를 제조·가공하여 팔아 이익을 창출한다. 따라서 대부분의 경영자는 매출행위, 즉 영업을 최우선시하거나 중요시한다.

이와 같이 중요한 매출과 관련하여 관리 또는 회계상 유의할 점은 무엇이 있을까?

우선 매출을 누락하지 말고 성실히 회계장부에 반영하여야 한다.

만약 매출을 누락한 경우에는 당초 누락하지 않고 성실하게 세무 신고한 것보다 훨씬 많은 세무상 불이익이 있으므로 유의해야 한다. 특히 법인의 경우에는 개인보다 세무상 불이익이 더욱 크다.

매출을 누락한 경우 추징되는 세금

구분	추징되는 세금
개인기업의 경우	· 부가가치세 본세 · 부가가치세 가산세 · 소득세 본세 · 소득세 가산세 · 소득세할 주민세

구분	추징되는 세금
법인기업의 경우	· 부가가치세 본세 · 부가가치세 가산세 · 법인세 본세 · 법인세 가산세 · 법인세할 주민세 · 대표자 상여 처분으로 인한 소득세 · 대표자 소득세 가산세 · 대표자 소득세할 주민세
공통	· 조세범처벌법에 의한 벌금 · 특정범죄가중처벌에 관한 법률에 의한 벌금

이상과 같이 매출을 누락할 경우 많은 세금과 가산세를 부과당하게 되는데 법인이 매출 누락을 하게 되면 조세범 처벌이나 특정범죄에 해당하지 않는다고 해도 대략적으로 매출 누락금액만큼 세금 및 가산세가 추징되므로 매출 누락이 발생하지 않도록 특히 유의하여야 한다.

세금계산서 교부요령

매출이 발생한 경우 거래명세표나 세금계산서를 제때에 제대로 발부하여야 한다. 왜냐하면 세금계산서를 매출 내용과 달리 부실하게 발행, 교부하는 경우에는 각종 가산세 등 세무상 불이익을 받기 때문이다.

그러면 세금계산서는 무엇이고 누가 언제 교부하며, 제대로 교부하는 방법은 무엇인가를 알아보자.

'세금계산서'란 사업자가 부가가치세가 과세되는 재화나 용역을 공급하고 이를 공급받는 자로부터 부가가치세를 거래 징수한 사실을 증명해 주는 증표를 말한다.

일반과세자가 과세되는 재화나 용역을 사업자에게 공급하는 경우에는 세금계산서를 교부해야 한다. 다만, 사업자가 간이과세자인 경우에는 세금계산서를 교부할 수 없다.

사업자가 자기 사업과 관련하여 재화나 용역을 공급받고 세금계산서를 교부받으면 그 세금계산서상의 부가가치세액을 다음과 같이 공제받는다.

- 일반과세자 : 매입세액 전액 공제
- 간이과세자 : 제출한 세금계산서 등에 기입된 매입세액 × 업종별 부가
  가치율

따라서 사업자가 재화나 용역을 공급하거나 공급받을 때에는 성실하게 세금계산서를 주고 받아야 한다. 참고로 부가가치세법에서 규정하는 세금영수증의 종류는 다음과 같다.

세금계산서는 공급자 보관용(적색) 1매, 공급받는자 보관용(청색) 1

- 세금계산서 : 일반사업자가 교부
- 수입세금계산서 : 세관장이 교부
- 영수증 : 소매업·음식점업·숙박업 등과 같이 최종 소비자와 거래하는 일반과세자와 간이과세자가 교부
- 신용카드 매출전표 : 영수증으로 봄(다만, 일반사업자가 교부한 것으로 신용카드 매출전표 등에 공급받는 자와 부가가치세액을 별도 기재하고 확인해 준 경우에는 공급받는 자가 매입세액으로 공제받을 수 있는 세금계산서로 인정함)

매 등 합계 2매를 복사 발행하며, 그 중 공급받는자용 1매를 공급받는 자에게 교부한다.

사업자가 세금계산서 기재사항을 전자계산조직에 의하여 전송하고 이를 전자계산조직이나 전산 테이프 또는 디스켓으로 보관하고 있는 경우에는 세금계산서를 교부한 것으로 본다.

앞의 K유통의 매출사례와 관련된 세금계산서 작성을 예시하면 다음과 같다.

세금계산서 (공급자 보관용)						책번호		권		호	

세금계산서 (공급자 보관용)

(별지 제11호 서식)

책번호		권		호	
일련번호					

	등록번호	202 - 31 - 60286			등록번호	307 - 81 - 06812	
공급자	상호(법인명)	K 유통	성명 김철수	공급받는자	상호(법인명)	(주) ××팜글라스	성명 김××
	사업장주소	서울 중구 을지로4가 ×××			사업장주소	서울 중구 을지로4가 ×××	
	업태	도매, 제조, 소매	종목 화공약품, 세척제, 살균제 외		업태	유리 및 유리제품	종목 포장용유리용기

작성			공급가액											세액									비고
년	월	일	공란수	백	십	억	천	백	십	만	천	백	십	일	십	억	천	백	십	만	천	백	십	일	
2009	6	30	3				1	2	0	0	0	0	0	0				1	2	0	0	0	0	0	

월/일	품목/규격	단위	수량	단가	공급가액	세액
06/30	Toluen		4	3,000,000	12,000,000	1,200,000

합계금액	현금	수표	어음	외상미수금	이 금액을 (영수)(청구) 함.
13,200,000					

이상에서 알아본 세금계산서는 언제 교부해야 하는가?

원칙적으로 매출을 함으로써 재화의 이동이 필요한 경우에는 재화가 이동되는 때이며, 재화의 이동이 필요하지 않은 경우에는 동 재화가 이동 가능하게 되는 때 세금계산서를 교부해야 한다(부가가치세법 제16조, 제9조).

한편, 용역의 경우에는 용역이 제공되거나 재화·시설물 또는 권리가 사용되는 때에 세금계산서를 교부해야 한다.

이와 같은 공급 시기는 실무상으로 거래 형태가 여러 가지로 복잡하게 발생하고 있는 점을 고려하여 부가가치세법 시행령 제21조(재화의 공급 시기)와 제22조(용역의 공급 시기)로 자세히 규정하고 있으므로 세금계산서를 교부하기에 앞서 동 규정을 면밀이 검토해야 한다.

또한 매출거래마다 매번 교부하기가 불편한 점을 고려하여 거래처별로 1역월의 공급가액을 합계하여 당해 월의 말일자를 발행일자로하여 재화 또는 용역의 공급일이 속하는 달의 다음달 10일까지 세금계산서를 일괄하여 교부할 수 있도록 하는 등 세금계산서 교부특례규정도 두고 있다(부가가치세법 시행령 제54조).

 ## 신상품 개발과 개발비 처리

 memo

김사장은 급변하는 경영환경에 유연히 대처하고자 꾸준히 신상품 개발에 노력하고 있다. 신상품 개발시 연구개발 비용도 많이 지출되지만 개발 후 판로확보에도 많은 어려움이 따름을 느끼고 신상품 개발 중에도 예상되는 시장을 공략하고자 관련 회사의 임직원들과 자주 접촉하는 한편, 개발이 완료된 후에는 관련 잡지나 신문 등을 통한 광고 활동도 소홀히 하지 않았다. 그 결과 K유통은 꾸준히 성장·발전할 수 있었다.

회계처리 예시

【기업활동】

신제품 개발에 착수하고 개발비 ₩10,000,000을 지급하다(개발비 처리 요건 충족 가정)

【회계처리】

(차) 개　　발　　비　　10,000,000　　(대) 현금 및 현금성 자산　　10,000,000

이와 같이 신상품을 개발하는 경우 동 개발에 수반되는 비용은 회계상 어떻게 처리될까?

신상품 개발과 관련된 회계처리 방식은 크게 두 가지로 나뉜다.

첫째, 판매비와 일반관리비인 '연구비' 또는 '경상개발비'로 처리하는 방식이다.

이 경우는 지출된 개발비가 당해 회계연도의 비용으로 처리됨으로써 당기 순이익을 감소시키는 결과를 가져온다.

둘째, 무형자산인 '개발비'로 처리하는 방식이다.

이 경우는 지출된 개발비용이 비용으로 처리되지 않고 자산으로 처리됨으로써 당기순이익을 감소시키지 않는다. 따라서 손익구조가 좋지 않은 회사, 즉 수익보다는 비용이 많아 당기순이익이 아닌 당기순손실이 발생하는 회사의 경우에는 개발비를 가급적 경상개발비가 아닌 무형자산의 개발비로 처리하려고 노력한다. 여기에서 같은 사안을 놓고 회사에 따라 비용으로 또는 자산으로 처리하게 되면 이해관계자들로

하여금 판단에 혼선을 야기하므로 기업 회계기준에서는 이에 관하여 엄격한 처리기준을 정해 놓고 동 기준에 따르도록 강제하고 있다.

따라서 기업 입장에서는 개발 관련 비용을 회계처리할 경우 이러한 기준에 위배되지 않도록 유의하여야 한다.

더 자세히

연구비, 경상개발비, 개발비

(1) 연구비

연구라 함은 새로운 과학적 또는 기술적 지식을 얻기 위해 수행하는 독창적이고 계획적인 탐구활동을 말한다. 그리고 연구비는 연구활동과 직접 관련이 있거나 합리적이고 일관성 있는 기준에 따라 그러한 활동에 배부될 수 있는 모든 지출을 포함한다. 연구단계에 속하는 활동의 일반적인 예로서 다음과 같이 규정하고 있다.

㉠ 새로운 지식을 얻고자 하는 활동
㉡ 연구 결과 또는 기타 지식을 탐색, 평가, 최종 선택 및 응용하는 활동
㉢ 재료, 장치, 제품, 공정, 시스템, 용역 등에 대한 여러 가지 대체안을 탐색하는 활동
㉣ 새롭거나 개선된 재료, 장치, 제품, 공정, 시스템, 용역 등에 여러 가지 대체안을 제안, 설계, 평가 및 최종 선택하는 활동

한편, 프로젝트의 연구단계에서는 미래 경제적 효익을 창출할 무형자산이 존재한다는 것을 입증할 수 없기 때문에 연구단계에서 발생한 지출은 무형자산으로 인식할 수 없고 발생한 기간의 비용으로 인식해야 하며, 제품 등의 제조원가와 직접적인 관계가 없기 때문에 판매비와 관리비로 분류한다.

(근거 : 기업회계기준서 제3호 문단 40)

(2) 경상개발비, 개발비

개발이라 함은 상업적인 생산 또는 사용 전에 연구 결과나 관련 지식을 새롭거나 현저히 개발된 재료, 장치, 제품, 공정, 시스템 및 용역의 생산을 위한 계획이나 설계에 적용하는 활동으로서 연구개발보다 훨씬 더 진전되어 있는 상태를 말한다. 개발단계에 속하는 활동의 일반적인 예로서 다음과 같이 규정하고 있다.

ㄱ 생산 전 또는 사용 전의 시작품과 모형을 설계, 제작 및 시험하는 활동

ㄴ 새로운 기술과 관련된 공구, 금형, 주형 등을 설계하는 활동

ㄷ 상업적 생산목적이 아닌 소규모의 시험공장을 설계, 건설 및 가동하는 활동

ㄹ 새롭거나 개선된 재료, 장치, 제품, 공정, 시스템 및 용역 등에 대하여 최종적으로 선정된 안을 설계, 제작 및 시험하는 활동

한편, 개발단계에서 발생한 지출은 다음의 조건을 모두 충족하는 경우에만 무형자산으로 인식하고, 그 외의 경우에는 경상개발비의 과목으로 하여 발생한 기간의 비용으로 인식한다. 경상개발비는 개발활동과 직접 관련이 있거나 합리적이고 일관성 있는 기준에 따라 그러한 활동에 배부될 수 있는 모든 지출을 포함하며, 판매비와 관리비로 분류한다.

ㄱ 무형자산을 사용 또는 판매하기 위해 그 자산을 완성시킬 수 있는 기술적 실현가능성을 제시할 수 있다.

ㄴ 무형자산을 완성해 그것을 사용하거나 판매하려는 기업의 의도가 있다.

ㄷ 완성된 무형자산을 사용하거나 판매할 수 있는 기업의 능력을 제시할 수 있다.

ㄹ 무형자산이 어떻게 미래에 경제적 효익을 창출할 것인가를 보여줄 수 있다. 예를 들면, 무형자산의 산출물, 그 무형자산에 대해 시장의 존재 또는 무형자산이 내부적으로 사용될 것이라면 그 유용성을 제시하여야 한다.

ㅁ 무형자산의 개발을 완료하고 그것을 판매 또는 사용하는 데 필요한 기술적·금전적 자원을 충분히 확보하고 있다는 사실을 제시할 수 있다.

ⓑ 개발단계에서 발행한 무형자산 관련 지출을 신뢰성 있게 구분하여 측
정할 수 있다.

(근거 : 기업회계기준서 제3호 문단 41~43)

비용지출관리와 ④
회계 · 세무

 증빙은 곧 세금이다

 memo

김사장은 창업 초기부터 업무관계로 지방에 자주 출장을 가서 거래처 사장을 만나 접대를 했으나 제대로 영수증을 받지 못했다. 이 사실을 M회계사에게 이야기하고 영수증 관리에 관한 자문을 구했다.

M회계사는 김사장의 자문을 받고 업무와 관련된 지출을 할 경우 반드시 세법에서 인정하고 있는 증빙을 받아야 한다고 말하고, 증빙을 받지 못하거나 받더라도 세법이 인정하지 않는 증빙을 받을 경우에는 그만큼 비용을 세무상으로 인정받지 못하기에 세무상 불이익을 받는다고 충고했다. 즉, '증빙=세금' 이라는 점을 강조했다.

접대비 지출시 유의사항 및 증빙관리 요령

기업이 접대비를 지출할 경우 동 지출액이 세무상 인정받지 못하여 불이익을 당하지 않도록 하거나 나아가 적극적으로 절세를 위해서는 어떤 점을 유의하여야 할 것인가?

먼저 접대비의 세법상 의미를 정확히 이해하고 동 비용의 세법상 비용 인정요건을 잘 파악하여야 한다.

접대비는 기업이 사업과 관련하여 거래처나 이해관계자 등의 접대를 위하여 지출된 비용으로서, 예를 들면 내빈접대비 · 식비 · 거래처 경조금 등이 있다.

세법상 접대비를 손금으로 인정받기 위하여는, 첫째 업무와 관련되는 지출일 것, 둘째 세법상 손금인정 범위 내일 것의 두 가지 요건 충족이 요구된다.

첫째, 업무와의 관련성 여부는 그 지출의 대상, 지출의 성질 시기 및 금액 등에 의하여 판단할 문제이므로, 접대비를 지출할 경우 기업은 동 접대비가 당해 기업의 업무와 관련 있음을 입증할 수 있도록 증빙 입수와 지출내역 등에 있어 유의하여야 할 것이다. 왜냐하면 만약 접대관련 증빙이 없거나 접대비로 처리한 금액 중 업무와 관련이 없는 점이 발견된다면 이는 손금불산입되며, 그 지출의 귀속에 따라 배당 · 상여 또는 기타사외유출로 처분되어 소득 누락에 따른 법인세 · 소득세 추징은 물론 과소신고 가산세 및 납부불성실 가산세의 위험부담이 따르기 때문이다.

둘째, 세법상 접대비 손금 인정 범위라 함은 법인세법 제25조에서 규정하는 범위를 가리키는 것으로, 접대비 지출시 동 범위를 파악하여 동 범위 내에서 지출 계획을 세우는 것도 세무상 부인되는 지출의 과다발생을 억제하는 한 가지 방법이 될 수 있을 것이다.

예컨대, 당기 매출액이 5억 원으로 예상되는 중소기업 법인의 경우 당기(2009년도) 세무상 손금으로 인정되는 연간 접대비 범위액은 다음과 같이 연간 1,900만 원이 된다. 따라서 한달 평균 약 160만 원 이상 접대비를 지출할 경우 동 금액을 초과하는 금액은 세무상 손금으로 인정되지 않음을 인식하여야 할 것이다.

① 기본금액(중소기업의 경우)　　　　　　1,800만 원
② 수입금액 기준 금액(수입금액의 0.2%)　　100만 원
　　접대비 손금산입 범위액　　　　　　　1,900만 원(①+②)

한편, 실무에서 보면 기업은 복리후생비나 회의비 등으로 회계처리하여 접대비로 회계처리하지 않았음에도 불구하고 세무조사 과정에서 동 비용들이 접대비로 인정되어 손금 부인됨으로 말미암아 세무상 많은 불이익을 받는 사례를 종종 보게 되는데, 이 점 유의하여야 할 것이다.

또한 비용이 지출되었을 때 그 비용이 접대비에 해당하는지 여부를 잘 판단하여야 한다. 왜냐하면 전액 손금으로 인정되는 비용을 잘못 판단하여 접대비로 처리하게 되면 세법상 접대비 한도 초과가 될 경우 전액 손금불산입되기 때문에 기업의 세액을 가중시키는 결과가 되며,

이와 반대로 접대비에 해당하는 비용을 타비용으로 처리하게 되며, 동 비용은 세무조사시 다시 접대비에 포함되어 법인세 또는 소득세와 소 득 누락에 따른 가산세의 추가부담이 따르기 때문이다.

이 경우 접대비에 유사한 비용으로서 주의하여야 할 비용으로는 광 고선전비, 판매부대비용 및 기부금 등이 있다.

한편, 기업이 계상하고 있는 접대비는 그 지출의 상대방·지출목 적·지출금액·접대의 내용 등에 비추어 법인의 업무와 관련이 있다고 인정될 수 있는 것이어야 하므로, 거래증빙서류와 내부통제의 근거 등 객관적인 자료에 의하여 접대 사실을 입증하여야 한다.

또한 법인의 접대비 지출 사실에 대한 거증은 거래 당시의 실질 내 용에 의하는 것이므로 단순히 거래처의 휴·폐업으로 거래 사실을 확 인할 수 없는 사유만으로는 세법상 거래를 부인할 수 없다.

그리고 임직원 접대비를 지출할 경우 가능한 한 법인의 신용카드를 사용하도록 권장한다.

왜냐하면 내국 법인이 1회의 접대에 지출한 접대비 중 법인세법 시 행령 제41조 제1항에서 정하는 일정금액(2008. 1. 1 ~ 2008. 12. 31 : 3만 원, 2009. 1. 1 이후 : 1만 원) 이상의 접대비를 지출할 경우 이를 손금으로 인정받기 위하여는 법인의 신용카드나 현금영수증을 의 무적으로 사용하도록 규정하고 있기 때문이다.

한편, 경조금인 경우에는 비록 거래처라 하더라도 1회 20만 원까지 는 이와 같은 세금계산서나 현금영수증 같은 증빙이 없어도 비용으로 인정된다.

【기업활동】

① 관리사원으로부터 지방출장 보고를 받고 총 출장비 ₩500,000 중 이미 전도한 ₩400,000(가지급금을 처리함)을 차감한 나머지 ₩100,000을 추가로 지급하다.

② 김사장은 거래처 송이사에게 점심을 접대하고 ₩80,000을 지출하다.

③ 잡지에 신제품을 소개하는 광고를 내고 광고비 ₩200,000을 지급하다.

【회계처리】

① (차) 여 비 교 통 비	500,000	(대) 가 지 급 금	400,000		
		현금 및 현금성 자산	100,000		
② (차) 접 대 비	80,000	(대) 현금 및 현금성 자산	80,000		
③ (차) 광 고 선 전 비	200,000	(대) 현금 및 현금성 자산	200,000		

세법상 인정되지 않는 비용 지출에 유의하라

memo

김사장은 아내의 생일을 맞아 백화점에 가서 선물을 사고 아내와 같이 식사를 한 후, 법인카드로 결제를 하였다. 이튿날 카드영수증을 경리사원에게 주고 회사 경비로 처리하라고 지시하였다. 이러한 경우 과연 세법상 회사 비용으로 인정받을 수 있을까?

이러한 경우에는 김사장이 지출한 비용은 회사의 업무와 관련 없기 때문에 세법상 비용으로 인정되지 않는다.

기업의 세금(개인기업의 경우는 사업소득세, 법인의 경우는 법인세)은 총수입금액에서 세법상 인정되는 비용(손금)을 공제한 금액(과세표준)에 세율을 적용하여 계산한다.

- 총수입금액 − 총비용금액 = 과세표준
- 과세표준 × 세율 = 기업의 소득세액

따라서 비용을 지출한 경우 동 비용 지출이 세법상 인정될 수 있겠는가가 중요한 문제이므로, 이를 입증하도록 경리담당자와 경영자는 같이 노력해야 한다.

이때 주의해야 할 점은 접대비를 비롯한 제한 비용 지출시 동 지출이 업무와 관련 있음을 증명하는 유효한 증빙이 뒷받침되어야 하며, 또한 동 지출이 기업 내의 책임 있는 의사결정 담당자의 승인이 있었는가가 전표상으로 입증되어야 하는 점이다.

따라서 모든 전표에는 원칙적으로 담당자의 서명(날인)과 함께 내부전결권자의 승인에 관한 서명(날인)이 있어야 하며, 이러한 절차 없이 형식적으로 전표를 작성하지 않도록 유의해야 한다.

참고로 지출 경비의 업무관련성 여부에 관한 국세당국의 판단 사례를 소개하면 다음과 같다.

세법상 경비의 업무 관련성 여부 판단 사례

1. 업무와 직접 관련 없는 경비로 보는 경우 : 비용 불인정
   ① 사택 또는 합숙소의 관리비·유지비·사용료 중에서 사용인이 부담 해야 할 경비인 냉난방비, 전기·수도요금, 전화요금, 엘리베이터 사용료, 방범비, 가스대 등을 법인이 부담한 경우
   ② 골프장업을 영위하는 법인이 캐디의 친목회에 지급하는 보조금
   ③ 개인 명의의 호텔 테니스클럽 회원권 획득에 대한 보증금고 이용료 (국심 90서 1753, 1990. 11. 27)
   ④ 타 법률에 의해 구상권을 행사할 수 있는 경우의 법인의 사용인인 운전사의 업무 수행 중 발생한 사고보상비

2. 업무와 직접 관련 있는 경비로 보는 경우 : 비용 인정
   ① 법인이 공장을 인수한 후 구 공장 대지를 아직 매각하지 못하고 보 유하고 있는 경우, 이에 대하여 지출한 재산세 등 제세공과금(법인 1234.21 -3342, 1976. 12. 7)
   ② 금융기관이 저당권의 실행으로 취득한 자산의 매각시 발생하는 비용 (법인 1264.21-125, 1985. 1. 15)
   ③ 종업원의 복리후생을 위하여 취득 또는 임차하여 당해 목적에 사용 하는 부동산의 취득 및 관리에 소요되는 비용 중 자본적 지출 이외 의 제비용(법인 22601-1411, 1986. 4. 30)
   ④ 기술도입 계약에 의한 현지 지도를 위하여 체재중인 외국인 기술자 의 국내 체류에 필요한 생활용품을 계약의 내용에 따라 외국인 기술 자에게 무상으로 제공했을 경우(외입 22601-1650, 1986. 5. 21)
   ⑤ 회사 소유의 아파트에 임원이 입주하여 사택으로 사용하는 한편, 중 요한 회의 개최, 외국 고객과 행사 등 대내외 업무를 수행하고 있는 경우에 발생하는 아파트 관리유지비 등

여비교통비가 손금으로 용인되기 위한 요건은?

기업의 임직원들이 회사의 업무 수행 과정에서 국내 또는 해외로 출장을 다니고 이로 인한 여비교통비를 지출한다.

이와 같이 임직원들이 지출하는 여비교통비는 모두 세법상 비용으로 인정될 수 있을까?

'여비교통비'는 '여비'와 '교통비'의 복합적인 개념으로서, '여비'는 통상 기업의 임원 및 종업원이 업무를 수행하기 위하여 비교적 먼 곳으로 출장 가는 경우에 소요되는 국내외 출장여비 및 전근·부임여비를 포함한다. 예를 들면, 철도운임·항공운임·택시비·선임·일당·숙박료·식사대 및 기타 출장에 따른 부대비용을 가리킨다.

한편, '교통비'는 상기 여비 이외의 시내 출장비나 일시적인 주차료 등을 가리킨다.

이러한 여비교통비를 세무상 손금을 인정받기 위해서는 첫째, 업무와 관련이 있어야 하며, 둘째, 실제로 발생한 비용, 즉 실비변상적인 범위 내에서 지급될 것이 요청된다. 만약 이러한 요건에 어긋나게 지급되는 금액이 있다면 이는 손금불산입되며, 또한 당해 임·직원에 대한 상여로 처분되므로 유의해야 한다.

따라서 모든 여비교통비는 법인의 업무 수행상 필요하다고 인정되는 범위 안에서 지급규정, 사규 등의 합리적인 기준에 계산하고, 출장명령서 및 숙박비 영수증 등 관련증빙과 객관적인 자료에 의해 지급 사실을 입증해야 한다. 다만, 사회통념상 부득이하다고 인정되는 범위 내의 비용(예 시내버스비)과 당해 법인의 내부통제 기능을 감안하여 인정할 수 있는 범위 내의 지급은 원시증빙이 아닌 대체적인 방법(예 지출결의서 등)에 의해 입증할 수 있다.

한편, 법인이 임원 또는 사용인이 아닌 지배주주 등에게 지급한 여비 또는 교육훈련비는 손금으로 인정되지 않는다.

해외여비 지급시 유의해야 할 점

memo

> 김사장은 관내 상공회의소에서 모집한 해외 산업시찰 겸 관광여행 프로그램에 부인과 같이 참여하기로 신청하였다. '이러한 경우 발생되는 해외여비는 세법상 회사 비용으로 인정될 수 있을까?' 하고 김사장은 의문이 들었다.

한편, 기업 규모가 커지고 사업영역이 국제화될수록 임직원들의 해외출장도 빈번해진다. 이 경우 해외출장에 따른 여비를 세무상 전액 손금으로 인정받을 수 있는가가 문제다.

세법상 해외 여비교통비에 대하여는 당해 해외여행의 목적·여행지·여행경로 및 기간 등을 구체적으로 검토하여 당해 여비가 업무 수행상 필요한지 여부를 판정하도록 하고 있는 바, 이의 입증 책임은 회사에 있으므로 이에 대한 신중한 대비가 필요하다.

다음과 같은 여행은 원칙적으로 법인의 업무 수행상 필요한 해외여행으로 인정되지 않으므로 주의해야 한다.

① 관광여행의 허가를 얻어 행하는 여행

② 여행알선업자 등이 행하는 단체여행에 응모하여 행하는 여행

③ 동업자 단체, 기타 이에 준하는 단체가 주최하여 행하는 단체여행으로서 주로 관광 목적이라고 인정되는 것

<관광여행>

<여행알선업자의 단체관광>

<동업자 단체의 여행>

그러나 예를 들어 '관광여행의 허가를 얻어 행하는 여행 등'이기 때문에 업무 수행상 필요한 해외여행으로 보지 않게 되는 경우에도 여행지 및 수행한 일 등의 내용으로 보아 법인의 업무와 직접 관련된 부분이 있는 경우에는 이를 입증할 경우, 동 부문에 해당하는 여비는 법인의 여비로서 손금에 산입할 수 있다.

이와 반대로 해외여행은 그 해외여행 기간에 걸쳐 법인의 업무 수행상 필요하다고 인정할 수 없는 여행을 겸한 때에는 그 해외여행에 관련하여 지급하는 여비를 법인의 업무 수행상 필요하다고 인정되는 여행 기간과 인정할 수 없는 여행 기간과의 비율에 의해 안분(按分)하여 업무 수행과 관련 없는 여비는 이를 당해 임원 또는 사용인에 대한 급여로 본다.

이 경우 해외여행의 직접적인 동기가 특정 거래처와의 상담·계약의 체결 등 업무 수행을 위한 것인 때에는 그 해외여행을 기회로 관광을 병행한 경우에도 그 왕복교통비(당해 거래처의 소재지 등 그 업무를 수행하는 장소까지의 것에 한함)는 업무 수행에 관련된 것으로 본다.

그리고 해외여행을 할 경우 단독으로 갈 경우도 있지만, 장기적인 여행일 경우 가족을 동반하고 여행할 경우가 보통이다. 이러한 경우에 당해 동반가족에 대한 여비를 법인이 부담했을 경우에는 이를 어느 정도까지 세법상 손금으로 인정할 것인가가 문제다.

세법상 원칙적으로 임·직원이 법인의 업무 수행상 필요에 의하여 해외여행을 함에 있어 동 여행의 목적을 달성하기 위해 동반이 필요한 경우라면 법인의 여비로서 손금이 용인되지만, 그렇지 않은 경우라면 당해 임·직원에 대한 급여로 본다.

다음과 같은 경우는 세법상 해외여행의 목적을 달성하기 위해 필요한 동반으로 인정된다.

① 그 임원이 상시 보좌를 필요로 하는 신체장애자이므로 동반하는 경우

② 국제회의 참석 등에 배우자를 필수적으로 동반하도록 하는 경우

③ 그 여행의 목적을 수행하기 위하여 외국어에 능숙한 자 또는 고도의 전문적인 지식을 지닌 자를 필요로 하는 경우에 그러한 적임자가 법인의 임원이나 사용인 가운데 없기 때문에 임시로 위촉한 자를 동반하는 경우

따라서 여비교통비에 관한 회계처리시 위와 같은 제반 사항을 고려하여 당해 여비교통비가 업무와 관련 있음을 증명할 수 있도록 대비해야 할 것이다.

전술한 김사장의 사례의 경우는 동업자단체가 주관한 관광여행이 목적이므로 본인과 부인 때문에 발생한 해외여비는 세법상 전액 회사의 비용으로 인정되지 않는다.

 ## 광고선전비의 손금 인정 요건은?

광고선전비란 상품이나 제품의 판매 촉진을 목적으로 광고활동과 선

전활동에 소요되는 비용을 뜻하며, 이러한 광고활동 및 선전활동의 대상이 불특정 다수인이란 점에서 특정인을 대상으로 하는 접대비와 다르며, 상품이나 제품의 내용이 이미 개발이 완료된 품목이란 점에서 신제품이나 신판로 개척을 위하여 지출하는 개발비와 그 성격이 다르다.

따라서 광고선전비가 손금으로 인정되기 위해서는 첫째, 비용의 지출이 회사의 업무(광고활동)와 관련이 있어야 하며, 둘째, 동 광고비의 지출 대상이 불특정 다수인이어야 하는 점에 충족되어야 한다.

예컨대 법인이 광고선전의 목적으로 견본품 · 달력 · 수첩 · 부채 · 컵 또는 이와 유사한 물품을 불특정 다수인이게 기증하기 위해 지출한 비용은 지출한 사업연도의 소득계산상 비용으로 인정받는다.

기부금 지출

memo

김사장은 어버이날을 맞아 공장 인근에 위치한 양로원을 방문하여 불우한 노인들을 위로했다.

예전부터 '효(孝)는 만행(萬行)의 근본'이라는 생각과 더불어 '자기를 이 세상에 태어나게 하고 길러주신 부모님을 잊거나 소홀히 하는 사람이 과연 어떠한 일을 제대로 할 수 있겠는가?'라는 신념을 가지고 있었던 김사장은 평소에도 부모님에 대한 효도를 극진하게 했지만, 주변에 불우한 노인이 있으면 남모르게 적극적으로 도움의 손길을 펴왔다.

이와 같이 불우이웃을 돕기 위해 지출하는 비용은 회계상 '기부금'으로 처리한다.

기부금이란 상대방에게 법인의 사업과 직접 관계 없이 무상으로 증여하는 금전, 기타의 자산가액을 말한다.

또한 법인이 소유하고 있던 자산을 정당한 사유 없이 정상가격보다 낮은 가격으로 특수한 관계가 없는 자에게 양도하거나 법인이 정당한 사유 없이 자산을 정상가격보다 높은 가격으로 매입한 경우에도 그 정상가격과의 차액은 각각 상대방에게 기부한 것으로 간주한다.

이때 정상가격이란 세법상 시가에 시가의 100분의 30을 가산하거나 100분의 30을 차감한 범위 내의 가액으로 규정하고 있다.

정상가격이란?

$$시가 - (시가 \times 30\%) \leq \boxed{정상가격} \leq 시가 + (시가 \times 30\%)$$

이러한 기부금은 세법상 전액 손금으로 인정하지 않는 '비지정기부금(非指定寄附金)', 일정한 범위액 한도 내에서 손금으로 인정되는 '지정기부금(指定寄附金)' 및 당해 사업연도의 소득금액에서 이월손금을 차감한 그 액의 범위 내에서 전액 손금이 인정되는 '국가 등에 지급한 기부금' 등 세 가지로 분류되는 바, 각각 세법의 관련 규정에 의거 손금산입 가능 여부를 검토함에 유의하도록 한다.

회계처리 예시

【기업활동】

　이웃에 위치한 양로원에 음료수와 과일(원가 : ₩100,000)을 구입해 전달하다.

【회계처리】

　(차) 기　　부　　금　　　100,000　　(대) 현금 및 현금성 자산　　　100,000

직원관리와 회계 · 세무

 기업이 사람을 고르지 않고, 사람이 기업을 고른다

 memo

매년 가을이면 회사마다 졸업예정인 학생들 중 우수한 인재를 신입사원으로 뽑고자 취업설명회를 개최한다.

이렇게 보면 기업이 인재를 고르고 뽑는다고 생각된다. 과연 그럴까?

K대학에 다니는 A군이 있었다.

어느덧 4학년 2학기에 접어들었다. 직장이 결정되거나 진학으로 진로를 결정하는 친구들이 한 둘 늘어가고 있으나, A군은 아직 어디로 가야 할지 망설이고 있었다. 비록 오라는 데는 없어도 갈 곳을 선택할 권리는 있다고 자위하면서 진로문제도 상의할 겸 작년에 취업해 전자회사에 다니고 있는 박선배를 만나러 갔다.

"박선배님, 도대체 어떤 회사를 택해야 할지 모르겠어요. 기업을 판별하는 방법을 가르쳐 주세요."

"나도 자네처럼 기업을 선택할 때 많은 고민을 했지, 우선 대기업이 좋은가 아니면 중소기업이 좋은가, 제조기업이냐 무역업체냐 등부터 시작해서 사장은 어떤 사람이고 생산제품, 종업원 수, 위치, 급여의 정도, 장래의 전망 등 생각해야 할 게 이루 헤아릴 수 없이 많아 나중에는 아예 연필 굴리기까지 하는 해프닝이 벌어지기까지 했어. 지금 생각해 보면 참 웃기는 행동이었지. 떡줄 사람은 생각지도 않는데 김칫국부터 마신 격이니 말이야. 내 생각에는 기업을 선택할 때 생각의 출발점을 선택할 기업에 두지 말고 나에게 두는 것이 오히려 바람직하지 않을까 생각해. 나의 전공, 적성, 미래의 꿈, 좋아하는 분야, 실력 등에서 출발하면 선택할 수 있는 기업 수가 훨씬 줄어들 것이고, 그만큼 최적의 기업을 찾기가 쉬울 거야, 이때 특히 유의하여야 할 것은 나 자신을 평가하고 분석할 때는 가능한 한 나를 벗어나, 마치 남이 나를 보듯이 객관적으로 나를 보아야 한다는 점이네.

왜냐하면 나 스스로를 벗어나지 못하고 나를 보면 욕심이 생기게 되고, 욕심이 생기면 올바른 판단을 하기 힘들어지기 때문이야. 일단 나 자신에 대해 분석을 했으면 대상 기업을 찾아야 되겠지. 후보 기업들을 선정하여 기업끼리 서로 비교해 보면 어떤 기업이 우수한지 쉽게 드러나게 되겠지. 그러면 기업을 비교할 때 어떤 기준을 가지고 비교하는 것이 좋을까?"

"선배님, 기업의 모습을 잘 보여주는 것이 재무제표라고 하던데 비교하고자 하는 기업들의 재무제표를 가지고 비교하면 되지 않을까요?"

"바로 맞혔어. 자네 말대로 알아보고자 하는 기업의 재무제표, 즉 재무상태표, 손익계산서, 이익잉여금처분계산서 및 현금흐름표를 입수해 비교해 보면 될 거야. 문제는 기업의 재무제표를 어디서 어떻게 구할 수 있을까인데, 일반적으로 알아보고자 하는 기업에 근무하는 친지나 선배를 통하거나 기업체에 관한 조사서적을 통하여 입수할 수 있겠지."

이상의 대화에서 알 수 있듯이 일차적으로는 기업이 인재를 고르고 채용하기도 하지만, 거꾸로 사람이 자기가 근무하고 싶은 기업을 선택하기도 한다.

이러한 점을 고려하여 마치 꽃들이 나비나 벌을 유혹하기 위해 현란한 색깔로 치장하거나 진한 향기를 온 세상에 내 품듯 기업은 우수한 인재를 채용하기 위해서는 자사가 경쟁적 위치에 있는 타 회사보다 월등이 좋다는 것을 보여주고 입증하여야만 하는데, 이때 대표적으로 제시되는 자료 중의 하나가 바로 재무제표이다.

따라서 좋은 직장을 구하기 위해서는 기업이 제시한 재무제표를 통하여 당해 기업이 성장하는 기업인가? 재무구조는 우량한가? 유동성은 안전한가? 등을 면밀히 분석해볼 필요가 있다.

종업원의 채용과 급여지급관리

memo

K유통은 사업 초기에는 경비를 절감하고자 사업체를 김사장 본인과 현금출납담당인 B양만으로 꾸려갔으나, 점차 상품의 물량과 거래처의 수가 증가되어 처리해야 할 업무가 늘어남에 따라 새로운 직원을 채용하기로 했다.

우선 무역업무를 담당할 여직원 1명과 차량운전기사 겸 상품관리 요원으로 남자직원 1명을 채용했다. 이들을 채용시 아는 사람으로부터 추천을 받았지만 만일에 일어날지도 모르는 사고에 대비하여 신원보증보험에 가입하도록 했다.

한편, 예전에는 김사장 자신과 B양만 일을 했으므로 상품판매에 따른 수입은 모두 김사장 명의로 개설된 통장에 입급하고 급여도 원천징수 없이 매월 1,000,000원씩 지급하였으나, 이제는 종업원을 새로 채용하게 되었으므로 매월 말 급여일이 되면 급여를 지급하고 갑종 근로소득세를 원천징수·납부해야 하는 새로운 업무가 추가되었다.

매월 급여지급시 급여의 계산과정이 명시된 급여대장 또는 급여지급 명세서를 작성하여 총급여액(기본급+수당+상여금)에서 각종 공제사항(갑근세+주민세+의료보험+국민연금)을 공제한 후 실수령을 종업원에게 지급하거나 은행의 급여자동이체 시스템을 이용하여 지급하도록 한다.

이 경우 급여를 수령받는 사실을 종업원들로부터 날인을 받거나 서명을 받도록 하며, 장기간 수령해 가지 않은 급여의 유무 및 미수령원인을 확인하여 적절한 조치를 취하도록 한다.

한편, 급여를 지급할 때 원청징수한 소득세 등 제세공과금이 다음달 납입일에 제대로 납입이 되는지 장부와 전표 등을 통해 수시로 확인해 볼 필요도 있다.

인건비(예 급여 · 임금 · 잡금 · 수당 · 상여금 등)는 당해 기업의 업무와 관련이 있는 한 원칙적으로 비용(손금)으로 인정한다.

따라서 지출된 인건비가 당해 기업의 업무와 관련 있음을 증빙(예 인건비 영수증 및 수령자 주민등록등본 등)에 의해 입증할 수 있어야 한다.

그러나 인건비의 종류에 따라 또는 지급 내용에 따라 세법상 그 비용을 부인하거나 일부에 한해 비용으로 인정하는 경우가 있다. 그 사례를 요약하면 다음과 같다.

더 자세히

구분	수령자	세법상 규정
보수급여 임금	노무출자사원	손금불산입(이익처분에 의한 상여로 봄)
	상근임원	손금산입
	비상근임원	원칙적으로 손금에 산입하나 부당행위계산부인의 대상이 되는 부분은 손금불산입
	사용인	손금산입
보수급여 임금	임원	• 손금산입. 다만, 이익처분에 의한 상여금과 정관·주주총회 또는 사원총회나 이사회의 결의에 의한 결정된 급여지급 기준에 의해 지급하는 상여금을 초과하는 상여금은 손금불산입 • 법인이 지배주주 등(특수관계에 있는 자를 포함한다. 이하 이 항에서 같다)인 임원 또는 사용인에게 정당한 사유 없이 동일 직위에 있는 지배주주 등 외의 임원 또는 사용인에게 지급하는 금액을 초과하여 보수를 지급한 경우, 그 초과금액은 이를 손금에 산입하지 아니함 • 상근이 아닌 법인의 임원에게 지급하는 보수는 부당행위(법인세법 제52조)에 해당하는 경우를 제외하고 이를 손금에 산입함
	사용인	손금산입, 다만, 이익처분에 의한 상여금은 손금불산입
퇴직금	임원	① 정관에 규정되어 있는 경우에는 동 규정액 범위 내에서 손금산입 ② 정관에 규정되어 있지 않은 경우는 퇴직일로부터 소급하여 1년간의 총급여액(급여지급 기준을 초과한 상여 등 제외)에 10분의 1에 상당하는 금액에 근속연수를 곱하여 산출한 금액의 범위 내에서 손금산입
	사용인	손금산입
기타	종업원	① 불우 종업원에게 지급하는 생계비 및 학비보조금은 인건비로 보아 전액 손금산입

구분	수령자	세법상 규정
기타	종업원	② 종업원에게 지급하는 부임수당은 전액 손금산입. 다만, 그 수당 중 이사에 소요되는 비용 상당액은 여비교통비로 보며, 이를 초과하는 부분은 인건비로 처리 ③ 법인이 사용인에게 지급하는 자녀교육비 보조금은 동 사용인에 대한 인건비로 보아 손금산입 ④ 종업원을 수익자로 하는 보험료(선원보험료, 상해보험료, 신원보증보험료, 퇴직보험료 등)는 법인세법 시행령 제44조의 제2항에 규정하는 퇴직보험료 등과 국민건강보험법 및 고용보험법에 의해 법인이 부담할 금액을 제외하고, 이를 종업원에 대한 급여로 처리 ⑤ 현실적으로 퇴직하지 아니한 사용인 등에 지급한 퇴직금은 현실적으로 퇴직할 때까지 당해 사용인 등에 대한 업무와 관계없는 가지급금으로 봄

 회계처리 예시

【기업활동】

종업원 3명에 대한 급여는 총 ₩4,500,000이었는데, 이들에 대한 소득세 등 원천징수분 ₩200,000을 차감하고 지급하다.

【회계처리】

(차) 급 여	4,500,000	(대) 현금 및 현금성 자산	4,300,000
		예 수 금	200,000

원천징수란 무엇이며, 그 요령은?

우리는 급여를 받을 때 자기도 모르는 사이에 급여 총액에서 일부 세금이 공제되어 그 차액만 지급되는 것을 경험한다. 또한 은행에서 예금에 대한 이자를 지급받을 때도 일정 세금이 사전에 차감된 잔액을 지급받는다. 이와 같이 본인이 소득을 지급받기 전에 일부 세금이 원천적으로 징수되는 것을 원천징수(源泉徵收)라고 부른다.

이와 같이 소득을 지급받는 자의 입장에서도 원천징수는 중요하지만, 이러한 소득을 지급하는 자 입장에서도 원천징수는 어떤 소득에 대해 얼마나 어떻게 징수하여야 할 것인가를 판단하여야 하므로 중요한 사안이다.

그러면 원천징수는 세법상 무엇이며, 어떤 경우에 얼마나 징수하여야 하는가?

'원천징수(源泉徵收)' 란 원천징수 대상이 되는 소득을 지급할 때 이를 지급하는 기관이나 사업자(원천징수의무자)가 그 금액을 받는 사람(납세의무자)이 내야 하는 세금을 떼어서 대신 납부하는 제도를 말한다. 따라서 원천징수 납부의 경우 실제로 부담하는 '납세의무자' 와 이를 납부하는 '원천징수의무자' 가 다르다.

원천징수는 원천징수 대상이 되는 소득이나 수입금액을 지급할 때 징수해야 한다. 원천징수 의무자가 원천징수를 해야 할 원천징수 대상 소득은 다음과 같다(소득세법 제127조 제1항).

① 이자소득금액

② 배당소득금액(소득세법 제17조 제3항 단서의 규정에 의해 총수입금액에 가산하는 배당소득금액을 제외한다)

③ 소득세법 시행령 제184조의 규정이 정하는 사업에서 발생하는 사업소득에 대한 수입금액

④ 갑종에 속하는 근로소득금액(봉급·상여금 등)

⑤ 연금소득금액

⑥ 기타소득금액(상금·강연료 등 일시적 성질의 소득)

⑦ 갑종에 속하는 퇴직소득금액

⑧ 봉사료수입금액

위 규정에 의한 원천징수를 하여야 할 자를 대리하거나 그 위임을 받은 자의 행위는 수권 또는 위임의 범위 안에서 본인 또는 위임인의 행위를 보고 그 지급을 위임받은 자에 대해서도 적용한다(소득세법 제127조 제2항).

원천징수 세율은 원천징수 대상이 되는 소득의 종류에 따라 각각 다르다.

이자소득의 경우는 일반 금융이자는 14%, 비영업대금의 이자는 25%이며, 배당소득의 경우는 14%, 근로소득의 경우는 6~35%(월급을 받는 일반급여자)와 8%(일용근로자)가 각각 적용된다.

원천징수한 세금은 그 징수일이 속하는 달의 다음달 10일까지 원천징수 관할세무서·한국은행 또는 체신 관서에 납부해야 한다(소득세법 제 128조).

(예) • 원천징수일 : 7월 25일

• 원천징수세액의 납부기한 : 8월 10일

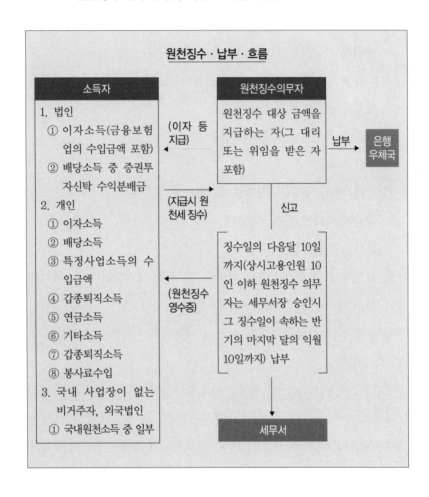

원천징수 · 납부 · 흐름

소득자	원천징수의무자
1. 법인 　① 이자소득(금융보험 　　업의 수입금액 포함) 　② 배당소득 중 증권투 　　자신탁 수익분배금 2. 개인 　① 이자소득 　② 배당소득 　③ 특정사업소득의 수 　　입금액 　④ 갑종퇴직소득 　⑤ 연금소득 　⑥ 기타소득 　⑦ 갑종퇴직소득 　⑧ 봉사료수입 3. 국내 사업장이 없는 　비거주자, 외국법인 　① 국내원천소득 중 일부	원천징수 대상 금액을 지급하는 자(그 대리 또는 위임을 받은 자 포함)

(이자 등 지급) ◀┈┈

(지급시 원천세 징수) ▶

납부 → 은행 우체국

신고

(원천징수 영수증) ◀

징수일의 다음달 10일
까지(상시고용인원 10
인 이하 원천징수 의무
자는 세무서장 승인시
그 징수일이 속하는 반
기의 마지막 달의 익월
10일까지) 납부

↓

세무서

교육 및 복리후생제도 도입

memo

　김사장은 늦게 시작한 사업이니만큼 열심히 일했고, 그 결과 사업의 규모도 점점 커져 이제는 김사장이 모든 것은 직접 관리하기 어렵게 되었다. '관리'는 자기가 달성하고자 하는 목적을 스스로의 노력이 아닌 타인을 통해 달성하도록 하는 것이라는 어느 학자(G. R. Terry)의 말대로 김사장은 자기의 일을 분담하고 장차 기업이 성장할 경우 전문경영자로 키울 수 있는 인재를 찾고자 관리사원을 1명 더 채용했다.

　그리고 관리사원은 사장 입장에 서서 계획(plan)하고 계획대로 업무 수행이 이루어질 수 있도록 지휘·통제할 수 있는 능력을 갖추어야 된다고 판단하여 그룹전문 교육기관에 위탁교육을 보내기로 했다.

　한편, 종전에 미처 신경을 쓰지 못했던 부분, 예컨대 종업원들의 생일이나 크고 작은 애·경사에 대해서도 관심을 가지게 되었다.

　또 초기에 채용했던 직원들이 입사 3개월이 지나 이제는 정식사원이 됨에 따라 급여도 조정하기로 했다.

　김사장은 사업에 관해 상담차 찾아뵈었던 모교 은사의 가르침 중 다음 말씀을 되새기며 'K유통의 경우 과연 유인과 공헌이 균형된 상태이며 살아 있는 조직이라고 말할 수 있을까?'라고 자문한 후, 경영자 입장에서 먼저 이 정신에 충실하고자 다짐했다.

현행 세법상 복리후생비로서 손금으로 용인되는 것은 다음과 같다.

① 직장체육비

② 직장연예비

③ 우리사주조합의 운영비

④ 「국민건강보험법」 및 「노인장기요양보험법」에 따라 사용자로서 부담하는 보험료 및 부담금

⑤ 「영유아보육법」에 의하여 설치된 직장보육시설의 운영비

⑥ 「고용보험법」에 의하여 사용자로서 부담하는 보험료

⑦ 기타 임원 또는 사용인에게 사회통념상 타당하다고 인정되는 범위 안에서 지급하는 경조사비 등 위 ① 내지 ⑥의 비용과 유사한 비용

따라서 기업의 입장에서는 비록 종업원의 복리후생 차원에서 지출한 비용(예 연말 종업원 회식비 등)이라 하더라도 위에 열거한 복리후생비 비목에 해당하지 않는 것은 세법상 복리후생비에 해당하지 않으며, 해당 비목의 성질에 따라 개별적으로 판단(예 업무와 관련된 회의비 여부)하여 비용 인정 여부가 결정됨에 유의하여야 한다(법인세법시행령 제45조).

회계처리 예시

【기업활동】

① 관리사원을 전문교육기관에 위탁교육을 보내고 교육비 ₩300,000을 지출
하다.

② 차량기사 생일날에 케이크 및 선물대로 ₩100,000을 지급하다.

③ 비서 여직원에 모친 회갑에 축의금조로 ₩200,000을 지급하다.

④ 전 종업원에 대한 상여금 ₩4,000,000을 지급하다. 원천징수 소득세액은
₩500,000이다.

【회계처리】

① (차) 잡   비   300,000   (대) 현금 및 현금성 자산   300,000
    (또는 교육훈련비)

② (차) 복 리 후 생 비   100,000   (대) 현금 및 현금성 자산   100,000

③ (차) 복 리 후 생 비   200,000   (대) 현금 및 현금성 자산   200,000

④ (차) 급   여   4,000,000   (대) 현금 및 현금성 자산   3,500,000

                                          예   수   금   500,000

종업원의 퇴사와 퇴직급 지급처리

memo

K유통의 본사에서 김사장의 비서로 근무하고 있던 미스박이 결혼과 함께
퇴사를 하게 되었다. 김사장은 그동안 수고한 미스박에게 송별회를 베풀어주
고 퇴직금을 지급하기로 하였다.

법인의 일반사원이 아닌 임원이 현실적으로 퇴직함으로 인해 지급하는 퇴직금은 세법상 다음과 같은 금액의 범위에 한하여 손금에 산입한다(법인세법 시행령 제44조).

첫째, 정관에 퇴직금(퇴직위로금 등을 포함한다)으로 지급할 금액이 정해진 금액의 범위 내다. 여기서 '정관에 의해 정해진 금액'에는 임원의 퇴직금을 계산할 수 있는 기준이 정관에 기재된 경우를 뜻하지만, 정관에서 위임된 퇴직급여 규정이 따로 있는 경우에도 이 규정에 따라 지급한 퇴직금이면 손금산입이 용인된다.

그러나 정관상 임원의 퇴직금에 대하여 주주총회의 결의에 위임한다는 규정이 있고, 이에 의하여 주주총회에서 임원의 퇴직금을 결의하여 지급하는 경우나 이사회에서 제정한 임원퇴직금 지급규정에 의하여 지급하는 경우에는 앞에서 설명된 '정관에서 위임된 퇴직급여 규정이 따로 있는 경우'로 보지 않으므로, 다음에 설명하는 근속연수 기준에 의한 범위에 한하여 손금에 산입된다.

둘째, 위와 같은 퇴직금 지급 규정이 없는 경우에는 그 임원이 퇴직하는 날로부터 소급하여 1년 동안에 당해 임원에게 지급한 총급여액(소득세법 제20조 제1항 제1호 가목 및 나목의 규정에 의한 금액으로 하되, 법인세법 시행령 제43조의 규정에 의하여 손금에 산입하지 않은 금액, 즉 손금불산입 상여금 등을 제외한다)의 10분의 1에 상당하는 금액에 근속연수(기간계산에 있어 1년 미만의 기간의 월수로 계산하되 1월 미만의 기간은 없는 것으로 한다)를 곱한 금액의 범위 내다.

따라서 임원에 대한 퇴직금 지급 규정이 제정되어 있지 않으면 위

범위 중 두 번째의 근속연수 기준에 의한 범위에 한하여 손금산입이
용인되므로 동 범위를 초과하는 퇴직금이 있을 경우에는 손금부인되
는 바, 이러한 불이익을 예방하려면 임원의 퇴직금 지급에 맞추어 사
전에 정관에 규정하거나 정관에서 취임한 임원퇴직금 지급 규정을 개
정해야 할 것이다.

　사용인이나 임원의 경우 퇴직 사유가 발생하면 일정한 범위 내에서

〈손금산입〉

전액 손금산입된다. 즉, 임원의 경우는 앞에서 설명한 바와 같이 손금산입 범위 내에서, 사용인의 경우에는 부당행위 계산 대상이 아닌 경우로서 사규 또는 근로퇴직급여보장법이 정하는 범위 내에서 지급하는 퇴직금은 전액 손금산입된다.

이때 손금산입이 용인되는 퇴직금의 지급 사유가 되는 '퇴직'은 현실적인 퇴직의 경우를 말한다. 즉, '현실적인 퇴직'은 법인이 근로퇴직급여보장법에 의하여 실지로 퇴직금을 지급한 경우를 말하며, 다음과 같은 경우에는 현실적인 퇴직으로 보지 않게 되므로 유의할 필요가 있다.

① 임원이 연임된 경우
② 법인이 대주주 변동으로 인하여 계산의 편의 및 기타 사유로 전 사용인에게 퇴직급여를 지급할 경우
③ 정부투자기관 등이 민영화됨에 따라 전 종업원의 사표를 일단 수리한 후 재채용하는 경우
④ 외국법인의 국내 지점 종업원이 본점(본국)으로 전출하는 경우
⑤ 「근로퇴직급여보장법」 제8조 제2항에 따라 퇴직급여를 중간정산하기로 하였으나, 이를 실제로 지급하지 아니한 경우. 다만, 확정된 중간정산 퇴직급여를 회사의 자금 사정 등을 이유로 퇴직급여 전액을 일시에 지급하지 못하고 노사합의에 따라 일정기간 분할하여 지급하기로 한 경우에는 그 최초 지급일이 속하는 사업연도의 손금에 산입한다.

그러나 법인의 사용인이 임원으로 취임하는 경우나 근로자퇴직급여

보장법에 의하여 퇴직금을 중간 정산하여 지급한 때는 임원에 해당하게 된 날에 '현실적인 퇴직'이 이루어진 것으로 본다.

따라서 퇴직금 지급시에는 당해 퇴직이 현실적인 퇴직에 해당하는지 여부를 잘 파악해야 할 것이다.

한편, 연봉제를 실시하면서 연봉액에 퇴직급여를 포함하여 연봉계약 기간이 만료되는 시점에 퇴직급여를 지급하는 경우에는 다음과 같은 요건이 충족될 때에 한하여 동 퇴직급여를 손금으로 인정한다.

첫째, 불특정 다수인에게 적용되는 퇴직급여지급 규정에 사회통념상 타당하다고 인정되는 퇴직급여가 확정되어 있을 것.

둘째, 연봉액에 포함된 퇴직급여의 액수가 명확히 구분되어 있을 것.

셋째, 계약기간이 만료되는 시점에 퇴직급여를 중간정산 받고자 하는 사용인의 서면요구가 있을 것.

그리고 종업원의 퇴직은 자주 발생하지 않기 때문에 퇴직금 지급을 하면서도 이에 관한 소득세 원천징수를 하지 않거나 세금계산을 잘못함으로써 문제가 생기는 경우도 발생한다.

따라서 일정 양식을 사용하여 종업원에 대한 퇴직금을 정확히 계산하고 소득세를 원천징수 납부함은 물론 퇴직하는 종업원 당사자로부터 퇴직금을 이상 없이 수령하였다는 영수증을 받을 필요가 있다고 하겠다.

회계처리 예시

▣ 퇴직급 지급

【기업활동】

① 사장 비서 미스박이 퇴사함에 따라 송별회를 개최하고 회식비 ₩500,000을 지급하다.

② 미스박에 대한 퇴직금 ₩1,000,000 중 퇴직급여에 대한 원천징수세액 ₩20,000을 차감하고 현금으로 지급하다(퇴직급여충당금 잔액이 ₩400,000 있음).

【회계처리】

① (차) 복 리 후 생 비	500,000	(대) 현금 및 현금성 자산	500,000
② (차) 퇴 직 급 여	600,000	(대) 현금 및 현금성 자산	980,000
퇴직급여충당금	400,000	예 수 금	20,000

채권 및 자산관리와 회계·세무

 선생님도 하나 가져가시죠!

memo

B회사는 매년 12월 31일이면 원가계산을 위한 기말 재고자산의 평가를 위하여 자체적으로 재고조사를 해왔다.

그러나 금년에는 공인회계사 외부감사를 받는 첫해이기 때문에 먼저 창고 담당부서에서 자체적으로 재고조사를 한 후, 본사 경리부와 공인회계사로 구성된 재고조사팀이 실사 입회와 더불어 표본조사를 실시하기로 하였다.

재고조사를 실시하기 전에 공인회계사들의 인사방문을 받은 자리에서 사장은 "잘 아시는 바와 같이 우리 회사는 외형이 매년 급신장하고 있음에도 불구하고 회사 형편은 점점 더 어려워지는 것 같습니다. 제 느낌으로는 재고관리에도 문제가 있는 것 같은데, 어떤 문제가 있는지 잘 좀 살펴봐 주세요" 하고 신신당부 하였다.

회계사들은 재고조사계획표에 의거, 재고창고의 재고실사팀과 본사 경리부의 현금, 유가증권 및 어음·수표 등 중요 양식 실사팀으로 나뉘어 실사작업에 들어갔다.

공인회계사들이 재고실사를 하는 과정에서 여러 가지 문제가 발견되었다.

첫째는 재고관리를 담당하는 직원들의 재고자산의 중요성에 대한 의식 결여였다. 즉, 재고자산은 현금과 마찬가지로 회사의 중요한 재산이라는 점을 모르고 하나쯤 없어져도 별 문제가 아니라는 의식이 재고관리 담당자에게 있음이 발견되었다.

B회사의 주력제품은 화장용품과 기타 생활용품이었는데, 재고수량이 맞는 제품이 거의 없었으며 관리 부주의로 인한 파손품 등도 많이 발견되었다.

담당회계사인 M회계사가 그 이유를 담당자에게 물으니 담당자는 "저도 어쩔 수 없습니다. 윗사람들이 와서 하나씩 둘씩 가져가는데 막을 수도 없고 하다 보니 이렇게 많이 틀리게 되었습니다. 어차피 틀리는데 선생님도 필요하시면 하나 가져가시죠" 하고 권했다.

그 말을 듣고 M회계사는 놀라지 않을 수 없었다.

둘째는 창고관리의 부재였다.

원재료와 제품의 보관이 이곳 저곳에 산재해 있었고, 현재시점의 재고 현황이 파악되는 시스템이 없었다.

더욱이 원재료를 출고할 때 우선 편한 대로 위에 놓인 것부터 출고하다 보니 밑에 있는 원재료 중 상당부분은 유효기간을 넘겨 폐기처분하여야 할 것들이었다.

이러한 폐기 대상 재료는 처분계획을 세워 외부 제3자의 확인과정(예 공인회계사의 입회 또는 담당 세무공무원의 확인 협조)을 거쳐 적절히 재고자산 처분손실로 처리하였다면 합법적인 절세가 가능할 수 있었을 것이다.

셋째는 안전재고관리가 되고 있지 않은 점이었다.

어떤 재료는 생산계획에 차질을 줄 정도로 부족한 상태였고, 반면에 어떤 재료는 과잉이었다. 재고자산의 누적은 자금 흐름의 정체를 가져와 금리 부담의 증가를 초래하고 나아가 기업의 부실을 가져오는 주된 요인인 것이다.

넷째는 정기적인 재고조사를 철저히 하고 그 결과 발생된 문제점에 대해 책임소재를 가리지 않아 재고담당직원의 재고과정에 대한 중요성을 인식하지 못하고 있는 것이었다.

다섯째는 이러한 재고조사 결과 발견된 손실은 제때에 그 원인별로 회계처리에 반영되어야 하나, 재고관리와 회계 시스템이 원활히 연결되지 않아 회계처리가 사실과 달리 이루어지고 있는 것이었다.

이러한 사항들을 중심으로 회계사는 재고관리시스템의 확립, 담당직원의 교육 등에 대한 경영 개선 권고서한을 작성하여 사장에게 제출하였다.

부실채권으로 곤욕 치른 B회사

memo

경기가 하강하게 되면 기업마다 부실 채권에 골머리를 앓는다.

우리나라 제약업계의 선두주자를 다투던 D제약회사와 B제약회사가 있었다.

D사는 거래처에 물품을 주기 전에 거래처에 대한 철저한 재무분석을 한 후 신용한도(credit limit)와 신용기간(credit term)을 결정하였다. 거래처에 대한 외상매출은 이와 같이 철저한 검증과정을 거친 신용한도금액 범위를 초과하지 않도록 하고 또한 외상기간도 미리 결정된 신용기간을 철저히 지키도록 하였다. 만약 영업사원이 자기가 관리하는 도매상의 부탁을 거절하지 못하여 외상 매출을 더 올려주고 싶어도 컴퓨터에서 신용한도를 넘지 않도록 통제하는 바람에 출고지시서를 받지 못하여 매출을 일으키지 못하였다.

그러나 B사는 이러한 철저한 내부통제제도가 시행되고 있지 않아 영업사원이 실적을 올리기 위하여 외상매출을 늘려도 이를 바로잡지 못하여 비록 매출은 늘었지만 현금으로 회수되지 않고 부실채권이 점차 늘게 되었다.

그러던 중 양 제약회사가 공동으로 거래하고 있던 광명에 있던 도매상이 부도를 내게 되었다.

일반적으로 이와 같이 부도를 맞게 되면 당황하고 부실채권으로 말미암아 큰 타격을 입게 될 것이다.

그러면 이러한 충격적인 상황이 D사와 B사 모두에게 같이 발생하였을까?

그렇지 않다.

신용 정책을 잘 수립하고 철저히 관리한 D사는 비록 부도를 맞았지만 부실채권이 크지 않아 큰 충격 없이 넘어 갔으나, 이를 무시한 B사는 동

부도로 말미암아 발생한 부실채권의 규모가 너무 큰 바람에 유동성에 문제가 발생하게 되었고, 부도 위기까지 몰리는 상황에 처하게 되었다.

　외국 기업은 거래하고자 하는 상대방의 신용이 좋은지 나쁜지 반드시 사전에 검토한 후 거래를 시작한다고 한다.

　우리나라의 경우 과연 얼마나 많은 기업들이 거래를 개시하기 전에 상대방의 신용을 조사, 검토한 후 거래를 시작하고 있을까?

　거래처의 신용을 분석하기 위해서는 신용분석이 기초자료로 사용되는 재무제표에 대한 이해가 필수적이다.

　따라서 영업을 담당하는 직원은 물건을 잘 파는 능력도 있어야 하겠지만, 자기가 일으킨 매출이 현금으로 안전하게 회수할 수 있을지를 판단하기 위해서 거래처의 재무제표를 입수하여 분석, 검토할 수 있어야 할 것이다.

 ## 수금관리와 채권관리 요령

 memo

　K유통은 최근 자금 사정이 어려워졌는데, 그 원인을 분석한 결과 채권 회수가 부진한 것이 그 주요 원인으로 판단되었다.
　한편, 거래처인 A기업의 도산으로 말미암아 그 기업에 대한 K유통의 매출채권도 회수할 수 없었다.

이러한 경우 기업 자금관리와 채권관리를 잘 할 수 있는 방법은 없을까?

기업 자금은 사람에 비유하면 혈액과 같아서 잠시도 그 흐름을 멈출 수 없으며, 만약 그 흐름이 약해지거나 멈추면 당해 기업에 심각한 부작용 내지는 도산(倒産)을 초래한다.

기업의 자금 흐름은 기업의 경영활동의 흐름과 직접 관련된다. 즉, 기업주의 자기자본과 차입금으로 자본을 조달하여, 이로써 기업의 자산, 즉 재화와 용역을 구입하며, 이를 다시 제조공정에 투입시켜 제품을 생산한다.

생산된 제품은 거래처나 소비자에게 판매하는데, 이때 판매방법은 현금판매나 외상 판매방식을 취한다.

현금판매를 통하여 제1차 수금과정을 가지며 외상매출금을 받을 어음이나 현금으로 회수함으로써 제2차 수금과정을 가진다. 받을 어음은 다시 만기 전에 할인하거나 만기에 입금됨으로써 기업활동과 관련된 자금 흐름은 끝난다.

이와 같이 외상매출금의 회수와 외상매입금의 발생은 자금조달의 주요 구성요소이며, 외상매출금의 발생과 외상매입금의 반제는 자금운용의 주요 구성요소가 된다.

따라서 매출채권의 발생과 회수를 효율적으로 수행하는 것은 자금관리를 효율적으로 수행하는 첩경이 되므로 아주 중요하다.

우량기업이 되기 위해서는 매출액의 신장이나 이에 따른 이익의 증가도 필요하지만, 이익이 있음에도 불구하고 자금 흐름의 균형이 깨져

도산하는 소위 흑자도산(黑字倒産)의 위험에서 벗어나려면 자금관리에 관리의 역점을 두어야 하며, 이는 다시 자금관리의 꽃이라고 볼 수 있는 채권관리에 그 초점이 맞춰진다.

그러면 어떻게 하면 채권관리를 잘 할 수 있을까?

어느 기업이 채권관리를 잘하고 있는지에 관한 판단은 다음과 같은 채권관리 요령과 당해 기업의 채권관리 실상을 비교·검토함으로써 가능하리라 본다.

첫째, 거래처를 최초로 선정하거나 거래를 개시한 후 동 거래처에 대한 신용조사를 철저히 한 후, '여신한도'와 '여신기간'을 합리적으로 결정하도록 한다.

둘째, 부실채권 예방조치에 만전을 기해야 한다. 거래처가 부도날 경우에 대비하여 취하는 채권 회수를 위한 사전 보전조치의 예를 들면 거래처의 부동산에 근저당을 설정하거나 거래보증금을 예치받도록 하는 것 등이 있다.

셋째, 수금관리를 효율적으로 해야 한다. 효율적인 수금관리는 다음과 같은 두 가지 면을 같이 고려해야 한다.

① 금액 면이다. 효율적인 수금관리가 되려면 일정시점에서 볼 때 매출채권 총액이 최소한 매입채무 총액보다 적거나 같아야 되며, 일정기간에서 볼 때 기중 매출채권 회수 총액이 기중 매입채무 반제 총액보다 크거나 같아야 된다.

이는 매출채권의 발생은 일종의 이자 없는 대출과 같은 성격을 지니며, 매입채무의 발생은 반대로 이자 없는 차입과 같은 성격을 지니고 있기 때문에 채권관리를 채무관리와 결부시키는 면에서 고찰한 관점이다.

효율적인 수금관리의 판단기준

• 일정시점(결산기) : 매출채권 잔액 ≦ 매입채무 잔액
• 일정기간(회계기간) : 기중 매출채권 회수 총액 ≧ 기중 매입채무 반세
  총액

---

② 시기 면이다. 효율적인 수금관리를 하려면 매출채권의 회수시기
를 최대로 단축해야 한다.

이는 매출채권의 회수단계는 경영활동의 마지막 단계가 되므로 매출채
권의 안전한 회수는 기업활동을 성공적으로 마무리하는 전제 조건이 되
며, 매출채권의 조기회수는 경영활동기간의 단축을 의미하기 때문이다.

참고로 경영활동기간을 그림으로 그려보면 다음과 같다.

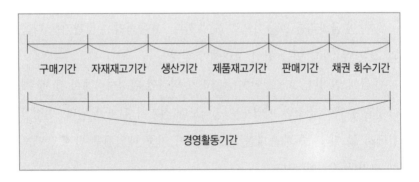

그밖에 효율적인 수금관리의 방법으로 매출채권의 구성비율을 가능
한 한 외상매출금보다는 받을 어음 비중을 높이도록 노력하거나 거래

처의 최근 동향에 대한 영업사원의 정보를 즉각적으로 컴퓨터 내의 고객관리 데이터에 입력, 현황을 유지·관리하고, 수금은 되도록 현금보다는 거래처에서 직접 은행에 온라인으로 예치시키도록 하며, 현금으로 회수된 채권은 그날 곧바로 은행에 예금시키는 제도(daily intact deposit system)를 채택하도록 하는 것도 중요하다.

넷째, 평소 거래처 관리를 잘해야 한다. 거래처의 일반적인 속성은 외상채무를 가능한 한 늦게 그리고 적게 변제하려고 하기 때문에 우선 상품매매에 따른 약정을 명백히 하고, 약정에 따라 채권 회수가 제대로 되지 않을 때는 정기적인 채권조회서의 발송, 주요 거래처에 대한 수금목표관리(M.B.O)기법 및 주요거래처를 중점 관리하는 A,B,C관리기법의 도입과 이중 점검시스템(dual check system) 등을 도입하거나 적극적인 경영·기술지도를 함으로써 거래처가 부실화되지 않도록 노력한다.

다섯째, 거래처에 부도가 발생했을 때에는 즉각적으로 부도채권에 대한 강제회수 조치를 밟아야 한다.

회계처리 예시

【기업활동】
① 거래처 B사에 대한 외상매출대금 ₩10,000,000을 현금으로 회수하다.
② A기업의 도산으로 인하여 A기업으로부터 받은 어음 ₩5,000,000이 부도 처리되다.
③ 상기 '②'의 어음이 부도발생한지 6개월이 지났으므로 이를 대손처리하기로

하다(대손충당금 설정은 없음).

【회계처리】
① (차) 현금 및 현금성 자산 10,000,000   (대) 매 출 채 권   10,000,000
② (차) 부 도 어 음 5,000,000   (대) 매 출 채 권   5,000,000
③ (차) 대 손 상 각 비* 5,000,000   (대) 부 도 어 음   5,000,000
　　*)세법상 손금산입될 수 있는 금액은 ₩4,999,000(₩5,000,000 - ₩1,000)임.

받을 수 없는 채권은 적시에 대손처리하자

매출채권은 회수하거나 회수할 수 있어야만 자산으로서의 가치를 인정받을 수 있다.

따라서 거래처의 부도나 파산 또는 사업의 폐지 등으로 회수가 불가능해진 채권을 장부에 자산으로 올려놓는 경우, 이는 회계를 분식(粉飾)하는 것으로 오해받을 수 있으며 백해무익(百害無益)하다고 볼 수 있다. 왜냐하면 제때에 대손으로 회계처리하게 되면 세법상 손금으로 인정받을 수 있어 절세가 가능하지만, 시기를 놓쳐 대손처리를 하지 않는 경우에는 비록 다음 연도에 대손처리를 하더라도 손금으로 인정받을 수 없기 때문이다.

매출채권 중 세법에서 정하고 있는 회수 불능 사유가 발생한 경우 이를 '대손상각비'로 처리하여 세무상 손금을 인정하도록 한다.

법인이 채권을 대손금으로 확정하기 위해서는 객관적인 자료에 의하여 그 채권이 회수 불능임을 입증해야 한다. 그러나 확인서나 증명서를 교부받을 수 없는 사업의 폐지 여부·무재산 등과 같이 근거서류의 구비가 현실적으로 어려운 경우에는 당해 회사의 채권관리부서의 조사보고서를 증빙서류로 인정한다.

 더 자세히

세법상 대손처리가 인정되는 채권

① 「상법」에 의한 소멸시효(5년, 3년)가 완성된 외상매출금 및 미수금
② 「어음법」에 의한 소멸시효(3년)가 완성된 어음
③ 「수표법」에 의한 소멸시효(6월)가 완성된 수표
④ 「민법」에 의한 소멸시효(10년)가 완성된 대여금 및 선급금
⑤ 「채무자 회생 및 파산에 관한 법률」에 따른 회생계획인가의 결정 또는 법원의 면책 결정에 따라 회수 불능으로 확정된 채권
⑥ 「민사집행법」 제102조의 규정에 의하여 채무자의 재산에 대한 경매가 취소된 압류채권
⑦ 물품의 수출 또는 외국에서의 용역 제공으로 인하여 발생한 채권으로서 외국환거래에 관한 법령에 의하여 한국은행 총재 또는 외국환은행의 장으로부터 채권 회수의무를 면제받은 것
⑧ 채무자의 파산, 강제집행, 형의 집행, 사업의 폐지, 사망, 실종, 행방불명으로 인하여 회수할 수 없는 채권
⑨ 부도 발생일로부터 6월 이상 경과한 수표 또는 어음상의 채권 및 외상매출금(중소기업의 외상매출금으로서 부도 발생일 이전의 것에 한한다). 다만, 당해 법인이 채무자의 재산에 대하여 저당권을 설정하고 있는 경우를 제외한다.

⑩ 「국세징수법」 제86조 제1항의 규정에 의하여 납세지 관할세무서장으로부터 국세 결손 처분을 받은 채무자에 대한 채권(저당권이 설정되어 있는 채권은 제외한다)

⑪ 회수 기일을 6월 이상 경과한 채권 중 회수비용이 당해 채권가액을 초과하여 회수 실익이 없다고 인정되는 10만 원 이하(채무자별 채권가액의 합계액을 기준으로 한다)의 채권

⑫ 법인세법시행령 제61조 제2항 각호 외의 부분 단서의 규정에 의한 금융기관의 채권(같은 항 제13호에 따른 여신전문금융회사인 신기술사업금융업자의 경우에는 신기술사업자에 대한 것에 한정한다) 중 다음 각 목의 채권

　　가. 금융감독원장이 기획재정부장관과 협의하여 정한 대손처리기준에 따라 금융기관이 금융감독원장으로부터 대손금으로 승인받은 것

　　나. 금융감독원장이 가목의 기준에 해당한다고 인정하여 대손처리를 요구한 채권으로서 금융기관이 대손금으로 계상한 것

⑬ 「중소기업창업지원법」에 따른 중소기업창업투자 회사의 창업자에 대한 채권으로서 중소기업청장이 기획재정부장관과 협의하여 정한 기준에 해당한다고 인정한 것

〈근거 : 법인세법 시행령 제19조의 2〉

　　한편, 대손으로 처리한 매출채권에 대해서는 대손금액의 110분의 10만큼 그 대손이 확정된 날이 속하는 과세기간의 부가가치세 매출세액에서 차감할 수 있으므로 부가가치세 신고시 동 '대손세액공제'를 차감하여 신고함에 유의하도록 한다.

공장건축과 자금조달 관리

memo

> 김사장은 사업규모가 날로 커져 이제는 수입하던 원료를 국내에서 1차 가공한 상태로 제품을 공급하기로 사업 방향을 변경하였다.
>
> 거래하는 은행의 지점장과 상의한 결과 자금을 융자받을 수 있는 길이 있음을 알고 김사장님은 그동안 저축한 돈 일부와 융자받은 자금으로 김포시 지역에 있는 부지를 매입하여 공장을 신축하기로 결정했다.

이와 같이 사업방침이 바뀌거나 사업규모가 커질 경우 대규모·자금 투입이 요구되는 시설이나 부동산 투자가 발생하여 이에 따른 효율적인 자금조달 방안수립이 요청된다.

기업 자금의 조달방안에는 크게 기업의 내부에서 자금을 조달하는 방법과 기업의 외부에서 조달하는 방법이 있다.

전자는 기업 자체의 경영활동을 통하여 필요자금을 조달하는 방법으로, 예를 들면 외상매출금을 조기에 회수하거나 받을 어음기간을 단축하여 거래처로부터 채권을 조기에 회수하도록 노력하는 방안과 현금지급을 어음으로 지급하거나 지급어음기간을 연장함으로써 채무 지급을 늦추는 방안 및 재고자산·유가증권 및 부동산 등을 처분하거나 경비 절감 내지는 신주발행 등을 통하여 필요자금을 내부에서 조달하는 방안들을 들 수 이다.

후자는 기업 자금을 기업의 외부기관에서 조달하는 방법으로, 예를 들면 은행 차입, 거래처 차입 및 사채발행 등이 있다.

이러한 기업의 자금조달에서 유의할 점은 기업의 소요자금의 규모와 소요시기를 정확히 파악하고 동 필요자금의 흐름에 맞추어 자금조달 계획을 수립함은 물론 외부에서의 자금 차입은 금융비용의 부담을 초래하게 됨을 인식하여 외부자금 조달방안보다는 내부자금 조달방안을 우선 강구하도록 하며, 외부자금 조달방안을 이용할 경우에도 가급적 금리 부담이 적고 차입기간이 장기인 정부의 '정책자금대출' 방법을 적극 활용할 필요가 있다.

또한 기업의 모습이 주주나 금융기관들로 하여금 매력을 느끼도록 기업의 재무구조와 경영 내용이 건실화되도록 기업의 경력관리(career management)에도 각별히 신경을 써야 할 것이다.

더 자세히

기업의 효율적인 자금 조달 4원칙

① 소요자금의 규모와 지출 시기를 정확히 예측하고, 동 자금 흐름에 맞추어 자금조달 계획을 수립한다.
② 자금조달 방안을 외부자금 조달방안(예 차입)보다 내부자금 조달방안(채권의 조기회수, 신주발행 등)을 우선 강구한다.
③ 외부자금 조달방안을 강구할 경우 금리 부담이 적고 차입기간이 장기인 자금(예 정부정책자금)을 우선 이용한다.
④ 기업의 재무구조와 경영 내용을 건실화하도록 한다.

회계처리 예시

【기업활동】

① 은행으로부터 2억 원 (만기 1년)을 차입하다.

② 공장 건설부지로 사용하기 위하여 토지 300평을 평당 ₩1,000,000씩 현금으로 주고 구입한다. 토지 구입시 등록세 ₩5,400,000, 취득세 ₩3,600, 000 및 농어촌특별세 ₩360,000(취득세액의 10%)을 납부하다.

③ 위 '②' 의 토지상의 공장건물을 신축하기로 하고 설계비 ₩3,000,000을 지급하다.

④ 건물 신축을 위한 계약금 ₩10,000,000을 지급하다.

⑤ 건축을 준공하고 잔금 ₩100,000,000(부가가치세 ₩10,000,000 포함)을 건설회사에 지급하다.

⑥ 위 '④' 의 신축공장으로 종전 본사 창고에 보관하고 있던 상품 일부를 이전하고 이사비용 ₩5,000,000을 이삿짐센터에 지급하다.

⑦ 위 '①' 의 차입금에 대한 이자 ₩24,000,000을 지급하다.

【회계처리】

① (차) 현금 및 현금성 자산 200,000,000   (대) 단 기 차 입 금 200,000,000

② (차) 토   지 309,360,000*   (대) 현금 및 현금성 자산 309,360,000

　　* 토지취득가액(300평×1,00,000 = 300,000,000) + 등록세 + 취득세 + 농어촌특별세
　　 = ₩309,360,000

③ (차) 건 설 중 인 자 산 3,000,000   (대) 현금 및 현금성 자산   3,000,000

④ (차) 건 설 중 인 자 산 10,000,000   (대) 현금 및 현금성 자산 10,000,000

⑤ (차) 건   물 103,000,000   (대) 건 설 중 인 자 산 13,000,000

　　 부가가치세 선급금 10,000,000 　　현금 및 현금성 자산 100,000,000

⑥ (차) 지 급 수 수 료 5,000,000   (대) 현금 및 현금성 자산   5,000,000

⑦ (차) 이 자 비 용 20,000,000   (대) 현금 및 현금성 자산 24,000,000

자산관리와 처분

> 김사장은 공장건물의 외벽 일부의 도장 상태가 좋지 않은 것을 발견하고 페인트를 새로 칠하고, 주차장 일부가 파손되어 있어 수선업자를 불러 수선하도록 했다.
>
> 그리고 그동안 사용하던 트럭이 자주 고장나는 바람에 새로운 모델로 교체하기로 하고 중고자동차 매매센터에 가서 처분하였다.
>
> 한편, 건물과 상품에 대하여 화재보험에 가입하고 재산세 고지가 나와 동 세금을 납부했다.

이와 같이 기업이 건물이나 기계장치 등을 수선할 경우 원칙적으로 세무상 비용(손금산입)이 인정되나 개별 자산별로 지출한 가액이 3백만 원 이상이고 직전 사업연도 종료 및 현재 재무상태표상 자산가액(취득가액에서 감가상각누계액 상당액을 차감한 금액을 말한다)의 5% 이상인 경우이거나 3년 이상의 기간마다 주기적인 수선을 위해 지출하는 비용은 자본적 지출(資本的 支出), 즉 '자산'으로 처리해야 한다.

따라서 만약 이러한 자본적 지출을 수선비로 비용처리할 경우에는 세법상 동 금액만큼 감가상각한 것으로 간주('즉시상각의 의제'라고 함)함으로써 감가상각시 부인계산 대상에 포함시킨다(법인세법 시행령 제31조 제3항).

고정자산은 그 금액이 규모가 크며 장기간 유지·관리가 필요한 자산이므로 고정자산 취득시 고유 관리번호를 부여한 후, 이를 고정자산

대장에 등재하여 관리하는 것이 바람직하다.

고정자산 대장

No. _____

관리번호 : No. _____	종류		원장 면수	
	구조 또는 용도		상각방법	
보관장소 : _____	세목		내용 연수	
	품명		상각률	

취득가액 및 그 후의 자본적 지출			상각 기록					
연월일	적요	금액	년	적요	감가상각액	상각누계	미상각잔액	비고

폐기 또는 매각에 대한 처리 기록								
연월일	적요	처분가액	미상각잔액	처분손익				

(주)××

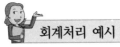

회계처리 예시

【기업활동】

① 페인트를 사서 건물 외벽을 새로 칠하는 비용으로 ₩2,000,000을 지급하다.

② 사용 중이던 트럭 1대를 ₩8,800,000(부가가치세 ₩800,000 포함, 취득원가
는 ₩10,500,000, 감가상각 누계액은 ₩1,000,000임)에 처분하고 대금은 한
달 후에 받기로 하다.

③ 건물과 재고자산에 대하여 화재보험에 가입하고 보험료 ₩200,000을 현금으
로 지급하다.

④ 건물에 대한 재산세 ₩1,000,000을 납부하다.

⑤ 임차료 ₩1,100,000(부가가치세 포함)을 납부하다.

【회계처리】

① (차) 수　　　선　　　비　 2,000,000　　(대) 현금 및 현금성 자산　 2,000,000

② (차) 미　　　수　　　금　 8,800,000　　(대) 차 량 운 반 구　 10,500,000

　　　유형자산처분손실　 1,500,000　　　　 부가가치세 예수금　 800,000

　　　감가상각누계액　 1,000,000

③ (차) 보　　　험　　　료　 200,000　　(대) 현금 및 현금성 자산　 200,000

④ (차) 세 금 과 공 과　 1,000,000　　(대) 현금 및 현금성 자산　 1,000,000

⑤ (차) 임　　　차　　　료　 1,000,000　　(대) 현금 및 현금성 자산　 1,100,000

　　　부가가치세 선급급　 100,000

어음·수표 관리요령

채권을 어음이나 수표로 수취할 경우 이를 검토하지 않고 수취하여 후일 수취한 어음·수표가 효력이 없거나 제한되는 어음·수표로 판명된다면 큰 낭패가 아닐 수 없다.

따라서 어음·수표를 받을 때에는 다음과 같은 사항을 검토하여 어음·수표가 유효한 것인지를 확인하도록 한다.

어음·수표 수취시에 12가지 체크 포인트

(1) 어음·수표의 금액을 기재함에 있어 단일한 금액으로 기재되어 있으며, 문자와 숫자의 금액은 일치하는가?

어음·수표 금액이 선택적 기재(예 30만 원 또는 300만 원), 불확정 기재(예 30만 원 내지 300만 원) 또는 유동적 기재(예 만기시 금 10냥 금액)로 기입된 경우 동 어음·수표는 무효이며, 문자와 숫자가 달리 기재된 경우에는 문자를 우선으로 적용한다.

(2) 지급에 조건이 있는 문구가 없는가?

지급 약속 문구는 단일해야 하며, 어떠한 지급 조건이나 지급 방법의 제한을 기재한 문구가 있는 경우에는 무효다.

(3) 지급지는 명시되어 있는가?

① 지급지는 단일한 장소이어야 하며, 동 장소는 최소의 독립 행정구

역(시, 읍, 면)이나 이에 준하는 지역(예 명동)으로 기재되어야 하며, 이 경우 지급지가 선택적(예 ○○시 또는 △△시)으로 기재되어 있거나 실재하지 않은 지역으로 표시되어 있으면 동 어음·수표는 무효다.

② 지급지의 기재가 없으면 환어음과 수표는 지급인의 명칭에 부기한 장소를 지급지로 보며, 약속어음은 발행지를 지급지로 본다.

(4) 만기일(지급기일)은 기재되어 있는가?

① 어음 만기의 종류는 확정일시(예 2××1. 12. 24). 발행일자 후 정기지급식(예 발행일자 후 30일), 일람지급식(예 '청구 즉시 지급하시압') 및 일람 후 정기지급식(예 일람 후 1월)의 4가지가 있으며, 이 이외의 지급기일 표기시는 무효이며, 지급기일의 기재가 없는 어음은 일람지급어음으로 본다.

② 수표의 지급기일은 오직 '일람지급식'으로만 할 수 있다.

(5) 지급 장소는 위 '(3)'의 지급지 내에 있으며, 구체적(예 ○○은행 △△지점)으로 기재되어 있는가?

지급 장소는 거래처의 주거래처의 주거래은행으로 기재된 것이 안전하며, 문방구 어음인 경우에는 번지까지 구체적으로 기재되어야 한다.

(6) 수취인 또는 그 지시인의 기재가 되어 있는가?

어음의 경우 수취인을 기재하는 것이 원칙이나, 백지인 채로 발행할 수도 있다. 이 경우에는 후에 제시할 때 수취인의 성명을 보충한다.

(7) 발행지는 최소 독립 행적구역으로 기재되어 있는가?

어음을 발행할 최소 독립 행정구역(예 서울특별시, 천안시 등)을 기재하며, 발행지를 기재하지 않은 경우에는 발행인의 주소나 영업소가 기재되어 있는 경우 그 주소 또는 영업소의 최소 독립 행정구역 부분을 발행지로 본다.

(8) 발행일은 명시되어 있는가?

① 발행일은 어음·수표가 발행된 날을 표시해야 하나, 실제 발행일과 일치하지 않은 날을 발행일자로 표시하는 경우(예 선일자 수표·어음)에도 무방하다. 미래의 날을 발행일자로 하는 수표(선일자 수표)의 경우에는 발행일자 이전에 지급, 제시하는 경우에 동 제시일에 지급해야 하므로 유의해야 한다.

② 지급일보다 늦은 발행일을 기재한 어음·수표는 무효다.

③ 실무상 발행일을 기재하지 않고 발행한 경우에는 동 어음·수표의 소지인은 지급 제시 전에 반드시 발행일을 보충한 후 지급 제시해야만 배서인에 대해서 소구권을 행사할 수 있다.

(9) 발행인의 기명날인 또는 서명이 있는가?

① 발행인은 중첩적(예 A, B)으로 기재할 수는 있으나, 선택적(예 A 또는 B)으로 기재할 수는 없다.

② 발행인의 기명날인은 반드시 어음·수표상에 해야 하며, 보전지상에 하면 무효다.

③ 날인 대신 무인(지장)을 찍으면 무효이지만, 서명은 유효하다.

④ 회사의 경우 회사인만 찍으면 무효이며, 대표자의 기명날인이 있어야 한다.

⑤ 기명날인과 서명은 기명날인과 서명을 할 수 있는 권한을 가진 자가 해야 하며, 권한이 없는 자의 기명날인·서명은 위조 어음·수표가 된다. 발행인이 미성년자일 경우에는 친권자가 기명날인·서명을 해야 한다.

⑥ 발행인의 날인은 인감도장으로 하지 않더라도 유효하다. 하지만 이 경우 지급을 제시하면 은행에서 인감 상이로 지급하지 않는다.

(10) 배서어음·수표의 경우 배서는 연속되어 있으며, 배서인의 성명, 주소 및 기명날인·서명은 명시되어 있는가?

기명식 배서의 경우 배서인의 기재가 연속되어 있어야 하나, 피배서인을 기재하지 않은 배서(백지식 배서)도 가능하다.

(11) 정정사항이 있을 경우 발행인의 기명날인이 있는가?

① 어음 표면의 기재사항을 정정한 경우에는 발행인의 기명날인이 있어야 하며, 배서인이 있는 어음의 표면 기재사항을 변경할 때에는 배서인의 동의가 있어야 한다.

② 은행에 따라서 '금액'을 정정한 경우에는 지급하지 않는 경우가 있으므로, 금액을 고친 어음이나 수표는 받지 않는 것이 좋다.

(12) 부도어음·수표·위조어음·수표 또는 분식·도난된 어음·수표가 아닌지 확인한다.

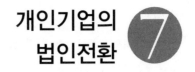

개인기업의 법인전환 **7**

법인전환은 언제 하여야 할까?

memo

K유통은 이제 월간 매출액이 5천만 원 이상으로 성장되었으며, 앞으로 그 규모가 더욱 증가될 전망이다.

M회계사는 김사장에게 이제 법인으로 전환할 때가 되었다고 이야기하고, K유통의 경우에는 공장의 토지·건물과 투자 부동산이 있으므로 법인전환 방법 중 '현물출자 방법'을 택하여 법인으로 전환함이 바람직하겠다고 권고했다.

'사업양수도방법'에 의한 법인전환은 개인기업의 1년간 평균 순자산 가액(자산총액−부채총액) 이상으로 자본금을 납입하여 새로운 법인을 설립한 후 동 법인이 K유통의 자산·부채를 포괄적으로 양수하는 형식을 취하는 방법이다. K유통의 과거 1년간 순자산가액인 10억 원 이상의 새로운 자금 부담이 따르기 때문에 M회계사는 이러한 자금 부담을 안고 하는 '사업양수도방법' 보다는 '현물출자방법'을 권고하였다.

만약 자금 부담을 줄이기 위해 자산 중 토지·건물을 법인 양도시 일부 누락시키면 법인의 재무구조는 형편없이 나빠지며, 후일 이를 법인이 다시 구입할 경우에는 법인전환시 받을 수 있었던 조세특례제한법상의 양도소득세 이월과세 적용을 받을 수 없다.

따라서 김사장은 비록 법인전환 절차 면에서는 사업양수도방법보다 다소 복잡하고 시일도 더 걸리지만, M회계사의 권고대로 '현물출자 방법'을 택하여 법인으로 전환하기로 결정했다.

 법인전환 절차와 일정

개인기업인 'K유통'이 법인으로 전환된 절차와 일정은 다음과 같다.

법인전환 일정표(사례)

회사명 : (주)K유통 법인전환 기준일 : 2××1. 12. 31.

	절차	일자	비고
1	법인전전환 기준일 확정	2××1. 12. 21.	회사
2	발기인 및 상호 결정	2××1. 12. 21.	회사
3	현물출자 계약서 작성 및 공증	2××1. 12. 23.	회계사무소 및 회사
4	사업양수도 계약서 작성	2××1. 12. 23.	회계사무소 및 회사
5	법인사업자 등록 신청	2××1. 12. 23.	회계사무소 및 회사
6	법인전환 안내문 발송	2××1. 12. 28.	회사

	절차	일자	비고
7	고정자산 감정평가	2××1. 12. 29~30.	감정평가사
8	법인사업 개시(법인전환 기준일)	2××1. 12. 31.	회사
9	개인사업 폐업신고	2××2. 1. 25.	회사
10	부가가치세 확정신고	2××2. 1. 25.	회사
11	개인기업의 결산	2××2. 2. 9.(1차) 2××2. 2. 14.(최종)	회사
12	회계감정	2××2. 2. 16.	회계사무소
13	현물출자가액과 자본금 결정	2××2. 2. 17.	회계사무소 및 회사
14	검사인 선인신청	2××2. 1. 21.	법무사
15	검사인 등의 조사보고*	2××2. 3. 5.	법무사
16	법인설립 등기	2××2. 3. 9.	법무사
17	법인설립 신고	2××2. 3. 31.	회사
18	재고자산 평가방법 신고	2××2. 3. 30.	회사
19	감가상각방법 신고	2××2. 3. 30.	회사
20	토지거래 신고 또는 허가신청	2××2. 3. 10.	회사
21	현물출자 계약서 검인	2××2. 3. 10.	회사
22	지방세 감면신청	2××2. 3. 10.	회사
23	부동산 이전등기	2××2. 3. 10.	법무사
24	차량(중기) 이전등록	2××2. 3. 10.	회사
25	금융기관 예금 및 차입금 명의변경	2××2. 3. 10.	회사
26	각종 인허가사업 변경등록	2××2. 3. 10.	회사
27	종소세 및 양도세 확정신고, 이월과세 적용신청	2××2. 5. 31.	회계사무소 및 회사

*변태설립 사항(상법 제290조 제1호, 4호)에 대해서는 공증인의 조사보고로, 변태변립 사항(상법 제290조 제2호, 3호) 및 발기 설립의 경우 납입과 현물출자의 이행(상법 제295조)에 관해서는 공인된 감정인의 감정으로 검사인의 조사에 가름할 수 있음(상법 제299조의 2).

법인전환 방법

개인기업을 법인으로 전환하기 위한 방법은 '사업양수도방법', '현물출자방법'이 있다.

① 사업양수도방법

이는 개인 기업주가 발기인이 되어 주식회사를 설립한 후, 그 주식회사가 개인기업에 관련된 자산과 부채를 포괄 양수도하는 방법이다(조세특례제한법 제32조).

② 현물출자방법

이는 개인 기업주가 자기의 사업용 자산 및 부채를 포괄적으로 신설된 법인에 현물출자하여 법인을 설립하는 방법이다. 주식회사를 설립할 경우 현물출자는 발기인에 한하므로 개인 기업주는 반드시 발기인이 되어야 한다(조세특례제한법 제32조).

법인전환시 유의사항

개인기업을 법인으로 전환할 경우 유의할 사항을 알아보면 다음과 같다.

① 전환 방법의 타당성을 검토한다.

앞서 알아본 바와 같이 법인전환 방법은 두 가지의 경우가 있으므로, 이들의 장·단점과 적용 가능성을 검토해야 한다. 예컨대 사업양수도 방식은 전환방식이 간단하며 전환 비용도 타 방법에 비하여 저렴하나, 개인기업의 순자산가액 이상의 자본금 조달이 전제되어야 하므로, 이 점에 유의할 필요가 있다.

② 기업 외형의 변화 추이를 검토하도록 한다.

세 부담면에서만 볼 때 과세표준이 최소한 24,000,000원을 초과하는 경우에만 법인기업의 세 부담이 개인기업보다 적게 됨을 유의해야 한다. 따라서 법인으로 전환하고자 하는 기업의 외형이 상기 24,000,000원 이상의 과세표준을 올릴 수 있는 금액에 달해 있는지 그리고 동 외형은 향후 계속 증가할 가능성이 있는지 검토하도록 한다.

- **계산근거** : 개인기업과 법인기업의 세액이 같은 경우의 과세표준을 X라 가정할 때

개인   법인

$$(X - 12,000,000) \times 16\% + 720,000 = X \times 11\%$$
$$X = 24,000,000$$

- **검증** : 과세표준이 25,000,000원인 경우 세 부담 비교
- **법인** : $25,000,000 \times 11\% = 2,750,000$원
- **개인** : $(25,000,000 - 12,000,000) \times 16\% + 720,000 = 2,800,000$원
- **결론** : 과세표준 25,000,000원인 경우 개인보다 법인이 50,000원 세 부담 유리

예를 들어 외형 대비 과세표준율이 10%인 기업의 경우라면 외형이 5억 원 이상이 될 경우에는 과세표준이 25,000,000원이 되므로, 동 금액을 기초로 세액을 계산해보면 앞의 계산 사례에서 보는 바와 같이 개인보다 법인이 세 부담 면에서 유리하다고 판단된다.

③ 개인기업에 조세특례제한법상의 준비금이 있는지 확인한다. 조세특례제한법의 제 준비금(투자준비금, 기술개발준비금 등)은 개인기업의 법인전환 연도(폐업 연도)에 일시적으로 전액 환입되므로 소득세의 과중한 부담을 받을 수 있음에 유의한다.

④ 개인기업의 이월결손금 유무를 검토한다. 개인기업에 대한 소득세법상의 이월손금(5년간 공제 가능)은 법인전환시 전액 소멸됨에 유의한다.

⑤ 가급적 법인전환일과 부가가치세 신고기간의 종료일이 일치하도록 유의한다. 폐업에 따른 부가가치세 확정신고를 하여야 하는데, 법인전환일과 부가가치세 신고기준일(예 12월 31일, 3월 31일 등)을 일치시키면 부가가치세 확정신고 1회로서 완료가 가능하고 폐업결산에 필요한 거래관계 확정에도 도움이 된다.

⑥ 연도 중에 전환할 경우에는 세율 차이를 검토한다. 기업의 외형을 예상하여 연도 중에 법인전환을 할 경우에는 전술한 개인소득세율과 법인세율의 구조상 차이를 검토하여 유리한지 여부를 판단한다.

⑦ 양도소득세 이월과세 적용 신청을 누락하지 않도록 유의한다. 법인전환에 따른 양도소득세 이월과세 적용 신청을 양도소득세 예

정신고 및 확정신고시 누락하지 않도록 유의한다.

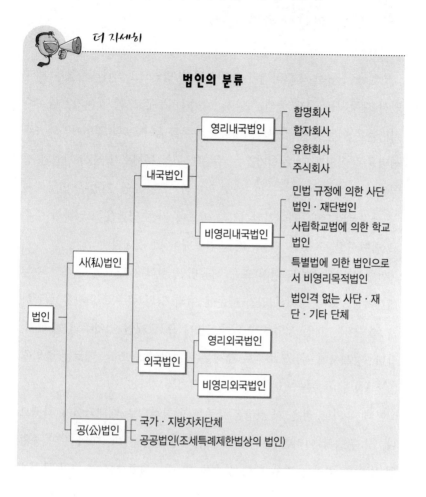

더 자세히

법인의 분류

- 법인
  - 사(私)법인
    - 내국법인
      - 영리내국법인
        - 합명회사
        - 합자회사
        - 유한회사
        - 주식회사
      - 비영리내국법인
        - 민법 규정에 의한 사단법인 · 재단법인
        - 사립학교법에 의한 학교법인
        - 특별법에 의한 법인으로서 비영리목적법인
        - 법인격 없는 사단 · 재단 · 기타 단체
    - 외국법인
      - 영리외국법인
      - 비영리외국법인
  - 공(公)법인
    - 국가 · 지방자치단체
    - 공공법인(조세특례제한법상의 법인)

법인 설립시 주주 구성 문제

법인을 신규로 설립하거나 개인기업이 법인으로 전환될 경우 제일 먼저 대두되는 문제 중의 하나가 '주주는 누구로 할 것인가?' 와 '주식비율은 어떻게 할 것인가?' 이다. '주주를 누구로 할 것인가?' 와 '주식비율을 어떻게 할 것인가?' 는 주주의 구성 문제로서 장래 기업의 경영권과 소유권에 참여하는 것을 의미하므로, 개인 기업주 입장에서 '신규자본의 조달' 과 '기업경영의 파트너' 라는 양면을 고려하여 주주로 참여시킬 수 있는 인물인지를 검토해야 할 것이다.

현행 상법상 법인전환시 또는 신규법인 설립시 필요한 주주의 수는 1인 이상으로 규정되어 있기 때문에 여러 명의 주주로 회사를 설립하는 경우에는 개인 기업주 이외에 일반적으로 개인 기업주의 가족(처, 자녀, 형제자매 등)을 주주로 내세우는 경향이 있으며, 때로는 종업원(임직원)의 이름을 빌려 주주로 참여시키는 경우도 있다.

이때 유의할 점은 차명(借名)주주는 원칙적으로 배제되어야 하겠으나, 상 관습상 이러한 경우가 종종 발생하고 있는 바, 이와 같이 종업원 명의를 빌리는 경우 현행 상속세 및 증여세법 제41조 2의 규정에 의거 이름을 빌린 자(실제 소유가)가 이름을 빌려 준 자(명의자)에게 증여한 것으로 간주(증여의제)하여 증여세를 부과할 뿐만 아니라, 종업원의 주식납입자금을 개인 기업주가 대납한 때에는 증여세가 부과될 수 있는 등 세무상의 문제가 야기될 수 있으며, 장차 기업이 성장·발전시 1주당 주식 평가의 상승으로 인하여 주식 소유권에 대한 분쟁의 위험이 있다는 점이다. 따라서 법인 설립시부터 사실대로 주주를 구성할 필요가 있다.

그리고 법인 설립시 일반적으로 가족들을 주주로 참여시키는데 과연 가족들을 주주 구성에 참여시키는 것이 바람직한가를 검토할 필요가 있다.

국세기본법 제39조에 의하면 법인의 '과점주주(寡占株主)'는 그 법인에게 부과되거나 그 법인이 납부할 국세를 법인의 재산으로도 납부하지 못하는 경우에는 동 과점주주가 대신 부담해야 하는 이른바 '제2차 납세의무(第二次 納稅義務)'를 지게 된다. 이는, 주주는 상법상 원칙적으로 유한책임(有限責任)이기 때문에 법인이 잘못되어도 자기의 주식만 포기하면 주주는 별도의 피해가 없지만, 세금에 관한 한 과점주주의 경우에는 '과점주주=법인'이라는 전제 하에 이러한 세금 부담을 과점주주에게 부과시키고 있는 것이다.

따라서 일단 과점주주 집단의 일원이 되는 경우에는 법인이 체납한 세금에 대해 자기의 재산으로 대신 납부할 각오를 해야 한다.

이 경우 '과점주주'는 어느 사람이 본인과 본인의 6촌 이내의 부계혈족(父系血族, 예 형제자매, 4촌, 6촌 종형제 등)과 같은 '특수관계인'과 같이 어느 법인의 발행주식 총액(주식회사의 경우) 또는 출자총액(주식회사 이외의 회사의 경우)의 50%를 초과 소유할 때 이들을 가리킨다. 그러나 과점주주가 된다고 해서 모두 제2차 납세의무를 지는 것은 아니며, 다음과 같은 경우에 해당하는 때에만 제2차 납세의무를 진다.

① 당해 법인의 발행주식 총 수 또는 출자총액의 100분의 50을 초과하는 주식 또는 출자 지분에 관한 권리를 실질적으로 행사하는 자

② 명예회장·회장·사장·부사장·전무·상무·이사 기타 그 명칭에 불구하고 법인의 경영을 사실상 지배하는 자

③ 위 '①' 과 '②' 에 규정하는 자의 배우자(사실상 혼인관계에 있는 자를 포함한다) 및 그와 생계를 같이하는 직계존비속

따라서 생계를 같이하는 가족 중 여러 사람이 주식을 소유하면 가족 모두가 법인의 체납세금을 대신 납부해야 하는 위험이 있으므로 가급적 가족 중 어느 한 사람만 주식을 소유하는 것이 바람직하며, 이때 소득이 없는 자녀의 이름으로 주식을 소유하게 할 경우에는 그 금액이 큰 경우(증여재산공제보다 큰 경우)에는 주식취득자금에 대한 증여세를 부과당할 위험이 있으므로 이 점 또한 유의해야 한다.

한편, 주주총회의 의사결정 과정에서 주주 상호간에 대립되는 경우가 발생할 수 있으므로, 이 점 충분히 고려하여 주주 구성을 하여야 한다.

현행 상법상 발행주식 총 수의 100분의 3 이상에 해당하는 주식을 가진 주주는 임시주주총회를 소집할 수 있고 회사의 장부와 서류를 열람하거나 등사를 청구할 수 있는 권리가 있으며, 회사의 업무집행에 관하여 부정행위 또는 법령이나 정관에 위반한 중대한 사실이 있음을 의심할 사유가 있는 때에는 회사의 업무와 재산 상태를 검사하게 하기

위하여 법원에 검사인의 선임을 청구할 수 있도록 규정하고 있다.

또한 발행주식 총 수의 100분의 1 이상에 해당하는 주식을 가진 주주는 회사에 대하여 이사의 책임을 추궁할 소(訴)의 제기를 청구할 수 있도록 규정함으로써 소수 주주의 관리를 대폭 강화시키는 장치를 마련하고 있다(상법 제366조, 제403조, 제466조 및 제467조 참조). 따라서 회사를 창업하거나 신주를 발행할 경우 주주 구성을 고려할 때 상기와 같은 소수주주권(少數株主權)에 유의할 필요가 있다.

참고로 현행 상법상 규정하고 있는 경영권의 침해 가능성이 있을 수 있는 소수 주주권의 비율과 의사결정 권한을 요약하여 소개하면 다음과 같다.

상법상 소수 주주권 관련 규정

구분	내용	근거
주주제안권	• 의결권 없는 주식을 제외한 발행 주식 총 수의 3% 이상에 해당하는 주식을 가진 주주 • 일정사항을 주주총회의 목적사항으로 할 것을 제안(주주제안)할 권리	상법 363의 2
소수 주주에 의한 임시주주총회 소집 청구권	• 발행주식 총 수의 3% 이상에 해당하는 주식을 가진 주주 • 임시총회 소집 청구권	상법 366
결의취소의 소 제기권	• 주주 • 총회의 소집 절차 · 결의 방법이 법령 또는 정관에 위반 · 현저하게 불공정 · 결의 내용이 정관에 위반시	상법 376

구분	내용	근거
집중투표권	• 의결권 없는 주식을 제외한 발행주식 총 수의 3% 이상에 해당하는 주식을 가진 주주 • 집중투표권(2인 이상의 이사의 선임을 목적으로 하는 주주총회에서 이사의 선임 결의시 각 주주는 1주마다 선임할 이사의 수와 동일한 수의 의결권을 가지며, 그 의결권은 이사 후보자 1인 또는 수인에게 집중하여 투표하는 방법으로 행사하는 주주권리)	상법 382의 2
이사해임청구권	• 발행주식 총 수의 3% 이상에 해당하는 주식을 가진 주주 • 이사가 그 직무에 관하여 부정행위 또는 법령이나 정관에 위반한 중대한 사실이 있음에도 불구하고 주주총회에서 그 해임을 부결한 때, 그 이사 해임을 법원에 청구할 수 있는 권리	상법 382 ②
대표소송권	• 발행주식 총 수의 1% 이상에 해당하는 주식을 가진 주주 • 회사에 대하여 이사의 책임을 추궁할 소를 제기할 수 있는 권리	상법 403
유지(留止)청구권	• 주주 • 회사가 법령 또는 정관에 위반하거나 현저하게 불공정한 방법에 의하여 주식을 발행함으로써 주주가 불이익을 받을 염려가 있는 경우 회사에 대하여 주식발행을 유지할 것을 청구할 수 있는 권리	상법 424
신주발행 무효의 소 제기권	• 주주 • 신주발행 무효의 소를 제기할 수 있는 권리	상법 429
감자(減資)무효의 소 제기권	• 주주 • 감자 무효의 소를 제기할 수 있는 권리	상법 429

구분	내용	근거
회계장부열람권	• 발행주식 총 수의 3% 이상에 해당하는 주식을 가진 주주 • 회계의 장부와 서류를 열람 또는 등사를 청구할 수 있는 권리	상법 446
회사의 업무, 재산 상태의 검사권	• 발행주식 총 수의 3% 이상에 해당하는 재산상태의 검사권 주식을 가진 주주 • 회사의 업무진행에 대하여 부정행위 또는 법령이나 정관에 위반한 중대한 사실이 있음을 의심할 사유가 있을 때 회사의 업무와 재산상태를 조사하게 하기 위하여 법원에 검사인 선임을 청구할 수 있는 권리	상법 467

제3부

기업경영과 세무관리

세금에 대한 이해 ①

 어설픈 세금상식에 큰 코 다친다

내가 경영하고 있는 회사에 내 개인 토지를 시세대로 처분했는데, 어느 날 세무서로부터 "토지 처분가액에서 개별공시지가를 차감한 금액만큼은 회사가 당신에게 상여를 지급한 것으로 간주되니 이에 대하여 갑종근로소득세를 내시오!"라는 고지서가 날아온다면 느낌이 어떻겠는가?

세법에는 우리가 일반상식으로는 납득하기 어려운 규정들이 숨어있어 세법에 대하여 잘 알지 못하는 국민들에게는 종종 당혹감과 더불어 낭패감을 주기도 한다.

몇 년 전 가을 어느 날, 충남 천안에서 소규모의 W건설회사를 경영하는 K사장과 동 회사의 회계처리를 맡고 있는 B세무사가 내 사무실을 방문했다. 그들이 방문한 사연은 대강 이러했다.

K사장은 건설업을 하다 보니 최초자본금 5천만 원으로는 관공서에서 발주하는 공사를 수주하는 데 제약을 받아, 사채업자로부터 자금을 빌려 14억 5천만 원을 증자하여 15억 원으로 자본금을 늘렸다. 증자된 법인의 자금은 곧 대표이사가 빌렸던 사채를 갚는 데 지급하다 보니 마땅한 처리방법이 없어

대표이사에 대한 '가지급금' 계정으로 처리했다. 대표이사에 대한 가지급금에 대해서는 세법상 정한 일정한 이자율을 적용하여 회사가 대표이사로부터 이자를 받은 것으로 간주하고 법인세를 부담해야 한다. 또한 금융기관에 지급한 지급이자의 일부분마저 비용으로 인정되지 않음으로써 법인세를 추가로 부담하는 이중의 불이익이 따르고, 더욱이 금융기관으로부터도 회사의 업무와 관계없는 곳으로 회사 자금이 유출되었다고 인정받아 기업 평가시 불리한 영향을 받게 된다.

이러한 이유를 알고 있던 B세무사는 사장을 설득하여 사장이 소유하고 있던 인근 토지를 회사에 양도하는 것으로 처리, 사장에 대한 가지급금을 정리하였다.

다음해에 들어와 W건설은 세무당국으로부터 세무조사를 받게 되었는데 전년 대비 토지 계정이 6억 원이 급증한 것이 세무당국의 주의를 끌었고, 동 토지가 대표이사로부터 매입된 것이라는 것을 이유로 이에 대한 집중조사가 이루어졌다. 조사 결과 세무당국의 의견은 대표이사와 W건설 주식회사와는 특수관계자 관계에 있고, 양도된 토지의 개별공시지가는 2천만 원에 불과한데, 이를 6억 원으로 처분했으니 6억 원에서 2천만 원을 차감한 5억 8천만 원은 회사가 K사장에게 상여지급한 것으로 간주될 수밖에 없다는 것으로 결론이 내려졌다. 곧이어 세금당국은 상기 토지거래는 당시 법인세법 제20조(현재 : 법인세법 제52조)에서 규정하고 있는 부당행위계산(不當行爲計算)에 해당된다고 보아 상여로 간주되는 5억 8천만 원에 대한 갑종근로소득세 및 가산세 조로 약 2억 5천만 원을 W건설에 부과 고지했다.

청천벽력과 같은 거액의 세금 부과에 대해 놀란 나머지, K사장과 B세무사는 불복청구 문제를 협의하기 위하여 필자를 방문했던 것이다.

필자는 상기 세금에 대하여 정밀 분석한 결과 당시 법인세법의 규정상 미비점이 있어 이를 근거로 부과 고지한 상기 세금에 대해 이를 전액 취소받기 위한 심사청구를 수행한 결과 승소판결을 받아 기납부한 세액 전액과 환급이자 상당액을 전액 환급받았다(*그러나 현재 세법으로는 상기 법인세법 관련 규정의 미비점이 보완되었으며, 불복청구시 승소 가능성 없음).

기업을 경영하는 시장으로서 자기가 경영하는 기업과 사장 본인 사이에 부동산 등에 대한 거래를 할 경우에는 거래하기 전에 반드시 거래하고자 하는 부동산에 대한 시가(時價)를 확인하고 후일의 세무조사에 대비하여 이를 증거로 입수하는 절차를 밟을 필요가 있다. 예를 들어 양도하고자 하는 시점에 인근 다른 토지의 매매실례가액(賣買實例價額)을 입수해 놓거나 매매사례가 없으면 토지매매 계약을 체결하기 전에 당해 토지에 대하여 매매가격 산정을 목적으로 하는 감정평가를 받아 이를 기초로 매매가격을 결정할 필요가 있다. 만약 감정평가를 받기가 곤란한 사유가 있다면 양도하고자 하는 토지의 일부를 제3자에게 실제로 처분하여 시가로 입증하기 위한 매매 사례가액을 미리 준비해 두는 것도 후일의 세무조사에 대비하는 하나의 좋은 방법이 될 것이다.

 우리나라의 세금 종류는?

우리는 우리가 느끼지 못하는 가운데 수많은 세금과 직접 · 간접으로 관련을 맺으며 살아가고 있다.

우리나라의 세금은 크게 국가, 즉 중앙정부가 부과·징수하는 '국세(國稅)'와 지방자치단체가 부과·징수하는 '지방세(地方稅)'로 나뉘어 있는 바, 현재 국세 13가지, 지방세 16가지 등 총 29가지의 세금이 있다.

또한 조세는 아니지만 조세적 성질을 띠고 있는 것으로서 '개발이익환수에 관한 법률'에 의한 '개발부담금' 등이 있다.

이상의 세금 이외에도 각 세법에 공통적으로 적용되는 법률로서 '국세기본법', '국세징수법'이 있으며, 이밖에도 '조세범처벌법', '조세범처벌절차법' 및 '조세특례제한법'이 있다.

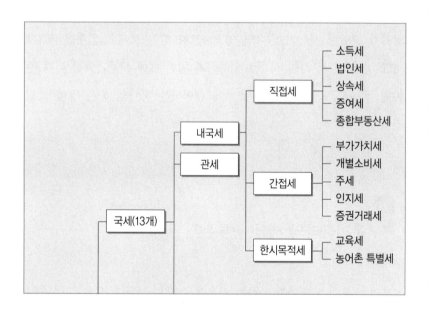

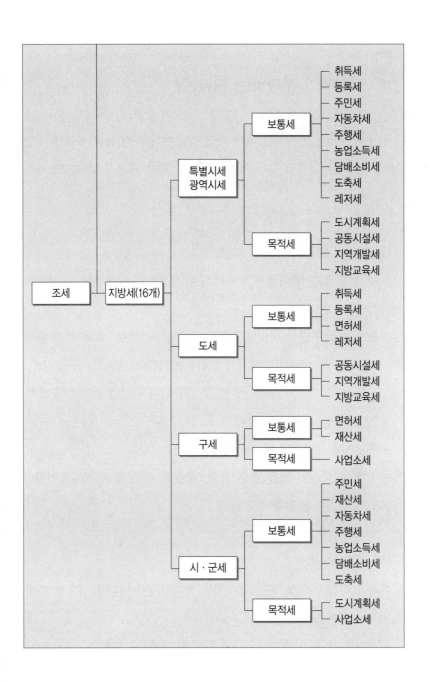

사업자가 부담하는 세금은?

신규로 사업을 개시하는 경우 사업자는 여러 가지 세금 부담에 직면하게 되는데 사업자의 경우 어떠한 세금을 내야 하는지 알아보면 다음과 같다.

(1) 부가가치세

우선 상품 등을 판매하거나 서비스를 제공하는 데에 대하여 부가가치세를 내야 한다.

그러나 다음과 같이 생활필수품을 판매하거나 의료·교육 관련 용역을 제공하는 데 대해서는 부가가치세가 면제된다.

- 곡물, 과실, 채소, 육류, 생선 등 가공되지 아니한 식료품의 판매
- 연탄, 무연탄, 복권의 판매
- 병·의원 등 의료보건 용역법
- 허가 또는 인가 등을 받은 학원, 강습소, 교습소 등 교육용역법
- 도서, 신문, 잡지(광고 제외)

(2) 개별소비세

다음과 같은 사업을 하는 경우에는 부가가치세 이외에 별도로 개별소비세도 내야 한다.

- 경마장, 골프장, 카지노, 유흥주점 등 과세유흥장소

• 보석, 귀금속 판매

• 고급가구제조, 모피의류 등의 제조

(3) 소득세

한편, 법인형태가 아닌 개인사업자로서 사업을 통하여 올린 연간소득에 대하여 1년에 한 번 소득세를 신고하고 납부해야 한다. 한 해의 소득, 즉 매 과세기간(1. 1~12. 31)의 연간소득에 대한 소득세를 다음해 5월 1일부터 5월 31일가지 주소지 관할세무서에 신고하고 세금을 납부해야 한다.

(4) 법인세

법인사업자로서 올린 연간소득에 대하여는 법인세를 신고, 납부하여야 한다. 법인기업은 개인기업과는 달리 사업연도는 법인이 사업연도로 정관상에 정하고 세무당국에 신고한 기간을 말하며, 동 사업연도 종료일부터 3월 이내에 사업연도 소득과 법인세 과세표준을 서면으로 관할 세무서에 신고하고 세액을 납부하여야 한다.

(5) 근로소득세 원천징수

사업자가 종업원을 채용하여 월급을 줄 때에는 근로소득세를 원천징수하여 납부해야 한다.

사업자가 지켜야 할 세무상 신고 및 세액 납부기한

구분	사업자	신고 · 납부기한		신고 · 납부할 내용
부가가치세	법인사업자	1기 예정 1기 확정 2기 예정 2기 확정	4. 1~4. 25 7. 1~7. 25 10. 1~10. 25 1. 1~1. 25	1. 1~3. 31의 사업실적 4. 1~6. 30의 사업실적 7. 1~9. 30의 사업실적 10. 1~12. 31의 사업실적
	개인사업자 (일반 · 간이)	1기 확정 2기 확정	7. 1~7. 25 1. 1~1. 25	1. 1~6. 30의 사업실적 7. 1~12. 31의 사업실적
		※ 예정신고 및 예정고지(일반과세자에 한함) - 예정신고 : 신규사업자, 직전 과세기간의 납부세액이 없는 자, 총괄납부자, 사업자단위과세사업자, 예정신고기간에 간이과세자에서 일반과세자로 변경된 자 - 사업부진자, 조기환급발생자는 예정신고납부와 예정고지납부 중 하나를 선택		
소득세	개인사업자 (과세 · 면세)	확정신고	5. 1~5. 31	1. 1~12. 31의 연간소득금액
		중간예납 (11. 15 고지)	11. 1~11. 30	중간예납기준액의 1/2
법인세	법인사업자	사업연도 종료일로부터 3월 이내		사업연도소득 금액과 법인세
개별소비세	과세유흥장소	분기의 다음달 말일까지		3개월의 유흥음식 요금
	투전기 설치장소			3개월의 입장인원
	귀금속상			3개월의 판매금액
	가구 제조업 등			3개월의 제조장 반출가격
사업장 현황 신고	개인면세 사업자	다음해 1. 1~1. 31		1. 1~12. 31(폐업일)의 면세수입금액
원천징수이 행상황신고	원천징수를 한 사업자	일반사업자	다음달 10일	매일 원천징수한 세액
		반기납부자	7. 10, 1. 10	

(자료 : 국세청)

기업경영과 세무관리 ②

어느 호텔 경리부장의 과오

memo

> 몇 년 전 강남에 있는 H특급호텔을 회계 감사하기 위해 이 호텔의 회계처리 방법을 검토하게 되었다.
>
> 그 당시 H호텔의 경우는 외국과 합작형태로 설립되었기 때문에 매년 회계처리방식을 기업 회계기준에 맞추어 처리하여야 할 입장이었다.
>
> 회계처리 방법을 검토하던 중 감가상각의 방법이 '정률법'으로 신고, 적용되고 있음을 보고 나는 의아한 생각이 들어 경리부장에게 질문하였다.
>
> "경리부장님, 이 호텔의 경우 감가상각법을 왜 정률법으로 신고하였나요?"
>
> 경리부장은 나의 질문에 "글쎄요, 무슨 문제가 있습니까?"
>
> 이 답변을 듣는 순간, 나는 이를 어떻게 해석하여야 할지 난감하였다. 왜냐하면 이 답변은 경리부장이 '정률법'이 호텔에 미치는 세무상 영향을 모르고 있거나, 만약 안다고 한다면 그 경리부장이 자기의 책임을 다하지 않았다고 밖에 생각할 수 없었기 때문이다.

'정률법'은 초년도에 감가상각비의 계상이 집중적으로 이루어지는 방법이기 때문에 비용계상이 초년도에 많게 이루어진다. 호텔업은 업종의 성질상 초년도에는 이익이 실현되기 어렵고 시간이 흐를수록 고객의 신뢰와 관심을 얻어 점차 이익이 실현되는 업종이다. 따라서 대체적으로 적자를 보는 초년도 부분에 감가상각을 많이 하는 방법을 택하는 것은 여러모로 볼 때 일종의 넌센스라고 말할 수 있겠다.

왜냐하면 그 당시에는 당해 사업연도 개시일 전 3년 이전의 결손금만이 법인세과세 표준계산시 공제될 수 있었기 때문에 초년도의 결손금은 적자가 3년 이상 지속되면 세무상 공제받을 길이 없었기 때문이다. 그 호텔의 경우에는 감사 당시 제6기를 맞이하였는데 처음 5년간 연속 적자를 보고 있었기 때문에, 1차년도와 2차년도의 감가상각비는 제6차년도에 만약 이익이 난다고 하더라도 공제받을 수 없어 그만큼 세무상 불이익을 받게 되는 것이다.

H호텔의 경우 감가상각 방법을 정액법에 의하는 경우 대신 정률법을 택함으로써 세금에 미치는 영향을 비교해본 결과, 무려 1억 원이 넘는 세무상 손실을 보고 있었으나, 호텔 경영진이나 실무자 중 누구도 이러한 점을 알지 못하고 있었다.

흔히 경리는 '사실'과 '관습' 그리고 '판단'의 함수관계에 있다고 말한다. 우리는 이상의 사례를 통하여 경리부장의 판단이 얼마나 중요하며, 만약 판단을 잘못 내릴 경우 기업에 미치는 영향이 얼마나 큰지를 짐작할 수 있다.

절세를 할 수 있을 때 제대로 하지 못하는 기업이 과연 성장·발전을 할 수 있다고 쉽게 말할 수 있겠는가.

세무관리란?

'세무관리(稅務官理, tax management)'라는 말은 '세무(稅務)'
와 '관리(官理)'의 합성어다. 이 말이 지니는 뜻을 살펴보면 세무업무
에 관리기능을 도입시킴을 의미한다.

관리의 개념은 학자에 따라 여러 가지로 정의되고 있으나, 일반적으
로 관리란 '일정한 기업 목표 또는 경영 목표를 효과적이고 능률적으
로 달성하기 위해 계획, 조직, 통계 등의 제반관리기능을 통해서 기업
의 여러 가지 자원, 예를 들어 사람, 물자 및 자금 등을 기업의 제 활
동에 배분, 조정 및 통합하는 과정'을 뜻한다. 따라서 세무관리란 세
무업무의 효율적 수행과 절세를 달성하기 위한 관리활동을 의미한다고
말할 수 있다.

세무관리의 구체적 절차

관리기능도 앞서 설명한 관리의 개념과 마찬가지로 학자마다 여러 견해가 있지만, 일반적으로 '경영의 목적을 능률적으로 달성할 수 있도록 이미 결정된 기본 정책에 입각하여 계획·조직·동기·조정 및 통제기능을 발휘하는 것'을 말한다.

따라서 관리기능을 분석해 보면,

① 계획화(planning)

② 조직화(organizing)

③ 동기화(motivation)

④ 조정화(coordinating)

⑤ 통제화(controlling)

의 5단계로 구분할 수 있다.

이를 세무관리와 관련시켜 설명하면 다음과 같다.

▶ **계획화**

'계획화(計劃化)'라 함은 기업의 장래를 예견하고 행동과정을 계획하는 기능이다. 즉, 경영활동을 합리적으로 수행하기 위하여 활동목표 및 실시과정(방법 및 절차)을 가장 유리하게 도달할 수 있도록 사전에 계획하는 것을 말한다. 그 구체적인 내용은 ① 예측(forecasting), ② 목표(objectives), ③ 방침결정(policies), ④ 절차(schedules), ⑤ 실시계획(programs), ⑥ 예산(budgets) 등이 된다.

이 계획에는 단기계획(1~3년 기간), 중기계획(3~5년간), 장기계획(5~10년간) 등으로 다시 세분된다.

세무관리에 있어서의 계획은 다음과 같이 구성된다.

첫째, 개인이나 기업에 있어 부담하여야 할 조세의 종류와 부담 세액의 규모를 미리 예측하는 일이다.

기업의 경우 기업활동과 관련된 조세의 종류는 앞서 이미 살펴본 바 있다. 이들 여러 종류의 세금의 부담 규모가 해당 기업별로 일정기간 동안 또는 일정시점에 있어 어느 정도인지 미리 파악해 본다.

둘째, 이와 같은 조세를 절감할 수 있는 방법, 즉 절세(節稅)방법을 연구·검토한다.

예컨대, 법인의 소득이 높아 많은 법인세 부담이 예상되면 비용지출의 시기를 조정(예 익년도 초의 사원연수 계획을 당년도 말로 조기실시 등)하거나 세무상 문제점을 발견하기 위한 세무진단의 실시 등을 실시함으로써 기업이 지니고 있는 세무상 문제점을 제거하는 계획을 세운다.

셋째, 이와 같은 여러 종류의 세금의 납부 방법과 시기를 계획한다.

예컨대 납부방법으로는 현금납부가 일반적이지만 법인세, 상속·증여세 등의 경우에는 물납제도(物納制度)가 있으므로 어느 방법을 택할 것인가를 판단한다. 또 납부시기로는 부담 세액의 규모에 따라 일정규모(예 법인세의 경우 납부할 세액이 1천만 원을 초과) 이상인 경우에는 분납(분납)이 가능하며, 상속세의 경우처럼 연부연납(年賦延納)이

가능한 경우도 있으므로, 이를 고려하여 납부시기를 계획하도록 한다.

▶ 조직화

조직화(組織化)는 경영의 2대 요소인 인적요소와 물적요소를 형성하는 기능이다.

직무(일)가 능률적으로 달성되도록 사람(인적요소)을 적재적소에 배치하는 관리활동이다. 직무를 편성·결합하는 것은 'organizing'이라 부르며, 인원 배치 'staffing'이라고 불러 양자를 구분하기도 한다. 조직화의 구체적인 내용은 ① 직무의 분류, ② 직무의 할당, ③ 권한과 책임의 명확화, ④ 직위의 제단계의 명확화 등이다.

세무관리에 있어서 조직화의 문제는 세무관리부서(예 경리부) 내 제직책간 또는 세무관리부서와 다른 부서와의 효율적인 업무 흐름의 정립과 관련이 깊다.

왜냐하면 세금은 경영활동의 최종단계에서 계산되는데 결국 영업, 제조, 판매, 기타 제반관리 부문의 활동 결과에 의하여 좌우되기 때문이다.

또한 세무 문제는 고도의 전문적인 지식과 경험이 필요하므로 이를 담당할 인적자원의 확보와 이들에 대한 지속적인 교육훈련이 필요하다. 그리고 이들과 외부 전문가집단(예 공인회계사, 세무사)과 유기적인 연결체제가 이루어지도록 고려되어야 한다.

▶ 동기화

동기화(動機化)는 동기유발 또는 동기부여라고도 하며, 집단(조직원)의 활동을 유지·확보하려는 기능이다. 즉, 종래 지휘(directing), 명령(order) 등의 개념이 상위자에 의해 타의적 내지 일방적으로 강압된 행동이라는 뉘앙스를 제거하고, 집단이 자발적 내지 적극적으로 책임을 지고 일을 하는 의욕이 생기도록 하는 역동과정(力動過程)을 말한다.

그 구체적인 내용은 ① 의사소통(communication), ② 경영참가(participation), ③ 사내훈련(training), ④ 상담(counselling) 등이다. 이 경우 특히 일의 달성감, 달성의 승인, 책임의 증대, 승진 등과 같은 동기유발 요인에 세심한 주의를 요하며 잘못된 정책과 관리, 감독, 급여에 대한 불만 및 불량한 근무조건 등과 같은 불만족 요인을 제거하는 데도 노력하여야 한다.

세무관리의 책임자는 전술한 '의사소통'을 통하여 세무관리 담당자들로 하여금 세무관리의 중요함을 인식시키고 '사내훈련'을 통하여 세무관리에 필요한 지식과 능력을 갖출 수 있도록 하며, '상담과 지도'를 통하여 세무관리상 부딪치게 되는 제반 애로사항과 문제점 등을 조기에 해결하도록 유도하여야 할 것이다.

▶ 조정화

조정화(調整化)는 이해나 견해가 대립된 제활동과 노력을 결합하고 동일화해서 조화를 기하는 능력이다. 즉, 공동 목적을 달성하고 행동상의 통일을 확보하기 위하여 집단의 노력을 질서정연하게 정돈하는 활동을 말한다. 조정화의 구체적인 내용은 ① 장기계획과 단기계획의 조정, ② 부문간에 있어서의 업무분장과 권한관계의 조정, ③ 집단간의 협력(teamwork)을 위한 조정 등이 있다.

첫째, 장·단기계획의 조정에 있어 세무관리상 고려하여야 할 사항을 들면 연간·월간·주간·일간 이익과 자금 계획에 맞추어 세 부담 규모의 산정과 납부시기와 방법에 관한 방침을 정하고, 이에 대한 장단기 계획을 세워야 할 것이다.

둘째, 부문간에 있어서의 업무분장과 권한관계의 조정을 위하여 유효한 내부통제제도와 명확한 업무분장제도를 세무관리 부문에도 도입하여야 하며, 운용과정상 발생되는 부문간의 갈등을 면밀히 관찰하여 이를 재조정하도록 하여야 할 것이다.

셋째, 집단간 협력은 조직의 핵심요소로서 세무관리에도 적용된다고 본다. 세무관리는 전체 경영관리 중 한 분야에 속하므로 다른 관리부문의 협력 없이 세무관리의 성공을 기대할 수 없으며, 기업 회계부서의 협조 없이는 세무관리를 원활히 수행할 수 없으므로 집단간의 협력이 플러스 시너지효과(synergy effect)가 산출될 수 있도록 노력해야 할 것이다.

예컨대 절세 노력 중의 하나로서 재고관리부서와 협조하여 매년 재고조사를 실시하고 동 재고조사시 불량품이나 파손품을 정확히 파악하여 이를 폐기하거나 매각함으로써, 이로 인한 손실을 회계처리에 반영하도록 한다.

▶ 통제화

통제화(統制化)라 함은 과업이 기준과 지시에 따라 실시되고 있는가를 확인·감독하는 기능을 뜻한다. 즉, 집단행동의 결과를 계획과 비교하여 설정된 목표와 일치하고 있는가를 다지는 기능을 말한다. 따라서 이 기능은 경영활동의 실시와 관련하여 확인 내지 감독적인 의미가 강하게 작용하는 것이며, 앞서 설명한 바 있는 '계획화' 기능과 상호의존적인 관계에 있다. 그러므로 통계기능의 동반 없이는 그 존재의의와 효과가 약화되는 것이다.

세무관리에 있어 통제화 기능의 예를 들면 앞서 설명한 '계획화' 기능 단계에서 계획했던 세 부담 규모와 납부시기 및 방법이 계획대로 실시되었는지 재검토하고 문제점을 발견하여 차기의 계획에 반영(feedback)시키는 점 등이 있다.

세무관리는 왜 중요한가?

memo

몇 년 전 필자가 겪은 일화이다. 모 그룹의 계열회사인 H호텔의 세무자료를 보게 된 필자는 세금을 과오납한 사실을 알게 되었고 소송을 통하여 약 5억 원의 세금을 환급받도록 해준 적이 있다.

그로부터 약 한 달이 지난 어느 날, 호텔 총지배인으로부터 만나자는 연락을 받고 방문하니 호텔 지배인은 고문패를 주면서 다음과 같이 말하였다.

"선생님은 우리 호텔의 세금을 5억 원 절세해 주셨는데, 이를 매출로 환산해 보니 약 300억 원의 매출을 올린 것과 같습니다. 우리 그룹의 경우 매출액에 기여한 정도가 200억 원까지는 각 계열회사가 고문패를 위촉하지만 선생님은 300억 원의 매출 효과를 기여하셨기 때문에 그룹 고문패를 드리게 되었습니다."

기업의 이익이 계산되는 과정은 앞서 알아본 바와 같이 손익계산서에 잘 나타나 있다. 손익계산서를 보면 이익의 맨 마지막 단계에서 순이익의 차감 요소로서 법인세 비용이 등장한다. 따라서 이러한 법인세를 효율적으로 절약하면 할수록 당기순이익은 그만큼 커질 수 있는데, 이러한 중요한 비중을 차지하고 있는 법인세를 합리적으로 절세할 수 있도록 하는 것이 세무관리다.

이러한 세무관리의 영역은 법인세를 절감하는 것에만 국한하는 것이 아니라 손익계산서의 전 부분에 관련되어 있다. 매출액과는 부가가치세가 깊이 관련되어 있으며, 매출원가는 원가의 세무상 비용인정 여부가 중요하며, 판매비와 관리비는 동 비용이 업무와 관련되어 있는지 그리고 접대비나 감가상각비 같이 세무상 손비인정 한도가 있는 비용인 경우에는 동 범위 내인지 잘 검토할 필요가 있다. 그밖에도 손익계산서 비목별로 절세상 유의할 포인트가 두루두루 숨어 있어 이들을 잘 발견하고 관리하는 것이 무엇보다도 중요하다.

법인세를 절감하는 것이 기업의 경영에 얼마만큼 중요한 영향을 미치는지 다음의 사례를 통해 살펴보기로 하자.

【예】 매출액 대비 법인세 차감전 순이익율이 5%인 어떤 회사가 만약 1억
원의 법인세를 절세했을 경우 얻는 이익은 얼마만큼의 매출을 올린
것과 이익 효과 면에서 같을까?

【절세효과】 100,000,000 ÷ 0.11(법인세율) = 909,090,909
909,090,909 ÷ 0.05(매출액 대비 세전 순이익률)
= 18,181,818,000원(매출액으로 본 절세효과)

 이익관리와 세무관리

기업의 생명력은 기업 내·외부에서 불어오는 변화의 세찬 바람에서
기업이 살아갈 수 있도록 하는 힘이라고 말할 수 있다. 그렇다면 세무
관리가 이러한 기업 생명력 향상과 어떤 관련이 있을까?

어떤 기업이 한 회계 기간동안 이루어낸 기업활동 흐름의 결과는 당
해 기업이 회계연도 말에 작성, 보고하는 재무제표에 표시된다. 우선
'사람의 흐름'은 동 흐름과 관련되어 발생된 비용 형태(예) 급여, 교육
훈련비, 복리후생비, 퇴직급여 등)로 손익계산서에 보고되며 '물자의
흐름'은 일정 시점(회계연도 말)에 있어서의 상황(재고현황)과 일정 기
간 동안의 변동 내용(매출액, 매입액 등)으로 나뉘어 전자는 재무상태
표로, 후자는 손익계산서로 각각 표시되어 보고된다. 마지막으로 '자

금의 흐름'도 물자의 흐름과 마찬가지로 일정 시점 현재의 상태(예 현금·예금보유현황 등의 연도 말 잔액)와 일정 기간 동안의 변화 내용(예 현금·예금 등의 증감 내용 등)으로 나뉘어 전자는 재무상태표로, 후자는 현금흐름표로 각각 표시된다.

이러한 재무제표에 표시되는 기업활동의 결과 중에서도 격변하는 환경 속에서 기업으로 하여금 견디고 살아남을 수 있도록 하는 힘인 기업 생명력과 가장 밀접하게 직결되고 있는 것은 앞서 기업의 목표로 설명한 바 있는 '이익(수익 – 비용 = 이익)'이라고 말할 수 있다. 즉, 기업이 이익을 얼마만큼 내는가는 기업이 앞으로 얼마나 잘 생존해 나갈 수 있는가와 직결된다. 이는 어떤 기업이 다른 기업에 비하여 이익을 내는 정도(수익성)가 높으면 높을수록 그만큼 타기업보다 종업원, 주주나 은행 또는 거래처 등 이해관계자 집단들과 원활한 동반자관계(partnership)가 이루어져 생명력이 그만큼 더 높다고 이야기할 수 있는 것이다.

이익은 기업의 목표이자 기업 생명력의 원천이라고 할 수 있다. 그렇다면 이러한 이익과 세무관리는 어떠한 관련이 있으며, 세무관리가 이러한 이익, 즉 기업 생명력의 원천을 향상시키는데 있어 어떠한 역할을 하게 되는가?

어떤 기업의 이익은 전술한 손익계산서의 마지막 단계에서 '당기순이익'으로 표시된다.

당기순이익이 많으면 많을수록 그 기업의 수익성은 그만큼 높다고 이야기할 수 있다.

```
┌─────────────────────────────────────────────────────────────┐
│              손익계산서 구조와 경영관리와의 관계                    │
│                                                               │
│  Ⅰ. 매출액 ·········································· 마케팅, 광고관리 ─┐ │
│  Ⅱ. 매출원가 ································ 생산관리, 재고관리, 인사관리 ─┤ │
│  Ⅲ. 매출총이익(Ⅰ-Ⅱ) ····························· 구매관리, 공정관리 ─┤ │
│  Ⅳ. 판매비와 관리비 ························· 인사관리, 자금관리 ─┤   세무관리  │
│  Ⅴ. 영업이익(Ⅲ-Ⅳ) ·························· 인사관리, 자금관리 ─┤   (광의)   │
│  Ⅵ. 영업 외 수익 ································· 재무관리 ─┤ │
│  Ⅶ. 영업 외 비용 ································· 재무관리 ─┘ │
│  Ⅷ. 법인세 비용 차감전 순이익(Ⅴ+Ⅵ-Ⅶ)                           │
│  Ⅸ. 법인세 비용 ··························· 세무관리(협의) ─┘        │
│  Ⅹ. 당기순이익(ⅩⅠ-ⅩⅡ)                                         │
└─────────────────────────────────────────────────────────────┘
```

이러한 당기순이익은 손익계산서에서 다음과 같이 여러 단계로 나뉘어 가감과정을 거쳐 계산되게 된다.

다음의 손익계산서에서 알 수 있듯이 기업의 소득에 대한 세금에 따른 비용과 마찬가지로 순이익의 차감 요소로서 마지막 단계에서 계산된다.

이상의 도표에서 알 수 있듯이 기업의 일차적인 목표가 기업 생명력의 원천인 세후 순이익의 극대화에 있다고 가정한다면 매출액을 비롯한 수익을 신장시키는 노력을 하거나 매출원가를 비롯한 제반 비용을 절감시키는 노력을 하여야 한다.

이러한 노력은 영업부나 생산부·관리부 등 타부서에서 주로 이루어지게 된다.

그러나 이상의 노력 못지않게 중요한 것이 바로 세후 순이익의 크기를 최종적으로 좌우하는 '세금' 문제이며, 세무관리는 바로 이 '세금'

을 최소화시키도록 노력하는 것을 그 주요 내용으로 하고 있다.

따라서 세무관리의 성공 여부는 당해 기업의 세후 순이익을 극대화 시킬 수 있는지 여부를 죄우하게 됨으로써 당해 기업의 생명력 향상에 결정적인 역할을 하게 된다.

주식관리와 ③ 세무관리

 주식관리를 잘못하여 낭패당한 사례

(1) 사례 1 : 주식으로 효도하려다 불효한 경우

중소기업을 착실히 경영하는 K는 장인어른이 공무원을 정년퇴직하자 효도하는 마음으로 자기 회사의 회장으로 모셔와 대정부 관계 일을 부탁드리고, 아울러 주식도 10% 드림으로써 배당도 받을 수 있도록 최선의 배려를 하였다.

그러나 그 회사는 거래처로부터 뜻하지 않은 거액의 부도를 맞게 되어 그 영향으로 같이 연쇄부도를 일으키게 되었다. 자금난 때문에 세금을 체납하자 세무당국으로부터 세무조사를 받게 되었고, 그 거래처에 대한 매출액이 공교롭게도 비자금 조성을 위한 '무자료 거래'이었음이 판명되어 많은 세금을 추징당하게 되었다. 그러나 그 기업은 많은 세금을 부담할 능력이 없었기 때문에 과세당국은 국세기본법 제39조(출자자의 제2차 납세의무)에 의거 사위와 장인의 재산으로 회사의 세금을 징수하였다.

사위는 효도를 하고 싶은 마음에 장인어른에게 주식 10%를 할애해 드린 것이 결국 '과점주주의 제2차 납세의무'라는 세법의 조세채권 확보를 위한 그물망에 걸려 장인어른이 평생 직장생활을 통하여 간신히 마련한 유일한 재산인 주택마저 세무당국이 압류하여 체납처분하자, 효도를 한다는 것이 불효를 하게 되어 그만 눈물을 흘리지 않을 수 없었다.

이는 세법에 대한 무지와 관심의 결여로 인해 뜻하지 않게 가까운 친·인척에게 피해를 주게 된 하나의 대표적인 사례이다.

(2) 사례 2 : 차명으로 주식 분산하여 고통받은 경우

몇 년 전 중소기업을 운영하고 있는 L사장이 경영 문제로 상의하고 싶다는 뜻을 전하고 필자의 사무실을 방문했다.

L사장은 다음과 같이 고민을 털어놓았다.

"우리 기업에 상무로 있는 K를 이번에 권고사직시켰습니다. 권고사직의 이유는 K상무가 당뇨병을 앓고 있었는데 최근 병세가 악화되어 오전에만 근무하고 오후에는 쉬어야 할 입장이어서 회사 운영에 막대한 지장을 주게 되었기 때문입니다. 그래서 퇴직위로금도 넉넉히 주어서 서운하지 않도록 퇴직을 시켰는데 K상무로부터 뜻하지 않은 주장을 듣게 되어 골치가 아픕니다. 약 20여 년 전에 개인으로 있던 기업을 법인으로 전환시 당시의 상법에 따라 7명의 주주가 필요하여 경리 담당 과장으로 있던 K상무의 이름을 빌려 주주명부 등재를 했었습니다. 그 후 그 문제는 까마득히 잊고 있었지요. 그런데 그가 그때 가지고 있던 주식비율이 5%였는데, 지금까지 그 비율을 그대로 자기 앞으로 유지시켰던 것 같습니다. 우리 회사는 그동안 토지와 건물도 많이 사고 이익배당도 전혀 실시하지를 않아서 주식 가치가 상당히 높아졌을 텐데 본인의 주식 소유권을 주장하니 참으로 난감합니다."

필자는 K상무도 익히 잘 알기 때문에 며칠 후 만나 이야기를 들어보니 한 평생을 바쳐 몸 담고 일한 기업인데 몸이 좀 아프다고 권고사직을 시키니 너무 억울해서 주식 소유권을 주장하지 않을 수 없다는 것이었다. K상무 명의로 되어 있는 주식을 상속세법에 의해서 평가해보니 약 3억 5천만 원 정도 되었다. 나는 당시 L사장과 K상무 양쪽 입장을 중재하여 특별 퇴직위로금조로 약 5천만 원 정도를 추가로 지급한 후 명의이전을 하도록 K상무를 설득하여 원만히 주식명의를 이전시키도록 하였다.

5%의 주식 소유 비율은 상법상 아주 중요한 의미가 있는 비율이다. 왜냐하면 3% 이상의 주식을 소유한 경우 주주총회를 소집할 수 있고, 1% 이상인 경우에는 회사에 대하여 이사의 책임을 추궁할 수 있는 대표 소송을 제기할 수 있기 때문이다. 따라서 5%의 주식을 소유한 경우 경영권 행사에 결정적인 영향력을 행사할 수도 있기 때문이다(상법 제366조, 제403조).

이러한 점을 L사장에게 주지시키고 K상무에게는 경리인의 매너를 강조함으로써 양자간 원만한 타협을 이루어낼 수 있었다.

(3) 사례 3 : 주식 명의이전을 잘못하여 증여세를 부과당한 경우

중소기업을 경영하는 C씨는 최근 사업장 관할 세무서 재산세과로부터 주식이동상황에 관한 조사를 받고 큰 걱정에 쌓여 있다.

그는 약 1년 6개월 전에 보증을 서준 친구가 부도를 내고 잠적하는 바람에 친구 회사에 자금을 빌려준 은행들로부터 채무에 보증을 선 C씨의 재산에 대한 압류가 있을 것을 우려하여 거의 전 재산을 투자해 경영하고 있는 자기 회사의 주식을 모기업 부장으로 근무하고 있는 형에게로 명의이전을 한 후, 법인세 신고시 주식이동 사실을 보고했던 것이다.

한 기업의 주식이 대량으로 한꺼번에 이전되었고 이전해간 대상이 C씨의 형으로서 특수관계에 있는 자이기 때문에 세무당국은 위장 분산의 혐의를 잡고 주식 위장 분산에 관한 조사를 실시하게 된 것이다.

조사 결과 주식이동에 관한 매매계약서도 없을 뿐만 아니라 주식이동에 관한 증권거래세 신고도 다음달 10일까지 하여야 함에도 하지 않았고, 더욱이 주식 매매대금이라고 주장하는 30억 원의 주식 매도대금도 C씨의 형으로부터 C씨의 통장으로 입금된 사실을 발견할 수 없어 세무당국은 이에 대해 상속세법 제45조의 2(명의신탁재산의 증여의제)의 규정을 적용하여 증여세를 부과할 예정으로 있다고 한다.

비록 형에게 양도하더라도 상속세법상 주식 평가를 한 금액을 기준으로 정식 매매계약을 체결하고 이를 공증한 후, 증권거래세로 자진납부하고 매매대금의 수수가 금융거래상으로 입증되도록 적절한 조치를 밟았다면 이와 같은 세무상 문제는 없었을 것으로 판단된다.

이러한 절차를 밟지 않았기 때문에 결국 많은 증여세(약 12억 원)을 부담할 위험에 처하게 된 것이다.

증여세 계산

① 과세표준 = 3,000,000,000 - 5,000,000 = 2,995,000,000원
② 산출세액 = 240,000,000 + (2,995,000,000 - 1,000,000,000) × 50%
           = 1,237,500,000원
※ 상기 산출세액은 당시 세법에 따라 계산한 것이며, 이외에도 '가산세' 부담이 추가됨.

 주식관리와 세무

주식은 주식회사의 지분을 나타내는 유가증권으로서 주주의 회사에 대한 지분권을 표시하는 유통증권이다. 현행 상법상 주식회사의 자본은 5천만 원 이상이어야 하며, 동 자본은 주식으로 분할하되 1주의 금액은 100원 이상으로 하도록 규정하고 있다(상법 제329조).

주식은 원칙적으로 1주마다 1개의 의결권이 있는데, 이는 회사의 경영권을 결정하는 요소이며 또 한편 회사의 재산권을 표시하고 있어 중요한 재산적 기능을 하고 있다. 더욱이 주식의 취득 → 보유 → 처분(양도 · 상속 · 증여)의 각 단계별로 과세 문제가 야기될 수 있으므로 주

식에 관한 어떤 의사결정을 하기에 앞서 동 의사결정이 세무상 어떠한 결과를 초래하는지 사전에 검토해 보는 세무관리가 주식관리의 가장 중요한 과제이다.

주식관리에 따른 세무 문제는 소유자 입장에서 볼 때 크게 주식의 취득, 보유, 처분의 세 가지 단계로 나누어 볼 수 있다.

첫째, 주식의 취득은 주식회사의 설립에 따른 출자로 인한 원시취득과 증자로 인한 신주취득 및 타인으로부터의 양수 및 상속·증여에 의한 취득이 있다.

둘째, 주식의 보유는 주주로서 주식회사의 주주총회에 참석하여 의결권을 행사하거나 금전배당 또는 주식배당으로 인한 소득원천의 역할을 한다.

셋째, 주식의 처분은 취득의 반대 입장으로 타인에게의 주식 양도, 상속, 증여를 통한 소유권 이전 및 감자를 통한 소유권 소멸 등이 있다.

이상의 세 가지 단계별로 발생되는 세무 문제를 요약하면 다음과 같다.

[주식 관련 세무 문제]

구분	세무 문제	법적근거[*]
취득단계	· 주식 취득자금에 대한 출처조사-취득자금의 증여 추정	속법 45
	· 과점주주의 부동산 등의 간주취득에 따른 취득세 납세의무	지령 78
	· 배우자·직계존비속으로부터의 주식양수시 증여의제	속법 44
	· 특수관계자로부터 저가양수시 증여의제	속법 35
	· 명의신탁주식의 증여의제	속법 45의 2
	· 특정법인과의 거래를 통한 주주 이익의 증여의제	속법 41
	· 상장·합병 등 재산가치 증가 사유로 인한 미성년자 등의 이익	속법 42 ④

구분	세무 문제	법적근거
취득단계	· 합병시 증여의제	속법 38
	· 증자시의 증여의제(신주인수권 포기로 인한 이익의 증여의제)	속법 39
	· 중소기업창업투자회사 · 벤처기업 등에의 출자에 대한 과세특례	조법 14
	· 중소기업창업투자조합 출자 등에 대한 소득공제	조법 16
	· 현물출자에 따른 이익의 증여의제	속법 39의 3
	· 과점주주의 취득세 납세의무	지법 105 ⑥
	· 전환사채 등의 주식 전환에 따른 증여의제	속법 40
	· 공익법인을 통한 우회적 주식 취득에 대한 증여의제	속법 48 ①
보유단계	· 금전배당에 따른 소득세 납세의무	소법 17 ①
	· 의제배당에 따른 소득세 납세의무	소법 17 ① ②
	· 과점주주의 제2차 납세의무	국법 39 ①
	· 주식 또는 출자지분의 상장 등에 따른 이익의 증여의제	속법 41의 3
	· 합병에 따른 상장 등 이익의 증여의제	속법 41의 5
	· 자본의 증 · 감자거래로 인한 이익 및 소유지분 변동에 따른 이이의 증여의제	속법 42의 ①
	· 장기보유주식 배당소득에 대한 소득세비과세 및 원천징수 특례	조법 91
	· 공익법인 등의 주식 등의 보유기준	속법 49
	· 해외자원개발투자 배당소득에 대한 법인세 면제	조법 22
처분단계	· 주식양도로 인한 양도소득세	소법 94 ①
	· 주식양도에 대한 증권거래세	증법 1
	· 특수관계에 있는 자에게 고가양도시 증여의제	속법 35
	· 시가초과 취득 · 시가 미달 양도에 대한 부당행위계산의 부인	소법 41, 법법 52
	· 감자시의 증여의제	속법 39의 2
	· 증여자의 연대 납세의무	속법 4 ④
	· 수증자 증여세 대납시 증여세 납세의무	재산 1264-1312, (1984. 12. 7)
	· 중소기업 창업투자회사 등의 주식양도 차익 등에 비과세	조법 13

구분	세무 문제	법적근거
처분단계	·주식의 현물출자 또는 교환·이전에 의한 지주회사의 설립 등에 대한 과세특례	조법 제38조의 2
	·내국법인의 외국 자회사 주식 등의 현물출자에 대한 과세특례	조법 제38조의 3
	·벤처기업의 전략적 제휴를 위한 주식 교환 등에 대한 과세특례	조법 제46조의 2
	·물류기업의 전략적 제휴를 위한 주식 교환 등에 대한 과세특례	조법 제46조의 3

*) 위 법적근거 내용에서 속법은 '상속세 및 증여세법'을, 조법은 '조세특례제한법'을, 소법은 '소득세법'을, 법법은 '법인세법'을, 국법은 '국세기본법'을, 지법은 '지방세법'을, 증법은 '증권거래세법'을 각각 가리킴.

과점주주의 제2차 납세의무와 명의신탁

memo

건설회사를 경영하는 K사장에 관한 사례이다.

K사장은 건설회사를 경영하면서 법인 설립시 7명 이상의 주주가 필요한 개정 전 상법규정 때문에 자기 사업을 경영하는 동생을 주주로 등재하고 또한 임원명단에도 올려놓았다.

형제간에 우애가 깊었던 K사장은 동생에게 '이사'로서 월급도 지급하였다. 건설 경기가 악화되고 거래처들이 부도가 나는 바람에 K사장이 경영하던 회사도 재무상 어려움을 극복하지 못해 결국 부도가 나고 말았다.

이러한 과정에서 회사가 갚지 못한 체납세금을 K사장으로부터 징수하지 못한 과세당국은 과점주주의 제2차 납세의무규정을 적용하여 K사장의 동생에게 징수하는 바람에 동생 역시 사업체는 부도가 나고 있던 재산 모두 공매처분을 당하는 불행을 겪게 되었다.

어느 사람이 본인과 본인의 6촌 이내에 부계혈족(父系血族) 등 국세기본법 시행령 제20조로 규정하고 있는 소위 '특수관계인'과 같이 합하여 어느 법인의 발행주식 총액 또는 출자총액의 $\frac{51}{100}$ 을 초과 소유하게 될 때 이들을 '과점주주(寡占株主)'라고 부른다(국세본법 제39조).

과점주주로서 ① 당해 법인의 발행주식 총 수 또는 출자총액의 100분의 50을 초과하는 주식 또는 출자지분에 관한 권리를 실질적으로 행사하는 자, ② 명예회장·회장·사장·부사장·전무·상무·이사 기타 그 명칭에도 불구하고 그 법인의 경영을 사실상 지배하는 자, ③ 앞의 '①' 및 '②'에 규정하는 자의 배우자(사실상 혼인관계에 있는 자를 포함한다) 및 그와 생계를 같이하는 직계존비속은 법인(유가증권시장에 상장한 법인 제외)의 재산으로 그 법인에게 부과되거나 그 법인이 납부할 국세·가산금과 체납처분비에 충당하여도 부족한 경우에 그 국세의 납세의무 성립일 현재 동 과점주주는 구 부족액에 대하여 제2차 납세의무를 진다(국세기본법 제39조).

또한 법인의 주식을 다른 주주로부터 취득함으로써 앞에서 설명한 과점주주가 된 경우에는 동 과점주주가 당해 법인의 부동산 등(부동산·차량·기계장비·입목·항공기·선박·광업권·어업권·골프회원권·승마회원권·콘도미니엄 회원권 또는 종합체육시설 이용권)을 다시 취득한 것으로 보아 취득세를 다시 납부하여야 한다(지방세법 제105조 제6항).

따라서 이와 같은 과점주주로서의 세무상 불이익을 면하기 위하여 의도적으로 주식을 명의신탁하는 경우가 발생한다. 그러나 법인 설립시부터 과점주주가 되면 이와 같은 취득세 납세의무가 없으므로 처음부터 실소유자 명의로 소유하는 것이 세무상 불이익을 면하게 된다. 더욱이 명의신탁 사실이 세무당국에 의하여 적발된 경우에는 현행 상속세 및 증여세법 제45조의 2에 의거 명의를 빌려 준 자가 명의를 빌려받은 자(실소유자)로부터 증여받은 것으로 의제하도록 규정하고 있어 증여세가 부과되는 위험이 있어 주식 명의의 차명은 바람직하지 않다.

더 자세히

주식 관련 조세 탈루방법 사례

① 대주주가 자녀 등에게 주식 취득자금을 증여하여 타인의 주식을 취득하게 하고 자금 원천을 은행 차입금 등으로 제시하여 탈루함
② 대주주가 소유 주식을 자녀 등에게 유상양도한 것으로 처리함
③ 대주주가 타인에게 명의신탁하였다가 일정한 기간 후에 자녀에게 이전하는 방법으로 탈루함
④ 특수관계에 있는 자간 주식의 고·저가 양도양수함
⑤ 증자시 대주주의 신주인수권 포기, 지분을 특수관계에 있는 주주에게 인수케 하여 주식발행가액과 시가와의 차액을 증여함
⑥ 증자시 대주주가 신주인수권을 포기하고 이를 실권처리함으로써 그 주주와 특수관계에 있는 타 주주의 자본금에 대한 지분 비율을 증가하게 함
⑦ 증자시 특정 주주의 주식을 시세에 미달하게 불균등 감자함으로, 특수관계에 있는 다른 주주에게 경제적 이익을 이전함
⑧ 과점주주를 은폐하기 위하여 양도소득세 과세대상 주식을 명의신탁 등의 방법으로 위장 양도함
⑨ 기타 주식의 명의신탁에 따른 증여세 등을 탈루함

거래처 관리와 세무관리 ④

거래처 관리와 무자료 거래

기업 입장에서 거래처와 관련하여 항상 민감하게 대두되는 세무상의 문제는 자료 수수에 관한 문제이다. 특히 무자료(無資料) 문제는 업종별로 다소간 차이는 있으나, 아직도 많은 중소기업들이 공통적으로 지니고 있는 문제점이다.

무자료(無資料) 거래란 자료 없이 거래를 함을 의미한다. 이 경우 '자료'란 거래의 내용을 입증하는 증빙을 총칭하는 용어인데, 예컨대 세금계산서, 거래명세표, 영수증, 청구서. 주문서 등을 말한다.

한편, 설명의 편의상 자료를 사실과 다르게 가공한 가공자료나, 사실보다 축소하거나 확대한 변조 자료들을 무자료 거래에 포함시키기로 한다.

무자료(부실) 거래의 유형

(1) 무자료 거래(매출 누락, 매입 누락)

재화는 이동되고 세금계산서의 수수가 없는 거래

① 무자료매입분 무자료 매출

② 생산량 조작에 의한 무자료 매출

③ 기술소득분의 무자료 매출

(2) 가공거래(가공매출, 가공매입)

재화의 이동 없이 세금계산서만 허위 수수된 거래

① 자료상을 통한 가공거래

② 상호간 가공거래

(3) 위장거래(위장 매출, 위장 매입)

재화는 이동되었으나 세금계산서의 수수가 변칙적으로 이루어진 거래로 무자료거래와 가공거래가 같이 이루어짐.

① 실지거래자 위장

② 거래단계 누락

 무자료 거래는 어떤 경우에 발생하는가?

무자료 거래가 발생하는 원인은 주로 다음과 같다.

▶ 외형의 축소 의도

이는 상품이나 제품 또는 용역을 공급자(이하 'A'라 한다) 입장에서 공급가액을 실제보다 축소하기 위하여 공급은 하였지만, 실제자료는 공급받는 자(이하 B라 한다) 측에 교부하지 아니하거나 실제보다 적은 금액으로 공급하는 것을 의미한다. 이를 위해서 매입시에는 공급받는 자 측으로부터 자료를 받지 아니하거나 실제보다 축소해서 받게 된다.

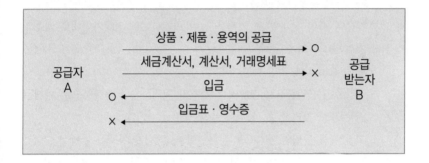

이러한 경우에는 주로 외형이 증가함으로써 세무상 부담, 예컨대 부가가치세, 법인세, 소득세 등의 부담이 증가됨을 두려워하여 이를 피하고자 하는 데 그 주원인이 있다.

외형 누락의 유형과 변칙처리 방법 사례

① 무자료 매입에 의한 매출 누락
  – 매출액 및 매출원가 모두 부외(簿外)처리
② 생산량 조작에 의한 매출 누락

- 제조원가는 모두 비용 계산하고 매출액은 부외 처리하거나 차입금, 가수금 또는 가지급금의 회수 등으로 처리
③ 기술소득부분(부산물 등)의 매출 누락
- 원재료 구입 전량을 모두 제조원가 처리하고 잉여 원자재 및 부산물은 매출 누락
④ 매출단가 조작에 의한 매출 누락
- 특정인에게 매출한 금액은 그대로 기장하고 수량은 늘려 기재한 후, 타인에게는 무자료 매출
- 제품이 품귀 상태일 때 가격을 높여 판매하고는 정상가격대로 매출 처리하고 차액을 누락
⑤ 제품 등급 조작에 의한 매출 누락
- 정상품을 불량품으로 분류하여 재투입 처리하거나 불량품으로 싸게 판 것으로 처리한 후, 차액을 누락
- 고급 제품을 일반 제품으로 분류하여 매출 단가 차액을 누락
⑥ 부동산임대업자의 임대평수 및 임대료 조작에 의한 수입 누락
- 세무신고용 임대 계약서와 실지 임대 계약서를 이중으로 작성하여 그 차액을 누락

▶ 비자금의 조성

이는 기업의 활동상 지출이 이루어지지만, 대외적으로 그 내역은 노출할 수 없는 지출(뇌물, 리베이트, 임직원에 대한 급여성 판공비 등)의 재원을 만들고자 자료의 수수를 생략하는 경우이다.

비자금의 금액은 다음에서 보듯이 실제 공급가액과 자료상의 공급가액에서 나타나는 금액 차이의 크기에 의하여 결정된다.

실제공급가액(X) − 자료에 의한 공급가액(Y) = 비자금(X > Y인 경우에 한한다.)

▶ 거래처 상대방의 요구

이는 공급자의 입장에서는 정상적으로 자료를 발부하여 공급하려고 하나, 공급받는 자 측의 공급 자료를 받지 않으려 함에 그 원인이 있는 경우다.

이 경우는 공급받는 자 입장에서 매입자료가 늘어나게 되면 결과적으로 매출도 증가시켜야 하는 부담이 따르기 때문이다.

예컨대 도매상이 주된 매출 거래처인 제조회사의 경우 경쟁적인 판매 상황 하에서 거래하는 도매상으로부터 자료 교부의 중지나 감소를 요청받고 이를 거부하기란 어려운 상황이기 때문에 무자료 거래가 발생하게 된다.

무자료 거래시 처리방안 사례

무자료 거래를 합법적으로 처리하는 방법은 자료를 정상화시키는 것이외에는 없다. 그러나 실무상 기업이 처해 있는 무자료 환경 때문에 다음과 같은 처리방안 등이 주로 이용된다.

▶ 매입은 정상이나, 매출은 무자료인 경우

이러한 경우에는 매입자료는 회사 장부에 모두 기록되나, 매출자료는 없기 때문에 실무상 다음과 같은 처리방안이 이용된다.

① 매입자료를 그대로 장부상 재고자산으로 보유한다.

② 자료가 필요하지 않은 최종 소비자에 대한 판매로 처리한다.

③ 매출자료를 교부받고자 희망하는 제3의 사업자를 물색하여 동 사업자에게 교부한다.

이는 소위 '가공자료'라 불리는데, 이러한 가공자료의 처리를 주된 업으로 영위하는 자를 '자료상'이라 부른다. 이 경우 자료상은 동 가공자료의 수수대가로 일정한 수수료를 받는 것이 보통이다.

▶ 매입은 무자료이나, 매출은 정상인 경우

이러한 경우에는 매입자료를 받지 못하여 장부상 입고처리를 하지 못하는데 반해, 매출 기록은 모두 노출되므로 다음과 같은 처리방안이 이용된다.

① 매출 단가를 높이고 매출 수량을 축소하여 장부상 부족한 매입 수량을 은폐한다.

② 매출자료가 부족한 제3자를 찾아 동 사업자로부터 매입한 것처럼 가공처리한다.

③ 수불부를 작성하지 아니하거나 파기하여 장부상 수불이 매출보다 매입이 적어 잔고가 마이너스(-)로 나타나는 모순을 은폐한다.

▶ 매입과 매출 모두 무자료가 있는 경우

이러한 경우에는 전술한 ①과 ②의 방법을 혼용하여 수불부의 기록을 조작, 은폐한다.

 무자료 거래시 문제점

▶ 무자료 거래 노출시 세무상 불이익

어느 기업이 무자료로 매출한 사실이 세무당국에 의하여 발견된 경우에는 다음과 같은 세무상 불이익이 따르게 된다.

(1) 매출 누락의 경우

① 법인세 추징

현금으로 매출한 자료를 교부하지 않고 이를 회계상 누락시킨 경우에는 법인세법상 매출 누락 전체 금액(원가상당액 포함)에 대하여 익금가산(益金加算)하여 법인세를 추징당하며, 또한 납부불성실 가산세(법인세법 제76조 제2항)를 추징당하게 된다.

② 부가가치세의 추징

무자료 거래분에 대하여는 부가가치세를 신고할 수 없기 때문에 이에 대하여 세무조사시 누락 사실이 드러날 경우 부가가치세(매출액 10%)와 가산세를 추징당하게 된다.

③ 법인 대표자에 대한 상여처분으로 인한 소득세 추징

매출 누락을 한 금액(매출원가를 공제하지 아니한 전체 금액)에 대하여 대표자에 대한 상여로 처분되어 동 상여금액에 대한 소득세가 추징된다. 또한 동 소득세에 대한 가산세를 추징당하게 된다(소득세법 제81조).

(2) 구입 자산의 기입 누락인 경우… 부외자산(簿外資産)인 경우

회사의 자금을 인출하여 재고자산 또는 고정자산 등 자산을 구입하였으나, 동 자산의 구입시 자료를 받지 아니하여 결국 회사의 자산 실물은 있으나, 장부상 재고 기록에는 누락된 경우가 있다. 이를 소위 부외자산이라고 한다.

이러한 경우에는 회사에서 인출된 자금이 다른 자산으로 변형되었을 뿐 사외에 유출된 것은 아니므로 기업이 동 자산의 과소계상부분의 회계처리를 수정하여 장부에 반영하는 한 별도의 세무상 문제는 발생되지 않으리라 판단된다.

그러나 수정하지 아니한 경우에는 동 구입 자산이 처분되거나 폐기될 때 일종의 현금에 관한 한 가공자산인 경우에 해당하므로, 동 부족 현금액만큼 대표자 상여로 처분되리라 판단된다.

한편, 회사 내에 구입한 자산이 없는 경우에는 현금이 장부상보다 부족한 경우와 구입 자산의 기부행위에 해당되므로 익금에 산입하고 그 자산의 귀속이 분명하다면 귀속자에 따라 출자자인 경우에는 '배당'으로, 사용인(임원, 출자임원 포함)인 경우에는 '상여'로, 기타의 경우에는 '기타사외유출'로 처분하여 법인세와 소득세를 추징하게 된다.

▶ 조세범처벌법 등에 의한 처벌

세금계산서 등을 제대로 작성, 교부하지 아니하거나 허위로 기재를 한 경우에는 조세범처벌법의 규정에 따라 처벌을 받게 된다.

▶ 자료상으로 분류되어 각종 규제를 받음

무자료 거래를 할 경우 자료상으로 분류되어 세무당국의 조사를 받게 되고, 기타 세무상 각종 규제(가산세 부과 등)를 받게 된다.

▶ 자금 조달 및 채권관리상 문제점 발생

거래처에 상품 또는 제품을 외상으로 판매하고 동 판매대금을 어음으로 회수하는 경우에는 이를 금융기관에 할인하여 자금을 조기에 조달할 수 있고, 또한 거래처로부터 받은 어음이 여러 단계를 거쳐 배서가 이루어진 어음의 경우는 채권회사의 안정성이 높아 여러모로 유용하다.

그러나 무자료 거래일 경우에는 상업어음을 받지 못하기 때문에 은행 할인이 곤란하게 됨으로써 자금의 조기 회수도 곤란해질 뿐만 아니라 어음의 만기만큼 기다렸다가 채권을 현금으로 회수하게 되는 경우에는 그만큼 회수 가능성 및 안정성이 낮게 되어 위험하다.

더욱이 불량 채권이 발생한 경우 동 거래에 관한 입증 수단이 없거나 미약하므로 강제 회수절차를 통한 채권 회수가 곤란해지는 경우가 초래될 수 있다.

▶ 합리적 경영의 곤란

무자료나 가공자료가 이용되는 기업일수록 거래의 실질 내용과 서류상의 내용이 서로 다름으로써 재고관리의 부정확, 수율의 측정곤란, 원가관리의 곤란 등 경영관리상 제반 문제점이 야기된다.

▶ 자금 출처 소명의 곤란으로 인한 증여세 부담과 사업 위축

기업을 설립·확장하거나 부동산을 취득하는 경우 세무당국으로부터 소요자금에 대한 자금 출처를 조사받게 된다.

무자료 거래를 통하여 소득신고를 누락한 경우에는 합법적인 자금 출처를 제시할 수 없게 되는데, 이에 따른 증여세의 부담이 초래되며, 이로 인한 사업활동이 위축되는 사례가 발생한다.

▶ 대책

무자료 거래는 영업 정책상 단기적으로는 다소 종전 방식대로 유지한다고 하더라도 장기적으로 볼 때 앞에서 살펴본 바와 같이 기업에 여러 가지 문제점과 위험을 가져온다.

따라서 거래처를 설득하거나 자사의 영업 정책을 강화·보완함으로써 무자료 거래를 정상거래로 유도하도록 노력하여야 할 것이다. 만약 이러한 노력에도 불구하고 거래처 중 이를 거부하거나 종전의 무자료 관습을 고수하고자 할 경우에는 건실한 신규거래처를 개척하도록 하고, 대다수의 거래처가 종전의 무자료 관습을 고수하고자 한다면 자료가 정상적으로 수수되는 업종으로 전환도 고려하여야 할 것이다.

그러나 이러한 대책을 적용하기가 곤란한 경우에는 무자료 거래로 인한 세무상 불이익이 큰 법인보다는 개인사업 방식으로 사업을 영위해 보는 것도 고려해 볼만 하다.

⟡ **참조** 매출을 누락시킨 경우 법인과 개인기업의 추징세 부담 차이는 본서 제2부 '영업활동과 회계 · 세무'를 참조할 것

절세와
절세 포인트

 절세와 탈세

 memo

> 평소 알고 지내던 김사장의 회사를 방문했을 때 이야기다.
>
> 마침 부가가치세 신고기간이라 "세금은 잘 내었는가?"하고 물었더니 김사장은 "경리과장인 박과장이 애써서 이번 부가가치세는 지난 분기보다 많이 절세했지"라고 답하였다. 그래서 "어떻게 애를 썼기에 절세를 많이 했다는 것인가?"하고 재차 물으니 김사장은 "응, 박과장이 매입 자료를 많이 모아서 세금 공제를 많이 했어"라고 답변하는 것이었다. 김사장은 가공의 세금계산서를 입수해 매입세액공제를 실제보다 많이 받는 방법으로 부가가치세를 적게 내고 이를 '절세'라고 생각하고 있다.
>
> 이러한 것을 과연 '절세'라고 이야기할 수 있을까?

세금은 국가 재정수요를 충족시키기 위하여 개별적인 보상 없이 국민으로부터 강제적으로 징수하는 것이다. 따라서 세금을 징수당하는 국민의 입장에서 보면 가능한 한 세금을 적게 내거나 좀 더 줄여서 내고 싶은 것이 모든 사람들의 솔직한 심정일 것이다. 그러나 무조건 적게 낼 수는 없는 노릇이다. 왜냐하면 국민으로서 마땅히 지켜야 할 법을 위반할 수도 있기 때문이다.

기업의 궁극적인 목적은 이익을 창출하여 기업 운영에 직·간접으로 관련있는 이해관계 집단에게 그 기여도에 따라 이익을 적절히 배분함에 있다고 볼 때 배분의 대상이 되는 이익의 관리는 중요하며, 요즘같이 이익의 원천이 메말라가고 있는 위기의 상황에서는 그 중요성이 더욱 높아지고 있다고 볼 수 있다. 따라서 배분의 대상이 되는 이익의 전단계 차감 요소인 세금을 어떻게 하면 합법적으로 절감할 수 있는가에 대한 전략은 그 중요성이 아주 높다고 할 수 있다.

'절세(節稅)'란 세금을 절감하는 것을 가리킨다. 세금을 절감하는 방법은 합법적인 방법과 비합법적인 방법이 있는데, 전자의 방법에 의한 세금의 절감을 '절세'라고 하며, 후자의 경우를 '탈세(脫稅)'라고 부른다. 따라서 절세는 '탈세를 제외한 조세 절감'이라고 정의할 수 있는데, 탈세의 정의를 분명히 내림으로써 절세의 개념을 명확히 파악해 볼 수 있다.

사업과 관련된 세금을 절세하려면,

첫째, 평소 증빙자료를 철저히 수집하고 장부정리를 꼼꼼하게 하여 안 내도 될 세금은 최대한 내지 않도록 하고,

둘째, 세법에서 인정하고 있는 각종 소득공제, 세액공제, 준비금, 충당금 등의 조세지원제도를 충분히 활용하며,

셋째, 세법이 정하고 있는 각종 의무사항을 성실히 이행함으로써 매

입세액 불공제나 가산세 등의 불이익 처분을 받지 않도록 해야 한다.

'탈세'란 협의와 광의로 나누어 그 개념이 정의된다.

먼저 협의에 있어 탈세란 조세범처벌법에 규정한 포탈범(逋脫犯)에 해당하는 범칙행위를 의미한다. 조세범처벌법 제9조에 의하면 '사기 · 기타 부정한 행위로서 조세를 포탈하거나 조세의 환급 · 공제를 받는 자는 처벌한다'라고 규정하고 있어 탈세는 사기 · 기타 부정한 행위가 전제되어야 함을 나타내고 있다. 그러므로 단순한 탈루만으로는 조세 범처벌의 대상이 되는 포탈범, 즉 탈세범이 되지 아니한다. 이 경우 사기 · 기타 부정한 행위에 대하여는 특별히 규정하고 있지 아니하나, 일반적으로 허위 기장, 신고의무 불이행 등과 같은 비합법적인 방법에 의한 행위를 가리킨다고 볼 수 있다.

다음 광의에 있어서 탈세란 납세의무자가 세법에서 정한 각종의 의무를 이행하지 않음으로써 국가의 재정권을 침해하여 조세수입을 감소하게 하는 일체의 행위를 가리킨다.

따라서 광의의 경우에는 협의의 탈세 개념인 조세포탈범 외에 과세요건의 충족을 면하여 조세를 회피하는 조세 회피행위까지 탈세의 개념에 포함시키게 된다.

탈세의 유형은 여러 가지가 있으나, 그 중 대표적인 것을 살펴보면 다음과 같다.

- 수입금액 누락
- 실물거래가 없는데도 비용을 지출한 것으로 처리하는 가공경비 계상

- 실제보다 비용을 부풀려 처리하는 비용의 과대 계상
- 허위계약서 작성
- 명의 위장
- 공문서 위조 등

조세 회피행위는 사법상으로는 적법 유효한 행위로서 당사자의 진의에 기초한 것이지만, 그 결과에 있어서는 부당하게 조세의 부담을 면하게 되는 행위를 말하며, 일반적으로 탈세라 함은 광의의 개념인 탈세를 뜻한다.

'조세 회피(tax avoidance)'란 세법이 예상하는 거래형식을 따르지 아니하고 우회 행위 등 이상한 거래형식을 취하여 통상의 거래형식을 취한 경우와 동일한 효과를 거두면서 세금 부담을 줄이는 것을 말한다. 조세 회피는 사회적 비난의 대상은 될 수 있으나, 세법상 처벌 대상은 되지 않는다.

결국 절세가 합법적인 조세 절약 행위라고 한다면 조세 회피행위는 합법적인 탈세라 할 수 있다.

- 절세 : 합법적으로 세금을 줄이려는 행위
- 탈세 : 불법적으로 세금을 줄이려는 행위
- 조세 회피 : 법의 미비점을 이용하여 세금을 줄이려는 행위

탈세를 하면 어떤 처벌을 받는가?

조세범처벌법에서는 '사기나 기타 부정한 행위로서 조세를 포탈하거나 조세의 환급 · 공제를 받은 자는 다음과 같이 처벌한다' 고 규정하고 있다.

- 개별소비세 · 주세의 경우에는 3년 이하의 징역 또는 포탈 세액이나 환급 · 공제 받은 세액의 5배 이하에 상당하는 벌금에 처한다.
- 인지세의 경우에는 증서 · 장부 1개마다 포탈 세액의 5배 이하에 상당하는 벌금 또는 과료에 처한다.
- 기타의 국세는 3년 이하의 징역 또는 포탈한 세액이나 환급 · 공제 받은 세액의 3배 이하에 상당하는 벌금에 처한다.

한편, 조세 포탈을 위한 증거인멸의 목적으로 법에서 비치하도록 규정하고 있는 장부 또는 증빙서류를 법정신고 기한이 경과한 날로부터 5년 이내에 소각 · 파기 또는 은닉한 자는 2년 이하의 징역 또는 500만 원 이하의 벌금에 처한다.

또한 조세의 원천징수 의무자가 정당한 사유 없이 그 세금을 징수하지 아니하거나 징수한 세금을 납부하지 아니하는 경우에는 1년 이하의 징역 또는 그 징수하지 아니하였거나 납부하지 아니한 세액에 상당하는 벌금에 처한다.

그리고 부가가치세법(동법 제25조의 규정에 의하여 과세특례의 적용을 받는 자는 제외한다) · 「개별소비세법」 또는 「주세법」의 규정에 의한 장부를 비치 · 기장하여야 할 자가 그 장부를 비치 · 기장하지 아니한 때에는 50만 원 이하의 벌금에 처한다.

또한 법인의 결손금액을 과대계상한 자는 2년 이하의 징역 또는 과대계상한 결손금액을 과세소득금액으로 보아 계산한 산출세액의 3배 이하에 상당하는 벌금에 처한다.

 기업경영과 절세 포인트

기업을 경영함에 있어 어떻게 하면 합법적으로 세금을 절감할 수 있을까?

이러한 과제는 기업 경영자가 항상 직면하고 있는, 그러나 풀어야만 하는 중요한 과제이다.

이하 기업경영과 관련하여 합리적인 관점에서 절세할 수 있는 포인트를 사례로 들어 설명하기로 한다.

▶ 우리 기업이 부담하여야 할 세금의 종류와 예상 세액을 미리 파악하고 절세 방안을 검토하자

기업경영과 관련하여 절세 방안을 찾기 위해서는 매년 초에 사업계획을 입안하는 시점에서 우리 기업 입장에서 부담하여야 할 각종 세액을 파악해보는 것이 중요하다. 이를 세무계획(tax planning)이라고도

부르며, 이는 세무관리(tax management)의 출발점이자 세무관리의 가장 핵심적인 요소 중의 하나이다.

어느 외국법인의 한국 사장의 경우는 자기 회사를 자문하고 있는 회계사에게 매년 초마다 자기 회사가 부담할 국세, 지방세를 지난해와 비교하여 면밀히 검토하여 지난해보다 세액 부담이 늘어날 것으로 예상되면 그 이유를 분석하여 이를 절감하는 방법을 강구해 줄 것을 요청하곤 하였다. 예를 들어 법인세 부담이 지난해보다 늘어날 경우에는 내년 초에 실시될 예정인 사원연수 프로그램을 올해 12월로 앞당겨 실시함으로써 올해의 법인세 부담을 줄이는 노력을 하였다. 또 대규모 부동산 프로젝트를 개발하는 어떤 대기업의 경우는 동 부동산(골프장과 스키장 및 콘도)을 개발하기 위하여 국유지 및 사유지를 매입하는 과정에서부터 부동산을 개발하고 최종 분양하기까지의 일련의 전 과정에 있어 국세, 지방세를 정밀 검토하여 절세 방안을 강구해 줄 것을 요청하였다. 이 경우에 만약 절세 방안에 필요하다면 건설 프로젝트의 마스터플랜마저도 수정할 용의가 있다는 입장을 가질 정도로 적극적인 자세를 보였다.

이러한 일련의 사례는 어떠한 중요한 경영의사 결정을 하기 전에 세무계획을 세우고 절세 방안을 찾기 위해 이를 정밀 검토하는 것이 얼마나 중요한 일인가를 나타내주고 있다.

그리고 이러한 세무계획은 한 번 세웠다고 해서 불변한 것이 아니고 항상 활동의 과정에 따라 새로운 상황(예 세법의 개정 등)에 맞추어 변경하여야 하며, 이러한 노력은 어느 특정한 개인의 입장에서보다는 기업 전사적인 입장에서 시스템 접근방법(system approach)을 택하여야 할 것이다.

▶ 납부하여야 할 조세의 과세요건을 파악한다

'과세요건' 이란 조세 부담의 기초요건이다. 즉, 과세요건이 충족되면 납세의무가 성립되는데, 과세요건이란 일반적으로 납세의무자·과세대상·과세표준 및 세율의 4가지를 가리킨다.

'납세의무자' 란 조세를 납부할 의무가 있는 자, 즉 '나' 또는 '내 기업' 을 의미한다. 납세의무자는 과세권자인 국가·지방자치단체에 대한 조세채무자로서 조세채권·채무의 당사자가 된다.

'과세 대상' 이란 과세 목적물을 가리키는데, 예를 들면 소득세 또는 법인세의 경우 '소득' 을 말하며, 상속세 또는 취득세의 경우 '재산의 취득 사실' 을 말한다.

'과세표준' 이란 세법에 의하여 직접적으로 세액 산출의 기초가 되는 것으로 전술한 과세 대상의 수량 또는 가액을 말한다. 과세표준은 각 세법 또는 과세 물건의 내용에 따라 다르게 표시되고 있는데, 예를 들면 금액(법인세·소득세 등), 용량(주세), 건 수(등록세·면허세 등), 인원(특별소비세) 등과 같이 여러 가지가 있다.

마지막으로 '세율' 이란 과세표준에 대한 납부세액의 비율을 말하는데, 과세표준에 세율을 곱하면 산출세액이 계산된다.

이상으로 살펴본 과세요건을 정확히 파악하게 되면 납세의무가 성립되고 확정되는 내용과 시기를 알게 됨으로써 부담하여야 할 조세의 정확한 내용의 파악이 가능해진다.

▶ **과세표준의 절감 방법을 검토한다**

납세의무자가 납부하여야 할 세액은 과세표준의 크기에 따라 죄우된다. 따라서 세법이 허용하는 범위 내에서 괴세표준을 최대로 낮출 수 있는 방법을 모색하여야 한다.

과세표준의 크기와 계산 방법은 조세의 종류마다 다르다. 따라서 부담하여야 할 조세의 과세표준이 어떻게 계산되는지 파악한 다음, 당해 과세표준의 계산 과정상 각 단계별로 절감방법을 검토해 보아야 한다.

일반적으로 과세표준의 절감은 납세의무가 성립되기 전에 사전대책(事前對策)의 수립에 의하여 가능해진다. 예를 들면, 법인세의 경우 과세표준은 '손익계산상의 당기순이익 + 익금산입 및 손금불산입 – 손금산입 및 익금불산입 = 과세표준' 으로 계산되는데, 이때 과세표준의 제1차적인 기초가 되는 것은 손익계산서의 당기순이익이 된다.

손익계산서의 당기순이익은 사업연도 말에 일시에 산출될 수 없으며, 사업연도 중 계속적으로 발생되고 기록되는 수익으로부터 비용을 차감하여 계산된다. 따라서 경영활동 수행과정을 함에 있어 적정한 당기순이익을 계산할 수 있도록 노력하여야 한다. 즉, 전술한 산식 중 '손익계산서상의 당기순이익' 은 다시 '수익 – 비용 = 당기순이익' 의 산식으로 계산되는데, 수익을 낮추거나 비용을 증가시키면 당기순이익이 줄어들게 된다.

따라서 과도한 당기순이익이 예상되면 합법적인 범위 안에서 수익을 줄이는 방법이나 비용을 늘리는 방법을 강구하여야 한다.

예를 들면, 직원에게 특별상여금을 지급하여 노사관리를 향상시킬 수 있도록 하거나 신규 설비에 대한 투자를 함으로써 감가상각금액을 늘리거나 특별상각이나 조세특례제한법상 준비금을 설정하는 방법에 의하여 비용을 늘리는 방법도 강구될 수 있을 것이다.

▶ 우리 회사의 장부 · 전표 및 증빙관리 상태는 양호한가 점검해보자

흔히 기업의 경영자는 영업을 제1목표로 삼는다. 중소기업에 있어서 영업, 즉 신규매출 거래선을 개척하거나 기존 거래선에 대한 매출을 확대, 유지하기가 그만큼 어렵기 때문이다. 따라서 경영자의 경영방침은 영업제일주의가 되기 쉬우며, 강력한 영업활동을 수행하기 위하여는 집중적으로 많은 지출이 따르게 된다.

이러한 영업활동에 따르는 지출이 세법상 유효한 손금으로 인정받기 위해서는 동 지출원인행위에 대한 회사 내부의 적절한 승인 과정과 동 지출에 대한 증빙이 있어야 하나, 중소기업 경영자의 경우 '회사 = 경영자'의 관습에 젖어 지출에 뒤따르는 이러한 증빙 관리를 자칫 소홀히 하기 쉽다.

적절한 증빙 없는 지출은 비록 비용으로 장부에 계상하였다고 하더라도 세무조사 과정에서 부인되게 되며, 이로 인하여 많은 불이익처분을 받는다.

또한 유효한 증빙이 있다고 하더라도 이를 적시에 전표나 장부에 기록하지 아니하면 동 증빙에 대한 진실성이 의심받게 되며, 동 의심에 대한 명확한 답변이 시간이 흐른 까닭에 곤란한 경우가 발생하게 된다. 따라서 원칙적으로 모든 지출은 동 지출원인행위에 대한 적절한 내부 승인을 거쳐 정확한 계정처리 및 장부 기록이 이루어져야 한다.

회계처리 및 장부기장 능력이 부족한 중소기업의 경우 종종 회계처리 및 장부 기록은 형식적으로 하고, 세무당국의 세무조사시에는 회유 또는 압력을 동원, 조세부과처분을 면하고자 노력하는 모습을 보게 된다. 그러나 이러한 모습은 기업이 건전한 발전을 이룩하는 데 있어 심각한 저해 요인이라고 판단된다. 따라서 비록 1건의 지출 행위라도 소홀히 하지 말고 '증빙 = 세금'이라는 인식을 철저히 하고 당해 지출 행위에 대한 증빙을 빠짐없이 입수하여 이를 적절히 회계처리에 반영함으로써 건실한 기업 운영의 기초를 닦아야 할 것이다.

 참조 '증빙관리 요령과 보관'에 관한 사항은 본서 제2부 '비용지출관리와 회계·세무'를 참조할 것

더 자세히

영수증을 잘 챙기는 경우의 이익 사례

(1) 현금영수증

- 5,000원 이상의 물건을 구입하거나 용역을 제공받고 그 대가를 현금으로 지급할 경우 '현금영수증'을 받아 놓으면 연말정산시 소득공제 혜택을 받을 수 있고, 복권당첨 기회도 가질 수 있음

(2) 신용카드 영수증

- 신용 · 직불 · 기명식 선불카드 사용금액에 대해 연말정산시 소득공제 혜택을 받을 수 있음
- 자기 명의가 아닌 다른 가맹점 명의로 신용카드 매출전표를 발행한 업소를 신고하면 건당 10만 원의 포상금을 지급함

(3) 지로납부 영수증

- 가족의 지출 중에서 상당 부분을 차지하는 자녀들의 학원 수강료 등을 지로로 납부한 경우도 신용카드 사용금액에 포함되어 연말정산시 소득공제 혜택을 받을 수 있음
- 특히 취학 전 아동의 사설학원 수강료를 지로로 납부한 경우에는 교육비 공제와 신용카드 공제를 모두 받을 수 있음

(4) 의료비 영수증

- 병 · 의원의 치료비, 의약품 구입비, 건강검진료 등의 지출된 가족의 의료비에 대하여는 연말정산시 소득공제 혜택을 받을 수 있음. 다만, 외국 의료기관 치료비, 성형수술비, 보약 등에 지출한 비용은 제외.
  의료비를 신용카드로 결재할 경우 의료비 공제액만큼은 신용카드 등의 공제에서 제외됨

(5) 보험료 영수증

- 국민건강보험료, 고용보험료뿐만 아니라 일반 보장성 보험료도 연말정산시 소득공제 혜택을 받을 수 있음.
  다만, 맞벌이 부부인 경우 계약자가 본인이고 피보험자가 배우자인 경우에는 모두 공제받을 수 없음

(6) 교육비 영수증

- 교육기관에 납입한 가족의 수업료, 입학금, 보육 비용, 취학 전 아동의

학원수강료 등도 연말정산시 소득공제 혜택을 받을 수 있음.

참고로 보충수업비, 학교버스 이용료, 교육자재대, 책값은 공제 대상이
아님

(7) 정치후원금 영수증

− 일반 국민이 정당(후원회 및 선관위 포함)에 기부한 정치자금은 연말정
산시 10만 원까지는 세액공제를 받고, 그 초과금액은 소득공제 혜택을
받을 수 있음. 즉, 10만 원 이하의 후원금은 연말정산시 전액 되돌려 받
을 수 있음. 또한 후원회의 예금계좌에 입금한 은행 입금증만으로 공제
신청을 할 수 있음

(8) 기부금 영수증

− 수재의연금, 불우이웃성금, 장학금, 종교단체 기부금 등을 낸 경우에는
연말정산시 소득공제 혜택을 받을 수 있음

(자료 : 국세청)

▶ 세법상 부여되는 제반 의무에 유의하자

세법은 납세의무자 또는 납세자들이 납세의무 또는 납세 행위를 함
에 있어 지켜야 할 여러 가지 의무 규정을 두고 있다. 이는 납세자 또
는 납세의무자들이 각자의 기본적인 재산권을 가능한 한 지키고 보호
하려는 입장이기 때문에 일반적으로 세금은 가능한 한 적게 그리고 늦
게 내고자 하는 의도를 가지기 때문이다.

따라서 세법은 납세의무자 등의 이러한 의도를 미연에 방지하기 위
하여 각종 의무를 지키지 아니하면 가산세 등의 벌칙을 부여하고 있
다. 따라서 세법상 제반 의무를 준수함으로써 부담하지 않아도 좋은

가산세 · 가산금 및 별과금 등을 회피하는 것도 소극적인 의미의 절세의 한 방법이 될 수 있을 것이다.

▶ 조세지원제도를 최대한 활용하자

현행 우리나라의 조세는 원칙적으로 응능부담원칙(應能負擔原則)에 의하여 능력에 맞게 부과하는 입장을 취하고 있다. 그러나 국가 경제 정책의 일환으로 중점적으로 지원하여야 할 업종 또는 사업에 대하여는 여러 가지 조세지원제도를 예외적으로 두고 있다.

기업이 취할 수 있는 가장 전형적인 절세 방법은 이와 같은 조세지원제도의 활용이라고 할 수 있다. 따라서 각 세법 또는 조세특례제한법상에서 규정되고 있는 각종 조세지원제도의 내용을 파악하여 당해 조세지원제도가 해당 기업에 적용할 수 있는지 여부를 판단 · 활용하여야 할 것이다.

▶ 주식관리(주식의 취득 · 이동 · 증자 · 감자)를 잘하자

법인기업의 경우 주식은 기업의 경영권을 의미함과 동시에 기업의 소유권 내지는 재산권을 뜻하는 아주 중요한 자산이자 권리이다.

이와 같은 주식은 처음 법인설립 당시부터 증자 · 감자 및 양도 등 모든 단계별로 세무상 유의할 점이 많다, 이러한 점을 고려하지 않고 주식관련 의사결정을 하는 경우 법인에 대해 세무상 많은 불이익을 줄 위험이 있다.

참조 주식과 세무관리에 대하여는 본서 제3부 '주식관리와 세무관리'를 참조할 것

▶ 사업을 수행하기 전에 '자금출처'의 타당성을 검토해 보자

새로운 사업을 하기 위하여 법인을 설립하거나 사업에 필요한 부동산을 취득하는 경우에는 이에 필요한 자본을 조달하게 된다. 자본조달을 자기자본으로 할 것인가 아니면 타인자본으로 할 것인가의 문제는 재무관리 면에서도 재무구조의 건실성 여부와 직결되는 중요한 문제지만, 세무 면에서도 유의할 점이 많다.

이러한 자본을 조달하는 과정에서 세무상 유의할 점은 동 자본 조달이 그 출처 면에서 합리적으로 설명될 수 있는가 하는 점이다. 만약 자본 조달 원천이 세무상 인정되는 방법이 아닐 경우에는 소위 자금출처가 불분명하다고 간주되어 증여의제 등 세무상 불이익을 받을 수 있음에 유의하여야 한다.

▶ 세무신고하기 전에 재무제표상의 문제점은 없는지 분석·검토하자

기업이 한 회계기간 동안 사업을 한 후 그 결과를 재무제표로 나타나게 되며, 이를 기초로 세법에 따라 일정한 세무조정 과정을 거친 후 세무당국에 신고를 하게 된다. 일단 세무당국에 신고가 종료되면 이를 취소하거나 고칠 수 없는 상태에서 과세당국의 전산시스템에 입력되어 전국적으로 동종 업종 및 동종 규모의 다른 기업의 재무제표와 비교, 검토되므로, 동 재무제표상에 어떤 문제가 있을 경우에는 과세당국에 의하여 동 문제점이 발견되어 세무상 불이익이 초래될 위험에 처하게

된다.

따라서 세무신고하기 전에 재무제표를 면밀히 검토하여 재무제표상에 어떤 오류나 문제점이 없는지 발견하고, 이를 수정한 후 신고하는 노력을 기울여야 할 것이다. 예를 들면 원가율이나 인건비율 또는 매출액 대비 당기순이익율 등을 검토하여 재무제표상에 어떤 문제점이 있는지 면밀히 검토하는 것이 바람직할 것이다.

▶ 재고자산 수불관리를 잘하자(과대재고, 과소재고의 방지)

재고자산의 흐름은 금융 흐름의 정반대의 성질을 지니고 있다. 예를 들어 상품이 판매되면 상품대금이라는 자금이 유입되며, 원료를 사게 되면 원료대금이라는 자금이 유출된다. 이러한 의미에서 재고자산의 흐름은 자금 흐름과 더불어 기업의 경영상태를 나타내는 중요한 요소로 작용한다.

따라서 이러한 재고자산의 흐름(입고·보관·이동·출고)을 잘 관리하지 못하면 이는 곧 회계분식으로 간주되어 세무상 불이익을 당하게 된다.

매년 급성장하다가 파산한 어떤 생활용품 판매회사의 사례를 들어보기로 하자. 동 회사는 매년 100% 이상 매출이 급성장하였는데, 어느 날 갑자기 세무조사(특별조사)를 받게 되었다. 세무조사원들은 동 회사의 제품이 보관된 창고에 들이닥쳐 재고조사를 한 결과 장부상 재고보다 실제재고가 현저히 적은 사실을 발견하고 동 재고 부족분에 대하여 매출 누락으로 간주, 많은 세금을 추징하게 되었다. 재고 부족의 실제 원인은 여러 해 동안에 걸친 샘플 제공과 접대 제공 또는 파손품 교환 등으로 인하여 출고된 것이 장부상 기재가 누락된 것이었으나, 이를 입증하지 못하여 세무상 불이익을 면할 수 없었던 것이다. 결국 많은 세금을 감당할 수 없었던 회사는 부도가 나게 되고 문을 닫고 말았다.

따라서 무엇보다도 평소에 실물 흐름과 장부기재 내용이 일치하도록 재고관리에 각별히 유의할 필요가 있다.

▶ 신규사업이나 새로운 프로젝트를 수행하기 전에 동 프로젝트와 관련된 세 부담과 프로젝트 수행단계별 절세 방안을 사전 검토하자

새로운 사업을 시작할 경우나 타 기업을 인수·합병하는 경우 동 사업을 수행하는 과정에서 소요되는 세금의 종류와 금액을 미리 검토해 보고 이를 절감할 수 있는 방안이 있는지 면밀히 연구할 필요가 있다. 앞에서 설명한 부동산 개발회사의 사례가 좋은 예라고 말할 수 있다.

그리고 부동산을 새로 취득하거나 처분하려고 하는 경우에도 관련 세금이 얼마이며, 이를 절감하는 방법이 없는지 검토한 후, 절세할 수 있는 방안을 찾아 이를 경영의사 결정에 반영할 필요가 있다. 모 건설회사의 경우 자본금을 가공 증자한 후, 부족한 현금을 대표이사 가지급금으로 회계처리하였다. 그러나 대표이사의 가지급금에 대하여는 세무상 인정이자 계산과 지급이자 손금불산입 등 여러 가지 불이익이 있는 것을 알고 나서 회사는 세무사의 권고에 따라 대표이사가 보유하는 부동산을 회사에 매각하는 방식으로 기지급금을 감소시켰는데, 회사의 사장은 특수관계자에 해당되므로 세무조사 과정에서 법인세법 제52조의 부당행위계산이 적용되게 되었다. 부동산 매각시 감정평가를 받아두는 등 사전에 매각대금의 시가에 대해 입증 준비를 하지 않았던 회사에 세무당국은 시가와 매각 가격의 차이 전부를 대표이사에 대한 상여로 처분함으로써 회사는 뜻하지 않게 많은 세금을 부과당했던 사례가 있었다.

따라서 어떤 행위를 하기 전에 반드시 동 행위가 세무상 어떤 문제점이 있겠는지를 사전에 면밀히 검토하여야 한다.

▶ 회계연도 말에 지난 1년간 납부한 세금의 타당성에 대하여 검토하고, 다음 연도 사업계획에 이를 반영한다

매 사업연도 말에 지난 한해 동안 앞에서 설명한 세무 계획이 어떻게 실행되었는지 검토한 후, 계획과 차이가 발생한 경우 그 원인을 분석하여 차기 사업연도의 계획에 이를 반영하도록 한다.

▶ 실물흐름과 금융흐름이 상호 연결되는지 검토한다

법인기업의 경우 법인 명의로 개설된 모든 통장에 대하여 회계처리가 빠짐없이 이루어졌는지 검토함으로써 회계처리가 누락되지 않도록 유의하여야 한다. 특히, 거래처와의 매출·매입거래와 같은 실물거래는 은행을 통하여 대금결제가 이루어짐으로 은행 통장상의 입·출금 내용 중 회계처리 누락이 발생할 경우에는 매출 누락 또는 매입 누락으로 인정되어 세무상 불이익을 당하게 되므로 특히 조심할 필요가 있다.

▶ 억울한 조세를 부과당할 경우 적절한 대책을 적시에 마련하자

위법하거나 부당한 과세처분을 당했을 경우에는 세법에 정해진 불복청구절차에 따라 적법한 기한 안에 올바른 방법을 선택하여 억울한 과세처분을 시정받도록 불복청구 절차를 밟도록 한다.

ⓒ 참조 조세불복 청구 시기와 절차에 대하여는 본서 p335를 참조할 것

▶ 전문가 집단을 적절히 활용하자(세무상담, 세무진단 실시)

기업이 부담하는 세금의 종류에 따라 전문가도 다를 수 있으므로, 이를 잘 파악하여 적절한 전문가 집단을 활용할 필요가 있다.

전문가라 하더라도 실수를 하거나 무지에 의하여 세무관리상 부실이 있을 수 있으므로, 때로는 정기적(3년 또는 5년마다)으로 기존 전문가가 아닌 제3의 전문가에게 기 수행한 각종 세무처리 내용을 진단받거나 검토 받아 문제점을 발견하고 그 개선 방안을 찾아보는 노력이 절세에 큰 도움이 될 수 있다. 그리고 중요한 세금 문제가 관련된 사안에 대하여는 평소 자문받는 전문가 외에 제3의 전문가에 이중으로 자문을 받음으로써 간과하거나 실수할 수 있는 위험을 줄일 수 있다.

기타 세무 관리상 유의사항 ⑥

 궁금한 세금, 어디에 물어봐야 하나?

세무관리 담당자나 경영자 등이 세금에 관하여 궁금한 점이 발생한 경우 어느 곳에 질문하여야 할까?

이와 같은 의문을 해소할 수 있는 곳과 방법을 알아보기로 한다.

1. 국세청 '국세종합상담센터'

▶ 전화상담

전국어디서나 1588-0060으로 전화하면 시내통화 기본요금만 부담 (이동전화의 경우는 전액 본임 부담)하면서도 전문상담관으로부터 상세하고 정확한 상담을 받을 수 있다.

▶ 인터넷상담

인터넷을 통해 상담을 받고자 하는 경우에는 국세청 고객만족센터 (http://call.nts.go.kr) 홈페이지를 검색하거나 궁금한 사항을 문의할 수 있다.

▶ 방문상담

국세청 고객만족센터를 직접 방문하여 상담을 받을 수 있다.

2. 세무서 납세자 보호담당관실

세무서를 직접 방문하여 궁금한 사항을 물어보고 싶거나 고지된 세금의 내용이 잘못되었다고 생각되는 경우에는 전국의 모든 세무서에 설치되어 있는 납세자보호담당관을 찾아가 상담할 수 있다.

3. 해당 시·군·구청

지방세에 관하여 궁금한 사항이 있는 경우에는 시·군·구청 세무과에 문의할 수 있다.

4. 전문가 집단

세금에 관한 의문이 있을 경우 사업장과 가까운 곳에 위치한 공인회계사나 세무사 사무실을 방문하여 상담을 받을 수 있다.

 억울한 세금의 구제 방안은?

과세당국으로부터 고지된 세금이나 처분이 위법이거나 부당한 경우 이를 어떻게 하면 구제받을 수 있을까?

이에 관하여 현행 세법상 규정하고 있는 규제방법과 절차를 소개하면 다음과 같다.

▶ 과세전적부심사제도

'과세전적부심사제도'는 세무조사 후 과세할 내용을 미리 납세자에게 알려 준 다음, 납세자가 그 내용에 대하여 이의가 있을 때 과세의 옳고 그름에 대해 심사를 청구하게 되고, 심사결과 납세자의 주장이 타당하면 세금을 고지하기 전에 자체적으로 시정하여 주는 제도다.

과세전적부심사제도를 청구하려면 '세무조사결과통지서' 또는 '과세예고통지'를 받는 날로부터 30일 이내에 통지서를 보낸 세무서장 또는 지방국세청장에게 청구서를 제출해야 한다. 그러면 세무서장 등은 국세심사위원회의 심사를 거쳐 이를 30일 이내에 결정을 한 후, 납세자에게 그 결과를 통지하여야 한다.

▶ 납세자보호담당관제도

'납세자보호담당관제도'는 세금과 관련된 모든 고충을 납세자의 편에 서서 적극적으로 처리해 줌으로써 납세자의 권익을 실질적으로 보호하기 위해 도입된 제도로, 이를 위해 전국의 모든 세무관서에는 납세자보호담당관실이 설치되어 있다.

납세자는 국세청에서 담당하는 모든 세금과 관련된 애로 및 불편사항에 대하여 고충을 청구할 수 있는데, 예를 들면 다음과 같은 경우가 고충청구 대상이다.

- 세금구제 절차를 알지 못하여 불복청구 기간이 지났거나 인증자료를 내지 못하여 세금을 물게 된 경우
- 실제로는 국내에 한 채의 주택을 갖고 3년 이상 소유한 후 팔았으나, 여러 가지 사유로 공무상 기재 내용과 같지 아니하여 1세대 1주택 과세특례를 적용받지 못한 경우
- 사실상 자신의 자금으로 부동산을 취득했으나, 취득 자금을 서류상으로 명백하게 입증하기 어려운 경우
- 체납세액에 비해 너무 많은 재산을 압류당했거나 다른 재산이 있음에도 사업활동에 지장을 주는 재산을 압류한 경우 등 고충청구는 기한이나 형식에 제한이 없으며, 접수된 납세자는 고충의 납세보호담당관이 끝까지 책임지고 성의껏 처리해 주고 있다. 그러므로 세금과 관련된 애로사항이나 고충이 있으면 가까운 세무서의 납세자보호담당관을 찾아가 상담해 보는 것이 좋다.

▶ 법에 의한 권리구제 제도

행정적 제도로 권리구제가 안되면 법에 의한 제도를 이용할 수 있는데 법에 의한 권리구제 제도로는 다음과 같은 것이 있다.

- 세무서 또는 지방국세청에 제기되는 '이의신청'
- 국세청에 제기하는 '심사청구'
- 조세심판원에 제기하는 '심판청구'
- 감사원에 제기하는 '감사원 심사청구'
- 행정소송법에 의하여 법원에 제기하는 '행정소송'

법에 의한 권리구제 절차를 밟고자 하는 경우에는 1단계로 이의신청, 심사청구, 심판청구, 감사원심사청구 중 하나의 방법을 선택하여 청구할 수 있으며, 1단계 절차에서 구제를 받지 못한 경우에는 2단계로 법원에 행정소송을 제기할 수 있다.

한편, 법에 의한 구제절차는 반드시 고지서 등을 받은 날 또는 세금 부과 사실을 안 날로부터 90일 이내에 서류를 제출해야 하며, 1단계 절차에서 권리구제를 받지 못하여 행정소송을 제기하고자 하는 경우에는 결정통지서를 받은 날로부터 90일 이내에 서류를 제출해야 한다. 만약 이 기간을 지나서 서류를 제출하면 아무리 청구 이유가 타당하더라도 '각하' 결정을 하므로, 청구기간은 반드시 지켜야 한다.

참조 각하(却下) : 적법한 소송요건을 갖추지 않았다고 하여 사건을 심리해 보지도 않고 배척하는 것을 말함

▶ 이의신청

납세고지를 받은 날로부터 90일 이내에 고지한 세무서에 이의신청을 할 수 있다.

이 경우 해당 세무관서는 이의신청 일로부터 30일 이내에 결정하여 신청인에게 심의결과를 알려주어야 한다.

▶ 심사 · 심판청구

납세고지를 받은 날로부터 90일 이내에 고지한 세무서에 심사청구나 심판청구를 해야 하며, 이의신청을 한 경우에는 이의신청의 결정통지를 받은 날로부터 90일 이내에 심사 또는 심판청구를 해야 한다.

이 경우 심사청구서 및 심판청구서는 관할세무서에 제출해야 함을 주의해야 한다.

이러한 청구서를 접수한 해당 관서는 동 청구서를 접수한 날로부터 90일 이내에 결정하여 신청인이게 심의 결과를 알려주어야 한다.

한편, 감사원에 심사청구를 하는 경우에는 납세고지서를 받은 날로부터 90일 이내에 신청하여야 하며, 감사원은 심사청구를 접수한 날로부터 3개월 이내에 심의 결과를 알려주어야 한다.

▶ 행정소송

심사청구, 심판청구 또는 감사원심사청구의 심의 결과에 이의가 있을 경우에는 심의 결과 통지를 받은 날로부터 90일 이내에 행정법원에 소송을 제기해야 한다.

세금을 제때 못 내면 어떤 처벌이 있나?

세금은 내야 하는 기간이 정해져 있는데, 이를 '납부기한'이라 한다. 납부기한 내에 새금을 내지 못하면 법적으로나 행정적으로 여러 제재 조치를 받는데, 그 내용을 살펴보면 다음과 같다.

▶ 가산세 및 가산금 부과

신고 납부기한이 지나도록 세금을 내지 않거나 내야 할 세금보다 적게 낼 경우에는 가산세, 즉 '납부불성실가산세'를 추가로 내야 한다. 납부불성실가산세는 납부하지 아니한 세액에 납부기한 다음날로부터 자진납부 일 또는 고지일까지의 기간에 1일 1만 분의 3의 율(1년 10.95%)을 적용하여 계산한다.

납세자가 납세고지를 받고도 세금을 납부하지 않으면 체납된 국세에 3%의 가산금이 부과되며 체납된 국세가 100만 원 이상인 경우에는 매 1개월이 지날 때마다 1.2%의 중가산금이 5년 동안 부과된다. 따라서 100만 원 이상의 국세를 체납한 경우에는 최고 75%까지 가산금이 붙을 수 있다.

▶ 체납처분

세금을 체납하면 세무서에서는 체납액을 징수하기 위하여 체납자의 재산을 압류하고, 그래도 계속하여 세금을 내지 않으면 압류한 재산을 매각하여 그 대금으로 체납 세금을 충당한다.

▶ 행정 규제

세금을 체납하면 허가사업의 정지 또는 취소, 출국규제 등과 같은 제재조치를 받을 수 있다.

제척기간이 지나면 세금부과 못한다

세법에서는 일정한 기간 안에서만 세금을 부과할 수 있도록 하고, 그 기간이 지나면 세금을 부과할 수 없도록 하고 있는데, 이를 '국세부과의 제척기간'이라 한다.

국세부과의 제척기간은 다음과 같다.

▶ 일반적 제척기간

① 상속세와 증여세

- 다음에 해당하는 경우에는 신고기한의 다음날로부터 15년간
  - 납세자가 사기 기타 부정한 행위로서 상속세 또는 증여세를 포탈하거나 환급·공제받은 경우
  - 상속세 또는 증여세를 신고하지 않았거나 허위신고 또는 누락

신고한 경우

- 기타의 경우에는 상속세 또는 증여세를 부과할 수 있는 날로부터 10년간

② 상속세와 · 증여세 이외의 세금

- 사기 기타 부정한 행위로서 국세를 포탈하거나 환급 또는 공제받은 경우에는 신고기한의 다음날로부터 10년간
- 납세자가 법정 신고기한 내에 신고를 하지 않을 경우에는 신고기한의 다음날로부터 7년간
- 기타의 경우에는 신고기한의 다음날로부터 5년간

▶ 고액 상속 · 증여재산에 대해 상속세 및 증여세 제척기간 배제

납세자가 사기 기타 부정한 행위로 상속세 또는 증여세를 포탈하는 경우로서 다음 중 하나에 해당하는 경우에는 위의 규정에도 불구하고 당해 재산의 상속 또는 증여가 있는 것을 과세 관청이 안 날로부터 1년 이내에 상속세 또는 증여세를 부과할 수 있다. 다만, 상속인이나 증여자 및 수증자가 사망한 경우와 포탈세액 선출의 기준이 되는 재산가액이 50억 원 이하인 경우에는 앞의 일반적인 제척기간에 의한다.

- 제3자의 명의로 되어 있는 피상속인 또는 증여자의 재산을 상속인 또는 수증자가 보유하고 있거나 자신들의 명의로 실명전환한 경우

- 계약에 의하여 피상속인이 취득할 재산이 계약이행 기간 중에 상속이 개시됨으로써 등기 · 등록 또는 명의개서가 이루어지지 않아 상속인이 취득한 경우
- 국외에 소재하는 상속 또는 증여재산을 상속인 또는 수증자가 취득할 경우
- 등기 · 등록 또는 명의개서가 필요하지 아니한 유가증권 · 서화 · 골동품 등 상속 또는 증여재산을 상속인 또는 수증자가 취득한 경우

▶ 조세쟁송의 경우

이의신청, 심사청구, 심판청구, 감사원법에 의한 심사청구 또는 행정소송법에 의한 소송에 대한 결정 또는 판결이 있는 경우에는 그 결정 또는 판결이 확정된 날로부터 1년이 경과하기 전까지는 당해 결정 또는 판결에 따라 경정 결정 기타 필요한 처분을 할 수 있다.

소멸시효가 완성되면 세금을 징수하지 못한다

국가에서 세금을 고지했으나 납세자에게 재산이 없는 등의 사유로 세금을 징수할 수 없어 체납세로 남아 있는 경우가 있다.

이때 국가가 독촉 · 납부최고 · 교부청구 등 세금을 징수하기 위한 조치를 일정기간 동안 취하지 않으면 세금을 징수할 수 있는 권리가 소

멸하는데, 이를 '국세징수권의 소멸시효 완성'이라 한다.

국세징수권은 이를 행사할 수 있는 때로부터 5년간 행사하지 않으면 소멸시효가 완성한다.

▶ 소멸시효의 기산일

국세징수권의 소멸시효는 다음의 날로부터 계산하다.

- 과세표준과 세액의 신고에 의하여 납세의무가 확정되는 국세(소득세, 법인세, 부가가치세, 특별소비세, 주세, 증권거래세, 교육세, 교통세)는 신고했으나, 납부하지 않은 세액의 경우
  → 법정 신고기한의 다음날
- 위 국세로서 무신고 또는 과소신고한 부분의 세액 및 과세표준과 세액을 정부가 결정함으로써 납세의무가 확정되는 국세의 경우
  → 납세고지서에 기재된 납부기한의 다음날

▶ 시효의 중단

세무서에서 중간에 납세의 고지·독촉·납부최고·교부청구 및 압류 등의 조치를 취한 경우에는, 그때까지 진행되어 온 시효기간은 효력을 잃는다. 따라서 이 경우에는 고지·독촉·납부최고에 의한 납부기간, 교부청구 중의 기간, 압류해제까지의 기간이 경과한 때로부터 새로 5년이 경과해야 소멸시효가 완성된다.

▶ 시효의 정지

또한 시효의 진행 중에 징수유예기간, 분납기간, 연부연납기간, 체납처분유예기간, 국세징수법의 규정에 따른 사행행위 취소에 의한 소송 진행 기간이 있는 경우에는 그 기간만큼 시효의 진행이 일시 정지되며, 정지 사유가 종료된 후 나머지 기간의 진행으로 그 전에 지나간 기간과 통산하여 5년이 경과하면 시효가 완성된다.

수정신고와 경정청구

세금을 신고하다 보면 신고해야 할 금액을 빠뜨리고 신고하거나 세금계산서나 기타 증빙 서류를 제대로 챙기지 못하여 공제받을 수 있는 금액이 있는데도 이를 공제받지 못하고 신고하는 경우가 종종 있는데, 이런 때에는 다음과 같이 처리한다.

▶ 수정신고

세법에서 정하고 있는 신고기한 내에 신고를 한 자가 정당하게 신고해야 할 금액에 미달하게 신고했거나 정당하게 신고해야 할 결손금액 또는 환급세액을 초과하여 신고한 경우에는 세무서에서 결정 또는 경정하여 통지를 하기 전까지 수정신고를 할 수 있다.

수정신고 제도는 납세자에게 스스로 자신의 신고 내용을 바로잡을 수 있는 기회를 줌으로써 가산세 부담이나 조세범처벌 등의 불이익을 줄이는 효과가 있다.

예를 들면 법정 신고기한 경과 후 6개월 이내에 수정신고를 하고 추가로 납부할 세액을 자진납부하면 과소신고 가산세의 50%를 감면받을 수 있다.

▶ 경정청구

수정신고와는 반대로 법정 신고기한 내에 신고를 한 자가 정당하게 신고해야 할 금액보다 세액을 많이 신고했거나 결손금액 또는 환급세액을 적게 신고한 경우에는 법정 신고기한 경과 후 3년 이내에 관할 세무서장에게 정상적으로 정정하여 결정 또는 경정해 줄 것을 청구할 수 있다.

다만, 다음의 경우에는 그 사유가 발생한 것을 안 날로부터 2개월 이내에 경정청구를 할 수 있다.

- 최초의 신고·결정 또는 경정에 있어서 과세표준 및 세액의 계산 근거가 된 거래 또는 행위 등이 그에 관한 소송에 대한 판결에 의하여 다른 것으로 확정된 때
- 소득 기타 과세 물건의 귀속을 제3자에게로 변경시키는 결정 또는 경정이 있을 때
- 조세조약의 규정에 의한 상호합의가 최초의 신고·결정 또는 경정이 있을 때

- 결정 또는 경정으로 인하여 당해 결정 또는 경정의 대상이 되는 과세기간 외의 과세기간에 대하여 최초에 신고한 국세의 과세표준 및 세액이 세법에 의하여 신고하여야 할 과세표준 및 세액을 초과한 때
- 위와 유사한 후발적(後發的)인 사유가 당해 국세의 법정신고 기간 경과 후에 발생한 때

경정청구를 하고자 하는 자는 경정청구 기한 내에 경정청구서를 제출한다. 그러면 경정청구를 받은 세무서장이 청구를 받은 날로부터 2개월 이내에 처리 결과를 통지해 준다.

세금 납부를 연기할 수 있는 경우

사업을 하다 보면 재해를 당하거나 거래처의 파업 등으로 사업이 위기에 처해 있음에도 세법이 정한 바에 따라 세금을 납부해야 할 때가 있다.

이런 경우 세금 낼 돈이 없다고 하여 아무런 조치를 취하지 않고 세금을 납부하지 않는다면, 그에 따른 가산세와 가산금이 부과되어 오히려 부담만 늘어난다.

세법에서는 이와 같이 일정한 사유가 있는 경우 납부기한 연장이나

징수유예를 통하여 세금 납부를 연기할 수 있도록 규정하고 있는데, 이러한 사유에 해당되는 납세자는 신청을 하여 세금 납부를 일정기간 연장받는 것이 도움이 될 것이다.

▶ 납세유예 사유

납세자가 다음과 같은 시유로 세금을 정해진 기한까지 납부할 수 없는 경우에는 관할 세무서장에게 납부기한의 연장이나 징수유예를 신청할 수 있다. 납부해야 하는 세금이 자진신고납부분인 경우에는 납부기한 연장을, 납세고지서에 의한 고지분인 경우에는 징수유예를 신청하면 된다.

납세유예 신청을 하면 세무서에서 이를 처리하는 데에 적잖은 시일이 소요되므로, 가급적 납부기한 7일 전까지 신청하는 것이 좋다.

[납부기한 연장 사유]… 자진신고납부 대상 세금인 경우

- 천재·지변이 발생한 경우
- 납세자가 화재·전화 기타 재해를 입거나 도난을 당한 때
- 납세자 또는 그 동거가족이 질병으로 위중하거나 사망하여 상중인 때
- 권한 있는 기관에 장부·서류가 압수 또는 영치된 때
- 납세자가 그 사업에 심한 손해를 입거나 사업이 중대한 위기에 처한 때
- 정전, 프로그램의 오류 기타 부득이한 사유로 한국은행(그 대리점

을 포함) 및 체신관서의 정보처리 장치의 가동이 불가능한 때

• 위의 사유에 준하는 사유가 있는 때

[징수유예]··· 고지납부 대상 세금인 경우

• 재해 또는 도난으로 재산에 손실을 받은 때

• 사업에 현저한 손실을 받은 때

• 사업이 중대한 위기에 처한 때

• 납세자 또는 그 동거가족이 질병이나 중상해로 장기치료를 요하는 때

• 조세의 이중과세 방지를 위하여 체결한 조약에 의하여 외국의 권한 있는 당국과 상호합의 절차가 진행중인 때

• 위의 사유에 준하는 사유가 있는 때

▶ 연장기간

① 납부기한 연장

납부기한의 연장은 법정 납부기한으로부터 6월의 기간 내에 연장한다. 다만, 아래 사유에 해당되어 납부기한 내에 납부하는 것이 심히 곤란하다고 세무서장이 인정하는 경우에는 그 연장기간을 9월 내로 하되, 6월이 경과한 날로부터 매일 같은 금액(예를 들면, 7월 유예인 경우 7개월째 일시납, 8월 유예인 경우 7개월째 및 8개월째 각 2분의 1씩 납부, 9월 유예인 경우 7개월째 내지 9개월째 각 3분의 1씩 납부)을 나누어 내도록 관할 세무서장이 할 수 있다.

- 천재지변, 화재, 전화, 화약·가스류의 폭발사고, 광해, 교통사고, 건물의 도피 기타 이에 준하는 물리적인 재해 또는 도난으로 인하여 국세의 징수가 심히 곤란한 때
- 물리적·법률적 요인으로 사업 경영이 곤란할 정도의 현저한 손실(토지를 제외한 사업용 자산의 30% 이상)을 입었을 때
- 납세자 본인(법인의 대표자 포함)이 6개월 이상 장기치료를 요하는 심한 질병으로 사업 경영이 곤란한 때
- 재고 또는 외상매출금액이 전년 동기 및 전월대비 30% 이상 급증하였거나 최근 3월간 평균 매출액의 30%를 초과하는 거액의 대손발생 또는 매출채권의 회수가 곤란할 때
- 판매가 전년 동기 및 전월대비 30% 이상 격감하는 등 자금경색 심화로 당해 세금의 일괄 징수시 기업 도산의 우려가 있는 때
- 정부로부터 재해지역으로 지정되었거나 노동쟁의 또는 관계 기업의 파업으로 조업이 1월 이상 중단될 때
- 기타 이에 준하는 경우로서 세무서장이 인정하는 때

② 징수유예

징수유예 기간은 앞서 설명한 징수유예 사유에 따라 6월 또는 9월 내로 한다. 분납기간 및 분납할 금액은 관할 세무서장이 정한다.

세무서장이 납부기한의 연장을 승인하는 경우에는 담보의 제공을 요구할 수 있으며, 연장된 기한 내에 세금을 납부하지 않은 경우에는 즉시 고지하여 미납된 세금을 일시에 징수하거나, 납세 담보로 제공된

담보물을 공매하거나 추심하여 충당한다.

한편, 세무서장으로부터 납세유예의 승인을 받은 후 유예 사유가 해소되지 않고 있을 때에는 통상 승인 범위(2월, 6월 또는 9월) 내에 재연장 신청을 할 수 있다.